한국 교회 트렌드 2025

정확한 수치와 통계로 보는 신앙 양극화 시대 2025년 한국 교회 전망과 전략

한국 교회
트렌드
2025

지용근 김영수 전우택 신상목 김선일 정재영 정연승 심경미 손의성 백광훈 장창수

목회데이터연구소 · 희망친구 기아대책 · 한국월드비전

POTENTIAL LAITY 포텐셜 레이어티

ORTHOPRAXY 오소프락시

You-vangelism 유반젤리즘

스피리추얼 Z세대 SPIRITUAL GEN Z

Mental Care Community 멘탈 케어 커뮤니티

싱글 프렌들리 처치 Single Friendly Church

Senior Ministry
시니어 미니스트리   FAMILY CHRISTIAN
                                      패밀리 크리스천

Saltless Church 솔트리스 처치

Mission Beyond Tradition 미션 비욘드 트래디션

규장

추천사

코로나와 그 이후 급변하는 시대 속에서 한국 교회의 전략적 대응과 방향을 준비하기 위해 발간한 '한국 교회 트렌드' 시리즈가 나온 지 벌써 2년이 지났습니다. 한국 교회 안팎의 이슈들에 대한 방대한 데이터 수집과 설문 그리고 과학적인 분석을 통해 새로운 개념과 신조어를 소개하면서 한국 교계와 크리스천에게 적잖은 충격과 반향을 불러일으켰습니다. 또한 교회가 앞으로 나아가야 할 방향을 제시해준 것에 대한 긍정적인 의견과 평가도 이어졌습니다.

희망친구 기아대책은 목회데이터연구소와 함께 지난 2022년에 한국 교회 목회자와 크리스천 리더에게 변화하는 사회 속에서 한국 교회의 방향과 목회 전략에 조금이라도 기여하고자 하는 마음을 가지고 《한국 교회 트렌드 2023》을 공동기획 출판을 진행했습니다. 또한 지난 2년 동안 한국 교회 트렌드 세미나를 전국의 거점 지역에서 지역 교회와 함께 40여 차례 넘게 진행하여 책의 저자들과 목회자들이 직접적으로 만나는 장을 만들어오고 있습니다.

희망친구 기아대책이 목회데이터연구소와 한국 교회 트렌드를 출간한 목적은 "기아대책은 한국 교회와 함께 한국 교회를 통해 한국 교회와 미래세대를 위해 진정한 사역의 파트너로 하나님나라를 세워간다"는 슬로건 아래 모든 사역의 중심을 한국 교회의 변화와 성숙을 위한 선교적 교회, 선교적 공동체를 이루기 위한 협력 사역에 두고 있기 때문입니다.

한국 교회를 전망한 세 번째 책 《한국 교회 트렌드 2025》에서는 한국 교회 내의 고령화 현상, 신앙의 양극화, 평신도 사역 그리고 선교 등 다양한 이슈와 과제들이 다루어져 있고 방대한 설문을 통한 데이터를 깊이 분석한 저자들의 고뇌와 노력이 담겨져 있습니다.

물론 이 책이 절대적인 해답을 제시하기에는 부족함이 있겠지만 한국 교회가 직면한 많은 과제들을 헤쳐나갈 수 있는 하나의 실마리로써 함께 고민하고 방법을 찾아나가는 대안이 되길 바랍니다.

발간을 위해 자문을 해주신 기아대책 이사장이신 지형은 목사님, 물심양면으로 지원을 아끼지 않으신 김문훈 목사님께 감사를 드립니다. 아울러 많은 데이터들을 조사하고 자료를 정리하는 데 수고하신 목회데이터연구소 지용근 대표님과 모든 집필진 분들께도 깊은 감사를 드립니다.

또한 원고를 감수해주신 기아대책 목회자미래비전네트워크 회원분들께도 감사를 드립니다. 이 책을 통해 교회가 '나음보다 구별된 다름'으로 세상 속에서 제 역할을 감당해 나갈 수 있기를 바랍니다.

최창남 희망친구 기아대책 회장

한 해를 정리하는 시기가 되면 올해 무엇을 했는지를 돌아보기도 하지만 앞으로 무엇을 할 것인가를 고민하는데 더 많은 시간을 들이게 됩니다. 지난 몇 년간 교회는 많은 변화를 겪어왔습니다. 어떤 변화를 거쳐왔는지 돌아보는 것도 중요하지만 앞으로 어떻게 이 변화를 맞이하고 또 대응해 나아갈 것인가는 한국 교회와 모든 목회자들에게 피할 수 없는 중요한 과제가 아닐까 합니다.

그런 의미에서 한국 교회와 크리스천 그리고 일반 사회의 목소리를 청취하고 현장의 이슈들에 대한 질문과 대답에 대한 결과를 과학적으로 분석하고 해석하는 것은 정보화된 디지털 시대를 살아가며 그 현장에 서 있는 목회자들에게 무엇보다도 중요한 과제가 아닐 수 없을 것입니다.

이러한 목회의 상황과 환경 속에서 《한국 교회 트렌드 2025》는 무엇보다 중요하고 귀한 자료라고 말할 수 있습니다. 기아대책 목회자미래비전네트워크의 많은 목회자분들의 수고와 노력으로 《한국 교회 트렌드 2023》을 발간한 이래 한국 교회 트렌드 시리즈는 해가 갈수록 더 단단해지고 예리하게 미래를 예측하고 있습니다.

이번에 다루어진 주제들 역시 한국 교회 목회자들의 고민과 직면한 문제들 그리고 해결해야 할 과제들이 담겨져 있고 수많은 데이터에 근거한 분석이 저자들의 글에 깊이 배어 나오고 있음을 느끼게 됩니다.

모쪼록 《한국 교회 트렌드 2025》가 한국 교회 목회자들과 크리스천들에게 한국 교회를 세우고 지역과 세상의 영혼을 구원하고 또한 섬기는 사명을 감당해 나아가는 데 좋은 참고서가 되기를 소망합니다.

이 책이 출간되기까지 많은 데이터들을 조사하고 자료를 정리하는 데 수고해주신 목회데이터연구소 지용근 대표님과 한국 교회 트렌드 시리즈의 첫 출간부터 깊이 있는 자문을 아끼지 않으신 기아대책 이사장이신 지형은 목사님 그리고 한국 교회의 진정한 사역의 파트너로 그 소임을 다해주시는 기아대책 최창남 회장님께 감사를 드립니다. 또 이 책이 나오기까지 물심양면으로 섬겨주시고 원고를 감수해주시기 위해 수고해주신 기아대책 목회자미래비전네트워크 회원분들께도 감사를 드립니다.

김문훈 포도원교회 담임목사

이 땅에 교회가 세워진 이후 한국 교회는 주님의 뜻을 이루기 위해 특별하고 거룩한 길을 걸어왔습니다. 우리는 일제 강점기를 지나는 동안에도, 그리고 동족상잔의 비극적인 전쟁을 겪는 동안에도 하나님나라의 거룩한 사명을 잊지 않고 그 뜻을 이루기 위해 올곧게 걸어왔습니다.

오늘 한국 교회는 또 다른 형태의 도전에 직면하고 있습니다. 저출산과 고령화로 인한 인구감소, 교회에 대한 신뢰도 하락 그리고 사회 속에 만연한 탈기독교 현상이 대표적입니다.

한국 교회는 한 번도 경험해보지 못한 위기 앞에 서 있습니다. 불확실성이 지속되는 시대에 《한국 교회 트렌드 2025》의 출간은 참으로 감사한 일입니다. 문제를 알면 대응하기가 쉬운 법입니다. 이 책을 통해 우리가 서 있는 자리를 점검하고 목회와 사역 현장에 필요한 전략을 함께 세우며 앞으로 이루어가야 할 새로운 역사를 위해 기도할 수 있기를 바랍니다.

이 뜻깊은 일에 월드비전이 함께할 수 있음을 기쁘게 생각합니다. 월드비전은 전쟁 중 한국의 선교를 돕기 위하여 1950년에 설립되었습니다. 당시 월드비전의 가장 중요한 사업은 한국 교회를 돕는 것이었으며, 이를 통해 절망과 실의에 빠져 있던 수많은 이들, 특히 고아들을 섬겨왔습니다. 월드비전은 앞으로도 그리스도의 복음의 정체성을 지키며 변화하는 사회의 필요성을 인식하고 이를 해결하고자 최선을 다할 것입니다. 오늘도 교회를 세우시고 인도하시며 축복하시는 은혜의 하나님께 감사와 영광을 올려드립니다.

박노훈 한국월드비전 이사장

지금까지 한국 교회는 통계와 숫자에 약한 모습을 보였으나 목회데이터 연구소 지용근 대표님은 '한국 교회 트렌드' 도서를 통해 교회에서 일어나고 있는 변화와 현상들을 정확하고 객관적으로 분석했습니다.

목회데이터연구소는 2022년부터 올해까지 3번에 걸쳐 한국 교회와 함께 현상을 분석하고, 전망과 시사점을 제공함으로써 건강한 한국 교회의 성장을 위한 나침반 역할을 해왔습니다. 나침반을 제공하고 방향을 제시하는 것이 목회데이터연구소의 역할이라면, 그 대안을 실천하고 올바른 방향으로 나아가는 것은 교회의 몫이며, 이는 목회자와 리더, 평신도 리더들의 사명이라고 생각합니다.

교회를 향한 세상의 달갑지 않은 시선, 남북 갈등과 수많은 정치적 대립, 저출산과 고령화, 그리고 기후위기까지 급속한 변화와 불안한 정세 속에서 한국 교회와 성도들은 앞으로 나아갈 방향을 알지 못하고 있지만, 《한국 교회 트렌드 2025》를 통해 한국 교회는 정확한 통계자료와 집필진들의 분석을 바탕으로 10가지 트렌드를 전망하고, 중요한 시사점을 얻을 수 있을 것입니다.

월드비전은 목회데이터연구소와 '한국 교회 2025년의 10가지 트렌드' 전망을 주제로 전국의 목회자, 교역자, 평신도 리더(사역자)들과 함께 15회에 걸쳐 목회전략세미나를 개최하게 되었습니다. 급변하는 시대에 한국 교회가 나아갈 로드맵을 제시하고, 새로운 목회 전략을 수립하는 데 있어 중요한 시간이 될 것입니다.

한국 교회의 많은 관심과 참여를 통해 건강한 미래 목회 전략들이 수립되기를 바라며, 하나님께서 기뻐하시고 사랑하시는 한국 교회로 변화하는 기회가 되길 소망합니다. 또한 이 시대에 한국 교회와 성도들이 감당해야 할 사명을 올바르게 깨닫고 성취해 나가는 좋은 계기가 되길 바랍니다.

특별히 2025년은 한국 기독교 선교 역사 140주년을 맞이하는 해입니다. 《한국 교회 트렌드 2025》를 통해 140년 전 한국 교회의 역사적 첫걸음을 기억하고, 새로운 사명으로 아름다운 걸음을 다시 내딛는 한 해가 되길 간절히 기도합니다.

마지막으로 이 책이 발간되기까지 많은 교회와 목회자들과 소통해주신 목회데이터연구소 지용근 대표님과 방대한 데이터를 모으고 분석해주신 지앤컴리서치팀과 10명의 집필위원들께 감사드립니다.

조명환 한국월드비전 회장

멀티 제너레이션 사회, 멀티 제너레이션 교회

한국 교회 트렌드 2024 리뷰

2022년 '한국 교회 트렌드' 시리즈를 처음 펴낸 후 이제 세 번째 책을 선보이게 되었다. 어느 한 사람의 창의적인 책이 아닌 여러 전문가의 집단 지성이 합해지고 그 바탕에 조사 통계자료를 근거로 만들어진 책이기에 전에 없던 신선함을 한국 교회에 던져주었다. 거기에 트렌디한 용어들이 새로웠다.

《한국 교회 트렌드 2024》(이하 '2024'라고 함)에 새롭게 소개된 개념이 있다면 '외로운 크리스천'이었다 외로움의 시대에, 특히 국민들의 외로움 지수가 세계에서 최상위 수준인 한국이기에 교회 안에서도 외로운 사람들이 있을 수 있다는 생각에 착안하여 기획한 것으로, 뚜껑을 열어보니 교회생활을 하면서도 외로운 사람들이 무려 46%나 되는 것으로 나타나 한국 교회에 충격을 주었다. '2024'가 한국 교회에 '외로움'이라는 화두를 던진 것이다.

'2023'에서 가장 중요한 트렌드가 '플로팅 크리스천'이었다면 '2024'에는 아마도 'OTT 크리스천'이라 할 것이다. 한국기독교목회자협의회(한목협)에서 개신교인들을 대상으로 작년에 10년 간격으로 '신앙 성장에 도움받은 것'을 조사했는데, '예배와 설교'가 64%에서 28%로 크게 줄었고, 미디어가 1%에서 19%로 크게 올랐다.[1] 또 이번 '한국 교회 트렌드 2025 조사'(2024년 6월) 결과, 현재 미디어를 통해 본인의 출석 교회 이외에 다른 교회 예배나 설교를 듣는 이가 정확히 50%나 되는 것으로 나타나[2] 신앙생활에 있어서 개신교인들이 점점 더 미디어 의존도가 높아지는 추세임을 알 수 있다. 'OTT 크리스천'은 온라인을 통해 신앙생활하는 크리스천을 상징적으로 표현하는 단어인데, 성도들의 교회 밖 신앙생활 트렌드를 이해하는 데 도움을 주었다.

아마도 '2024'의 10개 주제 중 한국 교회의 관심을 가장 많이 받은 주제는 '약한 고리 3040'일 것이다. 우리 연구소는 코로나 시작 후 추적조사에서 한국 교회 내 3040세대가 계속 이탈하고 있다는 조짐을 발견하고 이들을 대상으로 조사하여 언론에 발표하였고, 이를 좀 더 세부적으로 파악할 필요가 있다고 판단하여 아예 3040 주제를 '2024'에 수록하기로 한 것이다. '2024'가 출판되고 나서 많은 목회자

그룹이나 교회에서 3040에 대한 강의를 요청해왔다. 또한 고신 교단에서는 3040을 단독 주제로 직접 조사하여 그 자료를 활용, 단행본을 펴내기도 하였다. 뜨거운 관심이었다. '2024' 출간 후 그 영향일지 몰라도 한국 교회가 허리 세대인 3040 목회에 집중하는 모습을 보인 것은 고무적이라 할 것이다.

'2023', '2024' 두 책 모두 수록한 주제가 '소그룹'이었다. 그동안 많은 조사를 해왔는데 공통적으로 한국 교회 건강성과 성장에 가장 큰 영향을 미치는 요소가 소그룹이었다. 소그룹이 현대 교회에 매우 중요한 요소라는 것을 발견한 것이다. 그래서 연속 2년에 걸쳐 소개하였다. '2023'에서는 소그룹의 중요성, 개념에 대해 설명했다면, '2024'에는 '처치 인 처치'라는 개념으로 세부적인 소그룹 운영 방법을 소개하는 등 소그룹의 질을 강화시키는 내용으로 글을 전개하였다. 실제 여러 교회에서 소그룹 내용을 읽고 그대로 실천해보았더니 진짜 되더라는 감사의 연락을 우리 연구소에 해오기도 하였다.

한국 교회의 최근 현상을 직시하고 '2024'에서 다룬 주제가 바로 '어시스턴트 포비아'(부교역자 사역 기피 현상)이었다. 전도사의 교회 내 사례비가 실제 아르바이트 비용보다 못하고, 젊은 MZ세대인 신세대

부교역자들이 교회의 전통적인 수직적 조직문화에 적응하지 못하는 현상을 조사 통계를 통해 밝혀낸 데 의미가 있다 하겠다. 부교역자 사역 기피가 하락하고 있는 한국 교회의 시대적 흐름이라면, 우리는 그 대안으로 평신도 사역 강화를 제시하였다. 이번 '2025'에서는 연속선상에서 평신도 사역에 대한 주제를 포함시켜 이 문제에 대한 논의를 이어나가고자 했다.

'2023'과 달리 '2024'에서 눈에 띄는 점은 이 책의 내용을 주제로 한 교회별 리더십 워크숍이 늘어났다는 점이다. 중직자 수련회, 교역자 워크숍, 당회원 워크숍 등이다. 구성원 중 몇 사람이 주제별로 발표하거나 또는 책의 저자를 불러 강의를 듣고 서로 워크숍을 하는 방식으로 진행하였다. 당회에서 정책 당회를 하며 내년도 정책 목표로 이 책의 10가지 주제를 모두 선정한 교회도 있었다.

2024년 한국 교회 상황 및 2025년 전망

2024년 하반기의 한국 교회 상황을 한마디로 표현한다면 코로나의 어려움을 딛고 빠르게 안정세로 돌아서고 있다는 점이다. 많은 지표들이 이를 뒷받침해주고 있다. 그런데 이 회복 국면에서 두 가지 현상이 나타나고 있다. 교회의 주요 사역 측면에서는 코로나 이전 대비 아직 100% 회복되지 못하고 있는 반면, 성도들 개인적으로는 코로나 이전 대비 신앙생활이나 교회생활이 더 활발해지고 있다는 점이다.

목회데이터연구소의 이번 '한국 교회 트렌드 2025 조사' 결과에 따르면 성도들이 지난 주일 드린 예배 형태에 대해 현장 예배 비율이 지속적으로 증가하고 있는 반면, 온라인 예배는 감소하고 있는 경향이 뚜렷하게 나타나고 있다. 즉, 출석 교회에서 현장 예배를 드린 비율이 79%로 2024년 1월 대비 9%p가 증가했고, 출석 교회 온라인 예배는 9%로 1월 16%에서 무려 7%p나 하락해 코로나 이후 처음으로 10% 밑으로 떨어지는 결과를 보였다. 유튜브 사용 등 평상시 성도들의 온라인 신앙생활이 더욱 늘어나고 있지만 주일예배의 경우 현장 예배 비율이 계속 증가하고 있는 것을 보면 확실히 예배 형태는 코로나 이전으로 회귀하고 있음을 보여주고 있다.

그럼 성도들의 신앙생활은 어떻게 변화되고 있을까? 조사 결과, 1년 전보다 신앙 나눔, 기독교방송 시청 및 청취, 기독교 모임 참석, 성경공부, 제자훈련 영역에서 모두 증가한 것으로 나타났다. 코로나의 어려움을 딛고 이제는 성도들이 나름의 신앙생활을 좀 더 적극적으로 하고 있음을 알 수 있는 대목이다. 이렇게 신앙생활이 활발해짐으로 인해 개인의 신앙도 더 깊어졌다는 인식이 커지고 있다. 개신교인들의 신앙 수준이 코로나 이전보다 어떻게 변화되고 있는지 살펴보면, 2024년 6월 조사에서 코로나 이후 처음으로 '깊어진 것 같다'는 응답(26%)이 '약해진 것 같다'는 응답(18%)을 앞지른 것으로 나타났다. 1년 전만 해도 '깊어진 것 같다' 18%, '약해진 것 같다' 29%로 약해진 것 같다는 응답이 높았는데, 이번에 역전된 것이다. 이는 앞서 언급했듯이 코로나 이후 개신교인들의 교회 사역이나 활동, 개인의 신앙생활이 코로나 때 움츠렸던 상태에서 기지개를 켜고 활발해지고 있음을 뜻한다.

그러나 개인 신앙 활동이 긍정적으로 변화되고 있는 현상과 달리 교회 사역 전반에서는 아직도 코로나 이전을 회복하지 못한 상태이다. 코로나 이전 대비 현장 예배 출석률을 추적해보면 2023년 1월 83%의 회복률을 보였는데, 2023년 5월 86%, 2024년 1월 87% 그리고 2024년 6월 88%로 미세하게 증가했지만, 전체적으로 2023년 1월 이후 회복이 멈춰 있음을 알 수 있다. 또 교회학교 역시 작년 6월 79% 이후 올해 6월 80%로 거의 박스권 안에서 변화를 보이지 않고 있다. 그럼 주요 사역별 변화는 어떨까? 헌금을 제외한 주요 사역 역시 2023년 5월 이후 더 이상 회복되지 않고 70% 중반대의 회복률에 멈춰 있는 상태이다. 이를 교회 규모별로 보면, 중대형교회는 80% 이상의 회복률을 보이는 반면, 소형교회는 70% 회복도 힘겨워하고 있는 것으로 나타났다.

이상으로 개인의 신앙생활 변화와 교회 사역 변화를 살펴보았다. 종합해보면, 코로나 이후 10-15%의 교인이 이탈한 상태에서 남아 있는 교인들의 신앙생활이 코로나 이전보다 오히려 활발해졌지만, 교회 사역은 전반적으로 코로나 이전을 회복하지 못하고 멈춰 있는 이중적 현상을 보이고 있는 것이 현재 한국 교회의 모습이다.

교회 전반적인 사역이 아직 회복되지 못했지만, 목회자들은 앞으로 자신의 시무 교회 전망에 대해서 낙관적인 전망을 내놓았다. 이번 '한국 교회 트렌드 2025 조사'에서 담임목사들에게 향후 시무 교회 출석 교인 수 예상을 물었는데, 목회자들은 '증가할 것' 49%, '현재와 비슷' 41%, '감소할 것' 10%로 응답해 코로나의 상황에서 다시 일어설 수 있으리라는 희망을 나타냈다. 코로나 이후 한국 교회가 주요 사역에서 또 현장 예배 참석자 수에서 아직 100% 회복하지 못하고 있는데, 현장 목회자들은 그들의 교회가 앞으로 교인 수가 늘어날 것이라는 긍정적인 인식을 갖고 있는 것이다. 이는 매우 중요한 요소인데 우리 교회가 더 나아질 수 있다는 목회자들의 의지가 반영된 것으로 한국 교회가 전체적으로 하락하는 흐름 속에서도 한국 교회 목회자들이 좌절보다는 희망을 놓지 않고 있다는 것을 알 수 있다.

한국 교회 2025, 10가지 트렌드

이번 '한국 교회 트렌드 2025'에서도 기획 과정에서 치열한 토론이 있었다. 10개 주제를 뽑는 작업은 진통이었다. 어떤 주제는 기획팀원 간 의견이 나뉘어 결국 투표로 결정하기도 했다. 그리하여 최종 선정된 10개 주제는 '현상 영역' 4개, '개인 영역' 4개, '교회 영역' 2개로 구성되었다.

현상 영역의 트렌드

1. 유반젤리즘(유튜브 신앙생활)

코로나를 지나면서 사람들의 유튜브 사용량이 폭발적으로 늘었다. 이번 '한국 교회 트렌드 2025 조사' 결과 개신교인들의 하루 유튜브 사용량이 거의 2시간 가까이 되었다. 유튜브로 설교를 듣고, 찬양을 들으면서 오프라인에서 느꼈던 감정을 거의 그대로 느낀다. 앞서 언급했지만 사람들은 미디어, 즉 유튜브를 통해 신앙 성장의 도움을 받고 있다. 미디어의 영향력이 예배나 목사님의 설교를 넘어서려고 하고 있다. 이런 상황에서 우리는 '유튜브 에반젤리즘'(Youtube Evangelism)이라는 현상을 생각했고, '유반젤리즘'(You-vangelism)이라는 조어를 만들었다. 우리는 지금 유반젤리즘의 시대에 살고 있다. 이 글에서는 유반젤리즘의 시대에 교회가 무엇을 해야 하고, 어떻게 대응해야 할지에 대해 고민해보았다.

2. 오소프락시(신앙 양극화)

'2024'에서 언급했던 수축 사회의 특징 중 하나가 양극화 현상이다. 팽창 시대보다 수축 사회에서 양극화 현상이 더 심화된다. 교회도 예외가 아니다. 교회 규모의 양극화도 있지만 우리는 신앙 양극화 현상에 집중했다. 신앙 양극화의 특징은 부정적이지만은 않다는데 있다. 신앙이 약화되고 신앙을 버리는 현상도 있는 반면, 우리는이번 조사에서 신앙 양극화의 긍정적 축, 즉 신앙의 깊이를 추구하는흐름을 발견하였다. 신앙 양극화의 초점은 '오소프락시'라는 신앙의정통 실천을 향하고 있다. 여기서는 신앙 양극화 현상을 설명하면서오소프락시의 부상을 살펴보았다.

3. 패밀리 크리스천(가족 종교화)

요즘 교회학교를 보면 언제부터인지 학생의 부모가 어느 한 명이라도 교회를 다니지 않는 학생이 거의 없다. 심지어 부모가 신앙이 좋으면 자녀들도 신앙이 좋고, 부모가 신앙이 약하면 자녀들도 신앙이 약하다. 현재 교회 출석하는 중고생 중에 모태신앙 비율이 무려 60%에 달한다.[3] 이러한 가족 종교화 현상은 명과 암이 동시에 있다. 가정 신앙의 계승이라는 긍정적 측면이 있는가 하면, 그만큼 전도되어 새롭게 크리스천이 되는 사람이 상대적으로 적다는 의미도 있다. 이는 개신교의 확장성 측면에서 문제가 될 수 있다. 이 글에서는 가족 종교화 현상의 명과 암을 설명하면서 교회에 시사점을 던지고 있다.

4. 솔트리스 처치(세속화)

현재 한국 교회 교세는 계속 하락하고 있고 신뢰도가 20% 남짓 되고 있다.[4] 종교가 없는 무종교인의 경우 단지 11%만 한국 교회를 신뢰하고 있다. 왜 이런 현상이 일어날까? 여러 이유가 있겠지만 우리는 그중 하나로 '세속화'(secularization)에서 이유를 찾아보았다. 이는 교회 공동체가 거룩성을 지녀야 할 대안 공동체로서 기능하지 못하고 세상과 구별되지 못한 채, 세상과 닮아가고 있다는 것을 의미한다. 이런 교회를 맛을 잃어가는 교회, 즉 솔트리스 처치(Saltless Church)라

명명하고 이 현상을 통계적으로 살펴보고, 이러한 세속에서 하나님나라를 이루어가는 교회를 제시해보았다.

개인 영역의 트렌드

5. 멘털 케어 커뮤니티(정신건강)

한국인의 사회적 고립도는 세계 최고 수준이다. 외로움 지수도 고독부 장관이 있는 영국보다 더 높다. 우울증 환자는 이미 공식적으로 100만 명을 넘었다.[5] 한국 사회에서 스트레스와 우울, 불안 같은 정신적 문제는 이제 일상이 되어가고 있다. 우리는 이러한 정신적인 어려움이 교회 안에서도 존재할 것이라 판단하여 '정신건강'이라는 주제를 선정했다. 이번 조사 결과 지난 2주간 우울이나 불안감으로 고통스러웠다는 성도가 5명 중 1명 이상인 것으로 나타났다.[6] 이제는 교회가 정신적인 문제를 더 이상 손놓고 있을 수 없다. 성도들의 정신건강 문제 현황을 알아보고 교회 대응 방안에 대해 전문가적 시각에서 제시해보았다.

6. 스피리추얼 Z세대(20대 청년세대)

'2023'에서 MZ세대를 전반적으로 다루었는데, 이번에는 이를 세분화하여 Z세대만을 대상으로 분석해보았다. 이들은 구체적으로 20대 층을 가리키는데 이들의 신앙과 삶을 이해하는 것은 교회 전체적으로 세대통합과 미래 교회를 위해 매우 중요한 작업이다. 이들은 디지털 기술에 익숙한 '디지털 네이티브'로 디지털 환경에서 자라나 다양한 문화와 종교를 접하며 성장한 세대다. 조사 결과 이들은 기성세대들이 생각하는 것 이상으로 영적인 세계를 추구하고 있었다. Z세대가 어떻게 신앙생활을 하고 있는지 추적해보았고, 또 이들이 교회에 요구하는 사항이 무엇인지, 교회의 적절한 대응은 무엇인지 살펴보았다.

7. 싱글 프렌들리 처치(싱글 사역)

지난 10년간 한국의 혼인율은 42% 감소했다.[7] 교회 청년부에 20대 초반 대학생과 함께 신앙생활하고 있는 30대 중반, 40대 미혼자가 점점 많아진다. 이들은 가정을 중시하는 교회 문화권에서 속해 있을 만한 곳이 없다. 교회 안에서 소외된 그룹이다. 교회는 이들을 여전히 '결혼 대기자'로 본다. 이들은 이들에 대한 교회의 편견에 힘들어한다. 사람들은 결혼하기 전, 결혼 후 이혼 또는 사별로 싱글이 된다. 결국 모든 사람에게 싱글은 삶의 여정의 일부이다. 이 글은 교회가 싱글들의 삶을 존중하고 이들을 사역 현장의 주역으로 끌어들이기 위해 어떻게 해야 하는지, 어떻게 싱글친화적인 교회가 될 수 있는지 조사통계 데이터를 근거로 이야기하고 있다.

8. 시니어 미니스트리(고령 교인 사역)

'2023'의 10개 주제 중 목회자들 사이에 가장 반응이 컸던 주제가 '액티브 시니어'였다. 고령화 시대에 그만큼 목회자들에게 중요한 주제였기 때문이다. 2023년 말에 발표된 통계청의 향후 50년간 미래인구추계 자료에 의하면 앞으로 10년 뒤 65세 이상 고령 인구가 지금보다 절반이 더 느는 것으로 예상됐다. 현재 한국 교회의 고령화 수준은 2050년의 대한민국 고령화와 맞먹을 정도로 교회가 일반 사회보다 고령화 속도가 빠르다. 이 글에서는 2년 전 고령 교인 조사 결과를 추적하였고 교회에서 실제 활용할 수 있도록 실제적인 고령 교인 사역 방안에 대해 설명하고 있다.

교회 영역의 트렌드

9. 포텐셜 레이어티(평신도 사역)

이 주제는 '2024'의 부교역자 사역 기피 현상에 뒤이은 것으로 과거부터 중요했지만 이제는 불가피하게 평신도 사역이 한국 교회의 중요한 과제요 트렌드가 됐다는 것을 설명하고 있다. 경험과 은사를 가진 성도를 선발해 일정 수준의 교육을 거쳐 그 역할을 감당하게 하자는 것이 요지다. 실제 조사를 해보니 평신도가 생각하는 것보다 목회자가 평신도 사역을 생각하는 것이 더 개방적이라는 것을 확인했다. 목회자들은 목회자 영역의 상당 부분을 평신도가 대체해도 무방하다는 인식을 갖고 있었다. 이제 평신도 사역의 흐름을 거부할 수 없게 됐다.

10. 미션 비욘드 트래디션(선교 트렌드)

'2023', '2024'에서 계속 후보에 올랐다가 이번에 드디어 선교 주제가 채택이 됐다. 최근 30년간 국제 사회의 변화와 함께 세계 선교의 흐름도 급변하고 있다. 이러한 변화는 한국 교회 선교에도 변화를 요구하고 있다. 한국 교회는 시대적 요청에 따른 부상하는 선교 영역을 준비해야 한다. 이 글에서는 부상하는 선교로서 이주민 선교, 총체적 선교, 미디어 선교 등의 새로운 접근법과 전략 방향에 대해 설명하고, 한국 교회가 이런 선교적 흐름에 어떻게 대응해야 하는지 제시하고 있다.

미래 교회를 위한 멀티 제너레이션 목회

우리 사회는 이미 멀티 제너레이션(Multi Generation) 사회로 가고 있다. 청소년부터 노인까지 모든 세대가 함께 생활하며 함께 일하는 새로운 시대를 맞이하고 있다. 자동차 회사 BMW는 작업 현장에서 여러 세대가 함께 일하는 회사로 알려져 있다. 이 회사는 많게는 5세대에 걸친 사람들이 협업하며 각자의 재능으로 회사에 기여하고 있다. 회사는 연령대가 다양한 집단의 업무 수행 속도가 더 빠르고 실수가 적다는 사실을 발견하였다. 멀티 제너레이션 사회의 예이다.

또 다른 예가 있다. 80세 고령으로 에베레스트산 등정에 성공한 일본인이 있었다. 그의 성공은 여러 세대로 이루어진 대규모 팀의 노력의 결과였다. 그 팀에는 50대 초반의 등반대장, 40대 카메라맨, 20~40대에 이르는 셰르파 13명, 요리를 맡은 10대 셰르파 5명이 포함됐다.[8] 여러 세대가 서로 협력하면서 각자의 강점을 발휘한다면 그 힘은 훨씬 커질 것이다.

현대 사회가 파편화되고 더욱 세분화되면서, 그럴수록 현대 목회는 모든 세대를 아우르는 목회가 필요하다. 현장 목회자들은 체감적으로 안다. 어느 한 세대만 집중하거나 반대로 어느 한 세대를 섭섭

하게 해서는 안 될 일이다. 교회 안에는 수많은 세분화된 그룹들이 있다. 3040세대, 노년층도 있고 M세대, Z세대, 기존 교회 구조에 편입되지 못하고 있는 30~50대 미혼 싱글세대, 돌싱 그룹, 한 부모 가족 등 각자의 라이프스타일이 판이하고 교회에 대한 욕구가 전혀 다른 계층들이 존재한다.

그럼 앞으로 한국 교회 일선 목회자들은 어떤 방향으로 목회를 해야 할까? 여러 가지 의견들이 있겠지만 데이터를 근거로 한 가지 제시하고 싶은 것이 있다. 목회자들에게 향후 어느 세대에 목회의 중점을 두겠는지 물어보았는데, '3040세대'(32%)와 '모든 세대'(30%), 이 두가지 응답이 어느 하나가 우세하지 않고 둘 다 높게 응답됐다.[9] 언뜻 보면 두 응답이 대치되는 듯하다. 코로나 이후 3040세대가 한국 교회에 크게 약화된 계층이기 때문에 목회자들이 교회의 허리 세대인 3040세대에 집중한다는 것은 일면 이해가 된다.

그런데 '모든 세대' 응답이 3040세대 못지않게 높게 응답된 것은 목회자들의 고민의 단면을 보여준다. 실제로 목회 현장에서 3040세대에 집중하다보면, 교회 헌신도가 가장 높은 고령 교인들이 불편해한다. 본인들이 교회에 가장 충성했고, 그동안 헌금도 가장 많이 냈는데 늙었다고 '뒷방 늙은이' 취급한다는 것이다. 한편으로 새롭게 떠오르는 목회 대상 중 하나가 이번 주제 중 하나인 싱글이다. 30대 중반을 넘어 30대 후반 40대 전체를 아우르는 싱글들은 가족 중심의 교회 문화에서 어디에 소속하기가 어렵다. 여기에 목회의 어려움이 있다. 마냥 선택과 집중만 할 수 없는 노릇이다. 그래서 목회자들이 '모든 세대' 응답을 1위권으로 높게 응답한 것이다.

페레니얼(perennial)이라는 식물이 있다. 두 해 이상 살아남는 다년생 식물로 여러 해 동안 지속되거나 끊임없이 이어진다는 의미로 쓰인다. 마치 은퇴한 고령 교인이 유치부 보조교사가 되어 할머니 할아버지와 같은 마음으로 어린아이들을 돌보는 일과 비슷하다. 페레니얼 사고방식이다. 'Multi Generation' 목회! 이것이 코로나 이후 미래 교회를 위한 목회의 방향이 되었으면 좋겠다.

이 책은 조사 데이터를 근간으로 제작한 책이어서 비용이 많이 든다. 이를 위해 물질적 후원을 아끼지 않으신 희망친구 기아대책의 최창남 회장님과 월드비전의 조명환 회장님께 깊은 감사를 드린다. 옆에서 조언을 아끼지 않은 과천교회 주현신 목사님, 싱글 조사를 위해 조언과 후원을 아끼지 않으신 서울드림교회 신도배 목사님께도 특별한 감사를 드린다. 이 책의 출간을 위해 도움을 아끼지 않은 목회데이터연구소 운영위원장 김지철 목사님과 후원이사회 회장이신 류영모 목사님께 감사한 마음을 보내드린다. 또 기꺼이 글을 써주신 10명의 저자들, 전체 원고의 글을 다듬어준 국민일보 종교국 신상목 부장님과 규장 편집팀, 조사 처음부터 끝까지 오차와의 싸움을 견뎌낸 ㈜지앤컴리서치 연구원들에게 고마움을 전한다.

2024년 9월

목회데이터연구소 대표 지용근

CONTENTS

01

You-
vangelism

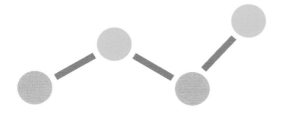

유반젤리즘

코로나19 팬데믹을 지나면서 유튜브 사용량이 폭발적으로 늘었다. 그 이전에도 유튜브는 많은 사람들에 의해 사용되고 있었지만 최근 몇 년 사이 아이 어른 할 것 없이 많은 사람에게 익숙해진 콘텐츠가 있다면 단연 유튜브이다. 유튜브는 기독교인들의 일상에서도 익숙한 콘텐츠가 되었다. 기독교인들은 유튜브로 CCM을 듣고 설교를 듣는다. 이른바 유튜브 에반젤리즘(Youtube Evangelism), 유반젤리즘(You-vangelism)의 시대가 되었다.

기독교인들은 이제 홀로 부흥회를 할 수 있다. 혼자 유튜브로 성경말씀 낭독을 듣고 목회자들의 설교를 들으며 은혜를 받는다. 다양한 단체와 개인이 부르는 찬양을 들으며 눈물을 흘린다. 궁금한 것이 생기면 유튜브로 바로 검색하고 성경공부도 한다.

유명한 성지순례 장소도 단번에 갈 수 있다. 과거에는 특정 장소를 직접 가야만 가능했던 일들이 이제는 핸드폰 하나면 언제든 방문이 가능하다. 검색 한 번으로 성경의 배경이 되는 땅과 당시 문화를 생생히 알 수 있다. 예배는 이제 유튜브 하나로 대체할 수 있는 시대가 되었다.

그렇다면 유반젤리즘 시대에 교회는 무엇을 해야 하는가? 유반젤리즘 시대에도 효과적인 목회가 가능할까? 유튜브로 대체할 수 없는 교회의 기능과 사역은 무엇인가? 사람들이 왜 교회에 나오지 않으면 안 되는가? 유반젤리즘 시대에 우리가 물어야 하는 질문들이다. 이제 유반젤리즘 시대에 나타나고 있는 익숙한 현상들과 그것이 등장하게 된 배경을 살펴본다. 더불어 이런 변화가 목회 현장에 어떤 시사점을 던져주고 있는지 모색해본다.

"필라테스를 배우고 싶은데 새로 이사 와서 어디로 가야 할지 몰라 그냥 유튜브를 틀어놓고 동작을 따라 하고 있어요. '필라테스'라고 유튜브에 검색하면 초보도 쉽게 따라할 수 있는 영상들이 많아요."

"요즘 요리를 배우고 있습니다. OO유튜버는 건강식 요리를 하는데 애들과 남편 건강을 생각해 영상에 나오는 요리를 많이 배우고 있어요. 요즘은 유튜브에 다 나와요. 모르는 것은 유튜브를 보면 돼요."

얼마 전 들었던 집사님들의 대화다. 이제 유튜브는 일상이 되었다. 심심할 때 아무 생각 없이 보게 되는 것도, 드라마나 영화 리뷰도, 취미생활도 유튜브에서 본다. 뭔가를 배우기 전에도, 다양한 직업 탐색도 유튜브로 한다.

이번 '한국 교회 트렌드 2025 조사'에 의하면 한국인 19세 이상 성인들은 평균 하루에 107분(1시간 47분) 동안 유튜브를 이용하는 것으로 나타났다. '30분 이하'라고 응답한 사람이 18.8%로 나타났지만 1시간 이상 유튜브를 사용하는 사람은 58.1%였고, 2시간 이상도 31.1%였다.

기독교인들의 이용 시간도 거의 비슷하다. 개신교인을 대상으로 진행한 조사 결과 60.7%가 하루 1시간 이상 유튜브를 이용한다고 답했고 15.8%가 30분 이하였다. 유튜브 평균 이용 시간도 하루 113분(1시간 53분)으로 일반국민(107분)보다 약간 많았다. 현대 한국인들은 유튜브 이용 시간이 적지 않고 기독교인이라고 예외는 아니다.

이렇게 유튜브 이용 시간은 비슷하지만 일반국민과 개신교인이 주

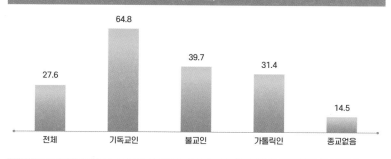

지난 1년 사이 종교 유튜브 시청 경험(종교별) (Base=유튜브 시청자, N=929, %)

- 전체: 27.6
- 기독교인: 64.8
- 불교인: 39.7
- 가톨릭인: 31.4
- 종교없음: 14.5

목회데이터연구소, '한국 교회 트렌드 2025 조사',
(전국의 만 19세 이상 일반국민 1000명, 온라인조사, 지앤컴리서치, 2024.05.20.~05.27)

로 사용하는 콘텐츠는 달랐다. 개신교인 응답자 86.4%가 기독교 유튜브를 이용하고 있었고 기독교 유튜브를 일주일에 1시간 이상 이용한다고 응답한 사람도 전체 응답자의 43.8%였다. 일반국민 조사에서는 전체 응답자 27.6%가 종교 유튜브를 지난 1년간 한 번이라도 이용한 것으로 나타났다.

종교별로 보면 개신교인은 64.8%가 종교 유튜브를 이용한다고 했고, 불교나 가톨릭 신자들은 각각 39.7%, 31.4%가 종교 콘텐츠를 이용한다고 답했다. '종교 없음'으로 분류된 유튜브 이용자들은 14.5%만 종교 유튜브를 시청하고 있었다. 전반적으로 종교인들의 종교 콘텐츠 이용률은 무종교인들보다 훨씬 많지만 개신교인들은 다른 종교와 비교했을 때도 종교 콘텐츠 이용 비율이 월등히 높았다.

이번에는 연령별로 유튜브 이용 시간을 살펴보자. 개신교인의 일반 유튜브 이용 시간과 기독교 유튜브 이용 시간을 비교하기 위해 일주일간 이용 시간으로 환산해 분석했다. 그 결과 기독교인의 일반 유

연령별 유튜브 평균 이용시간(1주일간) (단위 : 시간)

연령	전체	20대	30대	40대	50대	60대 이상
일반 유튜브	13.2	17.9	15.5	13.5	11.2	12.7
기독교유튜브	2.0	1.1	1.8	1.8	1.8	2.2

목회데이터연구소, '한국 교회 트렌드 2025 조사'
(전국의 만 19세 이상 개신교인 교회출석자 1000명, 온라인조사, 지앤컴리서치, 2024.05.14~05.20)

튜브 이용 시간은 20~30대가 타 연령층보다 더 많은 시간을 이용하고 있었다. 그러나 기독교 유튜브 이용은 사뭇 달랐다. 20대의 경우 일주일간 기독교 콘텐츠를 1.1시간 이용하는 데 그쳤지만, 60대 이상 고령층은 2.2시간으로 20대보다 두 배 많았다. 다시 말해 개신교인의 경우 일반 유튜브의 주 이용층(heavy user)이 2030 MZ세대라면, 기독교 유튜브의 주 이용층은 60대 이상 고령층이다.

기독교인들은 주로 설교와 찬양과 같은 카테고리의 유튜브를 많이 이용하고 있었는데, 이 장에서는 이를 '유반젤리즘'(You-vangelism)이라고 명명한다. 이와 유사한 현상은 텔레반젤리즘(Tel-evangelism)이라는 용어가 있다. 텔레반젤리즘은 20세기 중반 미국에서 텔레비전으로 복음을 전파하는 활동을 가리키는 말로 텔레비전(television)과 복음을 뜻하는 에반젤리즘(evangelism)을 결합한 파생어였다.

한국에서도 기독교 방송국의 창립으로 텔레비전으로 복음이 전파되기 시작했다. 텔레반젤리즘은 복음이 대중매체를 통해 전달된다는 점에서 당시 굉장히 획기적이었다. 유명 목사들의 설교를 텔레비전으로 들을 수 있다는 점에서 복음 전파를 위한 새로운 혁신처럼 생각되었다. 하지만 텔레반젤리즘의 한계는 방송을 시청하는 계층이 고령층에 집중된다는 점이다. 직장인이나 젊은 기독교인들의 경우에는 거의 시청을 하지 않는다.

하지만 최근 한국 기독교계는 유튜브를 통해 새로운 전환점을 맞았다. 코로나19 이전까지 유튜브의 주요 이용자들은 젊은 세대였지만 코로나를 거치면서 전 세대가 유튜브에 친숙하게 되었다. 이제는 텔레비전에서 기독교 방송을 통해 설교를 듣는 것보다 유튜브를 통해 유명 목사들의 설교를 듣는 것이 더 익숙하게 되었다. 젊은 세대는 찬양을 듣고 중년 이상의 세대는 설교를 듣는다. 지금 한국 교회는 유반젤리즘이라는 새로운 시대를 맞이하고 있다.

유반젤리즘의 양상들

포터블 복음

모바일 빅데이터 기업 아이지에이웍스의 모바일 인덱스 데이터에 의하면, 2023년 12월 기준 우리나라 모바일 유튜브 월간 활성 이용자 수(MAU)는 4,565만 명이라 한다. 한국 전체 인구 중 88.9%가 핸드폰으로 유튜브를 사용한다는 뜻이다. 핸드폰을 가지고 있지 않은 어린이 인구를 제외하면 핸드폰을 사용하고 있는 거의 대부분 성인들이 유튜브를 이용한다는 말이기도 하다.

와이즈앱 리테일 굿즈의 데이터에 따르면 코로나19 이전이었던 2019년 1월과 비교했을 때 한국인의 유튜브 앱 사용 시간은 약 2.2

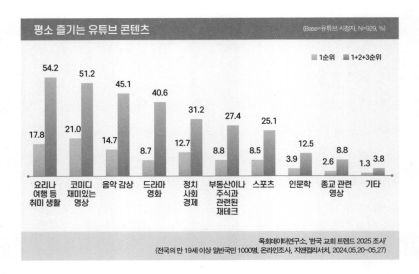

평소 즐기는 유튜브 콘텐츠 (Base=유튜브 시청자, N=929, %)

■ 1순위　■ 1+2+3순위

콘텐츠	1순위	1+2+3순위
요리나 여행 등 취미 생활	17.8	54.2
코미디 재미있는 영상	21.0	51.2
음악 감상	14.7	45.1
드라마 영화	8.7	40.6
정치 사회 경제	12.7	31.2
부동산이나 주식과 관련된 재테크	8.8	27.4
스포츠	8.5	25.1
인문학	3.9	12.5
종교 관련 영상	2.6	8.8
기타	1.3	3.8

목회데이터연구소, '한국 교회 트렌드 2025 조사'
(전국의 만 19세 이상 일반국민 1000명, 온라인조사, 지앤컴리서치, 2024.05.20~05.27)

배가 늘어났고 월평균 유튜브 사용 시간도 21시간에서 43시간으로 늘었다. 사람들은 이제 지하철을 탈 때도, 혼밥을 먹을 때도, 누군가를 기다릴 때도, 집에서 쉴 때도 유튜브를 본다. 유튜브 시청은 한국인들의 일상이 되었다.

기독교인들의 기독교 종교 콘텐츠 이용률이 높은 것도 핸드폰으로 시간이나 장소에 구애받지 않고 영상을 시청하기 때문이다.

"운전할 때나 운동할 때 핸드폰으로 설교를 들어요. 복음성가도 듣고요. ○○○목사님 설교는 너무 좋아요. 이해가 너무 잘 돼요. 은혜를 참 많이 받고 있어요."

'기독교 콘텐츠별 유튜브 이용 이유'에서도 동일한 이유가 언급된다. 7개 기독교 콘텐츠 유형(찬양, 설교, 성경공부/세미나, 성경역사/성지순

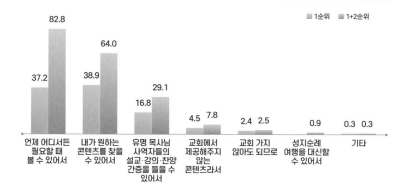

기독교 콘텐츠별 유튜브 이용 이유 | 찬양 (Base=찬양 콘텐츠 1순위 이용자, N=229, %)

■ 1순위 ■ 1+2순위

항목	1순위	1+2순위
언제 어디서든 필요할 때 볼 수 있어서	37.2	82.8
내가 원하는 콘텐츠를 찾을 수 있어서	38.9	64.0
유명 목사님 사역자들의 설교·강의·찬양 간증을 들을 수 있어서	16.8	29.1
교회에서 제공해주지 않는 콘텐츠라서	4.5	7.8
교회 가지 않아도 되므로	2.4	2.5
성지순례 여행을 대신할 수 있어서		0.9
기타	0.3	0.3

목회데이터연구소, '한국 교회 트렌드 2025 조사'
(전국의 만 19세 이상 개신교인 교회출석자 1000명, 온라인조사, 지앤컴리서치, 2024.05.14~05.20)

례, 간증, 성경 읽기, 교계뉴스)을 제시하고 이 콘텐츠를 왜 이용하는지 각각 물었다. 그 결과 '언제 어디서든 필요할 때 볼 수 있어서'가 1+2순위 항목에서 가장 많았다. 1순위 이유에서는 '내가 원하는 콘텐츠를 찾을 수 있어서'나 '유명 목사님/사역자들의 설교/강의/찬양/간증을 들을 수 있어서'와 같은 이유들이 있었지만, 전체 항목 1+2순위에서는 '언제 어디서든 필요할 때 볼 수 있어서'가 가장 많았다.

유튜브를 이용하는 보편적인 이유가 유튜브의 편의성 때문이라는 뜻이다. TV나 컴퓨터는 부피가 커서 옮길 수 없고 노트북이나 아이패드는 옮길 수는 있지만 부피 때문에 항상 가지고 다닐 수는 없다. 하지만 핸드폰은 늘 가지고 다니기 때문에 핸드폰을 이용한 기독교 유튜브 이용이 용이할 수밖에 없다. 핸드폰을 이용한 유튜브 이용이 늘어남에 따라 기독교인들은 언제 어디서나 유튜브로 신앙생활을 하고 있다. 유튜브는 '포터블(휴대용) 복음' 시대를 가능하게 한 주요 매체로 자리 잡았다.

나홀로 부흥회

독일의 사회학자였던 울리히 벡(Ulrich Beck, 1944~2015)은 전통적 종교기관의 쇠퇴와 함께 현대 사회에서 개인화된 종교적 신앙이 왜 나타나는지를 탐구했다. 벡은 현대 사회에서 종교적 신앙은 더 이상 종교기관에 의해 독점되지 않으며 각각의 개인들이 자기만의 방식으로 신앙을 구성한다고 말한다. 현대 사회의 불확실성과 위험이 종교적 신앙을 재구성하게 하면서 현대인들에게 '자기만의 신(God of one's own)'을 만들게 한다는 것이다. 세속화 사회에서 종교가 사라지는 것이 아니라 종교가 다른 모습으로 변화한다는 말이다.

코로나19를 거치면서 한국도 그런 양상이 더 가속화된 것 같다. 평신도 92.7%는 유튜브가 그들의 신앙생활에 도움이 된다고 말했다. 이것은 목회자들이 일반적으로 '유튜브가 성도들에게 도움이 된다고 생각하는 것'(77.2%)보다 훨씬 더 높은 비율이었다. 평신도들은 목회자들보다 더 많이 유튜브가 그들의 신앙생활에 긍정적인 영향을 미친다고 생각했다. 목회자들의 경우 7.7%만 '유튜브가 성도들의 신앙생활에 매우 도움이 된다'고 생각했지만, 평신도들은 29%가 매우 도움이 된다고 응답했다. 유튜브 신앙 콘텐츠를 통해 평신도들은 80% 이상이 '은혜를 받는다', '마음의 평안을 얻는다', '신앙 성장을 이루는 데 편리하고 효과적이다', '지적 욕구가 충족된다', '영적 욕구가 충족된다'고 대답했다.

 평신도들은 목회자들이 생각하는 것보다 더 유튜브 신앙 콘텐츠를 통해

많은 은혜와 도전을 받고 다양한 유익을 누리고 있다

기독교 유튜브를 통해 얻은 유익 (Base=기독교 유튜브 시청자, N=864, %)

은혜를 받는다
88.0

마음의 평안을 얻는다
87.2

신앙 성장을 이루는 데 편리하고 효과적이다
86.7

지적 욕구가 충족된다
84.2

영적 욕구가 충족된다
81.8

신앙적 도전을 받는다
77.1

다른 성도들과 함께한다는 느낌이 있다
49.2

목회데이터연구소, '한국 교회 트렌드 2025 조사'
(전국의 만 19세 이상 개신교인 교회출석자 1000명, 온라인조사, 지앤컴리서치, 2024.05.14~05.20)

극단적이기는 해도 이제 평신도들은 하나님을 믿기 위해 교회가 '반드시' 필요하지는 않게 되었다. 통계 조사에 근거한다면 '성도의 교제'를 제외하고는 유튜브가 교회를 대체할 수 있게 되었다. 사람들은 이제 유튜브로 설교도 듣고 찬양도 듣고 성경공부도 한다.

"매일 새벽 저는 유튜브로 OOO목사님 설교를 들으면서 예배드려요. 몇 년 전까지만 해도 새벽기도를 나갔는데 요즘은 그냥 유튜브로 설교 듣고 기도해요."

불과 15~20년 전만 해도 기독교인들은 교회에 나와 전통적인 예배를 통해 은혜를 받았다. 교회에서 하는 예배나 부흥회든, 기도원 집회든, 예배라는 형식 안에서 은혜를 받고 지적 욕구와 영적 욕구를 충족시켰다.

하지만 유튜브가 보편화되면서 유튜브를 통해 은혜와 위로를 받고 신앙 성장을 추구한다. 신앙생활의 지형이 달라지고 있다. 현대 기독교인들은 '나홀로 부흥회'가 가능해졌다. 유튜브를 통해 혼자 말씀을 듣고 찬양을 듣고 은혜를 받는다. 신앙적으로 궁금한 내용은 유튜브를 통해 검색하고 해결한다. 유튜브로 혼자서도 부흥회를 한다. 그런데 그런 종교적 행위로도 사람들은 만족한다. 그들의 종교적 욕구를 '나홀로' 채우고 있는 것이다.

이는 '현장 vs 유튜브 선호도'와 모순된다. 사람들은 분명히 유튜브 설교보다 현장 설교를 더 좋아했고 유튜브 강의나 간증보다 현장에서 듣는 것을 더 좋아한다고 답했다.

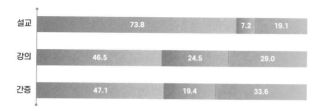

유형별 현장 vs 유튜브 선호도 (Base=전체, N=1000, %)

■ 현장이 더 좋다 ■ 유튜브가 더 좋다 ■ 둘 다 좋다

	현장이 더 좋다	유튜브가 더 좋다	둘 다 좋다
설교	73.8	7.2	19.1
강의	46.5	24.5	29.0
간증	47.1	19.4	33.6

목회데이터연구소, '한국 교회 트렌드 2025 조사'
(전국의 만 19세 이상 개신교인 교회출석자 1000명, 온라인조사, 지앤컴리서치, 2024.05.14~05.20)

하지만 유튜브로도 그들은 '어느 정도' 만족하고 있는 것 같다. 꿩 대신 닭인지도 모르겠다. 개인 종교생활을 위해 교회가 절대적이지 않은 시대가 되었다. 현대인들에게 교회를 가는 것은 이제 선택사항 이지 필수사항이 아닐지도 모른다.

뇌섹 기독교인

어느 순간부터 '뇌섹남', '뇌섹녀'라는 말이 일상용어처럼 쓰이고 있 다. '뇌가 섹시한 남자'라는 말인 '뇌섹남'은 외모와 스펙, 능력이 중요 하게 여겨져 '꽃미남', '엄친아'가 대세였던 남성에 대한 가치관을 바꾸 어버린 말이 되었다. 외적인 것보다 정신적인 가치에 의미를 부여하여 '매력적인 남성'을 가린다. '똑똑한', '많이 아는'이란 말이 '매력'이라는 말과 연결된다.

그런데 한국 교회에도 '뇌가 섹시한 기독교인'들이 많아지고 있다. 각종 포털의 발달로 누구나 성경이나 신학에 대한 접근이 가능해졌

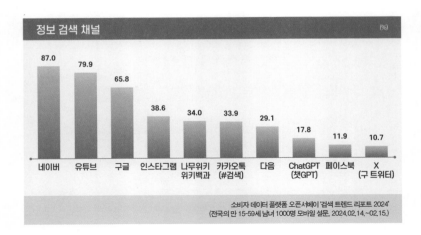

정보 검색 채널 (%)

네이버	유튜브	구글	인스타그램	나무위키 위키백과	카카오톡 (#검색)	다음	ChatGPT (챗GPT)	페이스북	X (구 트위터)
87.0	79.9	65.8	38.6	34.0	33.9	29.1	17.8	11.9	10.7

소비자 데이터 플랫폼 오픈서베이 '검색 트렌드 리포트 2024'
(전국의 만 15-59세 남녀 1000명 모바일 설문, 2024.02.14.~02.15.)

다. 과거 목회자들의 전유물로 여겨졌던 신학과 성경 지식은 이제 인터넷에서 찾을 수 있다. 성경에 대한 궁금증을 책에서 찾기 이전에 검색 포털에서 검색한다. 웬만한 내용들은 이제 인터넷 정보 검색으로 가능하게 되었다.

몇 년 전까지만 해도 정보 검색은 '네이버 지식 검색'이 독보적이었다. 지금도 네이버는 여전히 각광받고 있는 검색 포털이다. 하지만 최근에는 네이버 못지않게 많이 사용되고 있는 것이 유튜브이다. 유튜브는 국내 2위 정보 검색창으로 사용된다. 유튜브에 검색만 하면 성경이나 신학 관련 목록들이 뜬다. 직접 여행해보지 못한 성지 영상이나 무료로 들을 수 있는 강의나 성경공부 등 다양한 내용을 담은 영상들이 나열돼 있다.

"요즘 개그맨 OOO이 하는 성경공부는 정말 유익하고 재미있어요. 어려운 성경을 정말 쉽게 설명해줘요. 그래서 최근 교회에 나오기 시작한 제

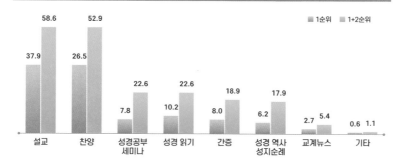

자주 이용하는 기독교 유튜브 콘텐츠 (Base=기독교 유튜브 시청자, N=864, %)

■ 1순위 ■ 1+2순위

항목	1순위	1+2순위
설교	37.9	58.6
찬양	26.5	52.9
성경공부 세미나	7.8	22.6
성경 읽기	10.2	22.6
간증	8.0	18.9
성경 역사 성지순례	6.2	17.9
교계뉴스	2.7	5.4
기타	0.6	1.1

목회데이터연구소, '한국 교회 트렌드 2025 조사'
(전국의 만 19세 이상 개신교인 교회출석자 1000명, 온라인조사, 지앤컴리서치, 2024.05.14~05.20)

친구에게도 링크를 보내줬어요. 그리고 저는 아나운서가 직접 성경을 읽어주는 유튜브를 틀어놓고 자기도 해요."

성경공부를 하러 더 이상 교회에 가지 않아도 된다. 다니고 있는 교회에 성경공부반이 없어도 괜찮다. 유튜브에서 들을 수 있으니까 말이다. 유명 목사와 기독 연예인, 유명 강사들의 강의가 유튜브에 올라와 있다. 성경을 읽다가 궁금한 내용은 바로 유튜브에서 검색이 가능하다.

기독교인들은 유튜브에서 지적 욕구를 충족시키고 있다. 성경공부가 없는 교회를 다녀도 유튜브에서 공부할 수 있다. 어떤 경우는 출석 교회 목사님보다 연예인들이 설명하는 성경공부가 더 쉽고 유익하게 느껴지기도 한다. 성경공부와 세미나, 성경역사, 성지순례는 지적 욕구를 충족시켜주는 대표적 콘텐츠이다. 이제 유튜브는 공간을 초월해 종교에 관한 지적 욕구를 충족시킬 수 있는 매체가 되었다.

실제 개신교인에게 자주 이용하는 기독교 유튜브 콘텐츠를 물었는데, '설교'가 58.6%(1+2순위)로 1위로 나타났고, 다음으로 '찬양'(52.9%), '성경공부/세미나'(22.6%), '성경 읽기'(22.6%), '간증'(18.9%) 순으로 나타나 기독교 영역 전반에 걸쳐 유튜브 사용이 이뤄지고 있었다.

등장 배경

1. 한국의 IT 문화

유반젤리즘이 가능하게 된 제1 원인은 말할 것도 없이 한국의 IT문화이다. 한국은 세계 어느 나라보다 IT 인프라가 발달한 국가이다. 1999년 초고속 인터넷망을 전국에 설치한 후 기하급수적으로 가입자를 확보했다. 기다리거나 끊어지지 않는 인터넷은 한국인들의 자랑이기도 했다. 선진국이라 하더라도 한국만큼 인터넷이 빠르지 않아서 그 당시 서구를 여행해본 사람들은 누구나 할 것 없이 한국의 인터넷을 그리워했었다. 하지만 초고속 인터넷은 가정이나 기업, 사무실에서 사용이 되기는 하지만 핸드폰으로 사용 가능하지는 않았다. 유튜브를 컴퓨터로 사용할 수 있었지만, 유튜브가 오늘날

유반젤리즘
(You-vangelism)

코로나19 이전까지 유튜브의 주요 이용자들은 젊은 세대였지만 코로나19를 거치면서 전 세대가 유튜브에 친숙하게 되면서 기독교인들의 일상에서도 익숙한 콘텐츠가 되었다. 이제 기독교인들은 유튜브로 CCM을 듣고 설교를 듣는다.

코로나19 기간 동안 교회는 모임과 예배가 제한되었지만 OTT, 특히 유튜브로 복음을 전달하게 되었다. 이에 따라 기독교인은 유튜브를 통해 자신들이 평소 좋아하던 목회자의 설교와 찬양을 듣기 시작했다.

처럼 사용되는 데는 가지고 다닐 수 있는 컴퓨터인 스마트폰이 아니었다면 불가능했을 것이다.

응답자들이 밝힌 것처럼 기독교인들이 유튜브를 이용하는 가장 큰 이유는 '언제 어디서든 필요할 때 볼 수 있어서'였다. 언제 어디서나 유튜브를 볼 수 있는 이유는 스마트폰 때문인데, 한국에 스마트폰이 보급된 것은 2011년부터였다. 보급이 시작된 이후 스마트폰은 약 3년 동안 거의 모든 국민이 갖게 될 만큼 빠르게 확산했다. 2010년대 중반부터 한국은 전 국민이 스마트폰을 갖고 있는 나라, 5G 무선 네트워크 기술을 어디서나 이용할 수 있는 나라가 되었다. 2024년 현재 한국 성인 스마트폰 사용률은 98%에 이른다고 한다. 유튜브로 복음을 접할 수 있게 된 것은 이런 기술 기반이 없었다면 불가능했을 것이다. 단언컨대 어떤 나라에서도 유튜브를 통한 정보와 영상 전달이 한국 같지 않을 것이다. 일부 국가에서 한국처럼 유튜브를 사용할 수 있겠지만, 모든 사람이 그렇게 사용할 수는 없고 모든 장소에서도 가능하지 않을 것이다.

심지어 한국은 유튜브 종주국 미국(24시간)보다 1인당 유튜브 평균 사용 시간(43시간)이 더 많다. 미국에서 유튜브가 인기가 없어서가 아니라 미국은 유튜브를 사용할 수 있는 여건이 한국과 달라서일 것이다. 퓨리서치(Pew Research)가 2019년 세계 27개국을 대상으로 한 조사 결과에 따르면 한국(95%)은 스마트폰 사용률 1위 국가로 미국(81%), 일본(66%), 캐나다(66%)보다 앞섰다. 통계에 의하면 2021년까지도 세계 인구 67%만 스마트폰을 사용했다.

유반젤리즘은 그야말로 한국의 독특한 IT문화가 만들어낸 기독교 문화이다. 버스터미널, 커피숍, 식당 할 것 없이 무선 인터넷 접속이 가능하며 거의 모든 핸드폰 약정에 인터넷 사용에 대한 추가 비용이 없기 때문에 생긴 문화이다. 언제 어디서든 인터넷 사용이 가능하다 보니 사람들은 거의 모든 장소에서 핸드폰을 이용한다. 유반젤리즘은 5G 무선 인터넷과 폭넓은 스마트폰 이용으로 인해 생길 수 있었던 문화였다.

2. 코로나19가 만든 기독교 문화

코로나 이전에도 무선 인터넷과 스마트폰이 있었지만 그전까지만 해도 유튜브는 주로 젊은 사람들이나 컴퓨터에 관심 있는 사람들만 사용하는 매체였다. 그런데 코로나로 인해 유튜브는 전 연령이 사용하게 되었다.

교회의 예배 동영상도 이 과정에서 중요한 역할을 했다. 교회에서 현장 예배를 드릴 수 없게 되자 영상을 제작했다. 교회마다 영상을 제작해 업로드하는 공간으로 유튜브를 사용했다. 기독교인들은 예배를 드리고 다른 교회의 영상을 보기 위해 유튜브에 접속했다. 코로나 기간 동안 수많은 교회들이 영상을 제작했고 영상 수도 기하급수적으로 많아졌다. 설교, 찬양 등 영상 수가 증가했다. 코로나 전에도 영상은 있었지만 대부분 유명 목사들의 설교 동영상이 전부였고 사용자는 제한적이었다. 하지만 코로나를 거치며 규모 있는 대부분의 교회가 영상을 제작해 유튜브에 올렸고 기독교인들은 그 영상들을 많이 이용했다.

물론 근본적으로 유튜브 사용이 늘어난 것은 코로나로 인한 고립 때문이었다. 사회적 접촉이 제한되면서 모임이 취소되었고 강의나 수업도 동영상 수업이나 줌(ZOOM)으로 대체되었다. 사람들이 집에 있는 시간이 늘어났다. 모임이나 행사가 취소되면서 상대적으로 여유 시간이 많아지기도 했고, 고립으로 인한 정서적 외로움 때문에 미디어 사용량도 기하급수적으로 늘었다.

실제로 코로나 특수를 경험한 산업이 OTT(Over The Top)였다. 코로나 기간 동안 전 세계적으로 넷플릭스 가입자가 1,600만 명이나 늘었다고 한다. 이 수치는 전년도 가입자 수의 두 배에 달하는 결과였다. 2018년과 2021년 넷플릭스 결제 금액으로 봤을 때 1,300% 넘는 성장을 했다고 한다. 하지만 넷플릭스보다 더 폭발적으로 성장한 OTT는 유튜브였다. 유튜브는 같은 기간 동안 6,600% 이상 성장했다.

교회 안의 유튜브 사용량과 사용자 수도 증가했다. 2020년 목회데이터연구소는 교회 안에 유튜브 이용자를 조사한 적이 있었다. 1,000

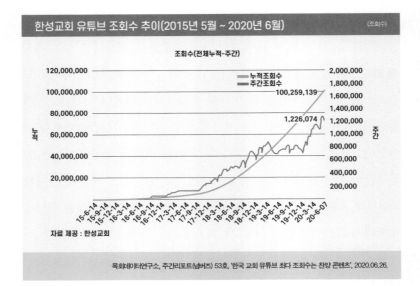

한성교회 유튜브 조회수 추이(2015년 5월 ~ 2020년 6월) (조회수)

조회수(전체누적-주간)

누적조회수
주간조회수

100,259,139

1,226,074

자료 제공 : 한성교회

목회데이터연구소, 주간리포트(넘버즈) 53호, '한국 교회 유튜브 최다 조회수는 찬양 콘텐츠', 2020.06.26.

명 이상 교회 400여 곳의 유튜브 채널을 분석했다. 그 결과 서울 목동에 위치한 한성교회가 1위라는 것을 알았고 한성교회의 5년간 유튜브 조회 수를 분석했다. 보고서에 따르면 2015년부터 약 2년 동안은 거의 변화가 없다가 2016년부터 꾸준히 상승했다. 그러다가 코로나19 이후 가파른 상승세를 기록했다. 이용자 수에 대한 연령별 구성비를 보면 다른 연령대는 거의 비슷한 비율로 늘었지만, 코로나19 이후 55세 이상 이용자는 1년 사이 13%에서 20%로 큰 폭으로 증가했다.

이전에 기독교 방송의 주 시청자였던 50세 이상 교인들이 유튜브 이용을 시작했고, 이들은 유튜브를 통해 자신들이 평소 좋아하던 목회자의 설교나 찬양을 듣기 시작했다. 유튜브를 장시간 이용하는 주요 고객층이 되었다. 코로나 기간 동안 교회는 모임과 예배가 제한되었지만 OTT, 특히 유튜브로 복음을 전달하게 되었다. 코로나 변수

한성교회 유튜브 이용자 연령별 구성비						(백만)
	■ 24세 이하	■ 25~34세	■ 35~44세	■ 45~54세	■ 55~64세	■ 65세 이상
2020년 최근 3개월	11	17	25	27	14	6
2019년 동 기간	13	19	27	28	10	3

자료 제공 : 한성교회

목회데이터연구소, 주간리포트(넘버즈) 53호, '한국 교회 유튜브 최다 조회수는 찬양 콘텐츠', 2020.06.26.

가 유반젤리즘 시대를 열었다고 해도 과언이 아니다.

트렌드 전망 및 시사점

유튜브로 대체할 수 없는 교회 영역, 성도와의 교제

"인간이라는 종의 역사에서 새롭고 예상하지 못한 위기가 닥쳐오고 있음에도 우리는 계속 추구할 수 없는 삶의 방식을 고집하고 있습니다. 우리는 반드시 변해야 합니다. 변화할지 말지의 문제가 아닙니다. 오직 얼마나 빨리, 어떻게 잘 변하는가, 이 문제가 중요해 보입니다."[1]

유반젤리즘 시대는 교회에 득이 될까? 해가 될까? 모든 변화는 위기처럼 느껴진다. 그런데 어떤 위기에서도 꼭 상황을 역전시키는 교회와 사람들이 있다. 상황과 변화는 반드시 해가 되지 않는다는 것을 그런 교회들과 사람들에게서 배운다. 그래서 이런 질문을 해야 한다. 유반젤리즘 시대에 상황을 잘 이용하기 위한 대책은 무엇일까?

이번 '한국 교회 트렌드 2025 조사' 설문 내용 중에는 '교회의 기능 가운데 유튜브가 아무리 발전해도 충족시키지 못하는 교회의 기능은 무엇이라고 생각하십니까?'라는 문항이 있었다. 그 질문에서 가장 많은 응답이 '성도와의 교제'였다. 사람들은 유튜브가 아무리 발전하고 내용을 보충한다 해도 성도와의 교제를 대체할 수는 없다고 생각했다.

유튜브는 좋은 설교를 듣고 싶은 욕구, 찬양을 듣고 싶은 욕구, 성경공부, 성지순례, 역사에 대한 지적 욕구, 영적인 욕구 등을 충족시킬 수 있다고 사람들은 생각했다. 하지만 그들은 다른 교인들과의 만남이나 신앙적 나눔, 교제는 불가능할 것으로 예측했다. 유튜브가 가지고 있는 한계라고 생각한 것이다. 조금 다르게 생각하면 유튜브로 많은 것을 할 수 있는 시대에 산다고 해도 교회는 성도들 간의 삶을 나누고 신앙적 교제를 풍성하게 할 수 있는 곳이라는 말이기도 하다.

이미 《한국 교회 트렌드 2024》에서 다루었던 것처럼 코로나 중에도 타격을 덜 받은 교회나 부흥한 교회는 소그룹이 활발한 교회였다. 소그룹에 잘 참석하는 사람들이 예배 출석률도 높았고, 코로나 이후 회복률도 더 좋았다. 2024년 1월 목회데이터연구소의 '한국 교회 과제 발견을 위한 조사'에 의하면 500명 이상 중대형 교회가, 그리고 소그룹이 잘되고 있는 교회가 코로나 이전 대비 성장했다. 소그룹은 다른 성도와 말씀 속에서 삶을 나누는 교제가 핵심이다. 소그룹은 교회에 소속감을 느낄 수 있는 중요한 모임으로, 성도의 교제를 나눌 수 있는 장이다.

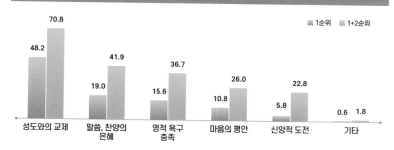

유튜브로 대체할 수 없는 교회의 기능 (Base=전체, N=1000, %)

■ 1순위　■ 1+2순위

- 성도와의 교제: 48.2 / 70.8
- 말씀, 찬양의 은혜: 19.0 / 41.9
- 영적 욕구 충족: 15.6 / 36.7
- 마음의 평안: 10.8 / 26.0
- 신앙적 도전: 5.8 / 22.8
- 기타: 0.6 / 1.8

목회데이터연구소, '한국 교회 트렌드 2025 조사'
(전국의 만 19세 이상 개신교인 교회출석자 1000명, 온라인조사, 지앤컴리서치, 2024.05.14~05.20)

아무리 생활이 편리해지고 과학과 기술이 발달했어도 사람에게서 느낄 수 있는 무언가는 대체할 수 없다. 개인 사생활이 중요해진 시대에도 여전히 사람들과 관계가 좋은 사람이 행복하고 더 오래 산다는 연구는 우연이 아닐 것이다. 유반젤리즘 시대에 교회는 유튜브가 대체할 수 없는, 사람 간 접촉에 대한 욕구를 목회에 적극 활용할 수 있어야 할 것이다.

유튜브로 대체할 수 없는 교회 영역, 교회학교

유튜브로 대체를 할 수 없는 또 다른 사역이 교회학교이다. '한국 교회 트렌드 2025 조사' 결과 2024년 5월 기준 코로나 이전 대비 성인예배 회복도는 전국 평균 88.9%, 교회학교는 76.5%로 나타났다. 이 회복도는 2023년 초 조사된 회복도와 큰 차이를 보이지 않는다. 즉 2023년 초 이후 한국 교회가 코로나 이전 대비 더 이상 회복하지 않음을 보여주는 것이다. 코로나 이후 한결같은 점은 교회학교의 경우 성인예배보다 그 회복도가 항상 더디다는 것이다.

요즘 수도권과 도시 지역 아이들은 부모의 차량으로 부모와 함께 이동한다. 아이가 아프면 부모 중 한 명이 아픈 아이를 돌봐야 하기 때문에 교회에 올 수 없고, 차량을 운전하는 부모가 아프거나 일이 있어도 아이들은 교회에 오지 못한다. 실제로 교회에서 사역을 하면서 매주 듣는 이야기이다. "지난 주는 엄마가 허리가 아파서 아이들이 교회에 올 수 없었다", "운전을 하는 남편이 출장 가서 엄마와 아이들이 교회에 오지 못했다", "아이가 열이 나서 교회에 못 왔다"는 이야기들이다. 요즘은 그렇다. '함께' 교회에 온다.

더욱이 서울에서조차 코로나 기간 중에 교회학교가 없어진 교회도 많고 인원이 줄어든 교회도 많다. 교회학교의 위축은 한국 교회 향방에 중요한 의미를 가진다. 교회학교 어린이들의 부모가 3040세대이고 교회학교의 위축은 3040세대의 위축과 동일한 말이기 때문이다. 과거 90년대는 부모가 교회를 안 다녀도 아이들이 교회를 다니며 부모를 전도했다. 그것이 가능한 일이었다. 하지만 지금은 드문 일이다. 아이가 교회 바로 앞에 살아서 혼자 이동이 가능하지 않고는, 그리고 부모가 허락하지 않는 이상 아이들은 혼자 교회에 나오지 못한다. 교회학교는 젊은 3040세대의 유출입과 긴밀한 관계가 있다. 교회는 이 부분에 관심을 가져야 한다.

신앙이 있는 부모들은 아이들에게 신앙교육을 시키고 싶어한다. 그래서 요즘 부모들은 교회학교가 좋은 교회를 따라 교회를 옮긴다. 과거에는 목사님 설교가 좋거나 교회 분위기가 좋거나 프로그램이 마음에 들면 가족이 등록했다. 어른 위주였다. 하지만 지금은 아이가 교회학교를 좋아하지 않거나 예배를 드리기 싫어하면 아이의 신앙교육을 위해 교회학교가 좋은 곳으로 가족 전체가 교회를 옮기는 경향이 나타나고 있다.

다행인지는 모르겠지만 교회학교는 성인과 달리 유튜브로 대체되지 않는 사역이다. 아이들은 성인들처럼 유튜브로 설교를 듣거나 성경공부를 하지 않

What's Next?

유반젤리즘 시대는 교회에 득이 될까? 해가 될까? 모든 변화는 위기처럼 느껴진다. 그런데 어떤 위기에서도 꼭 상황을 역전시키는 교회와 사람들이 있다. 그래서 이런 질문을 해야 한다. 유반젤리즘 시대에 상황을 잘 이용하기 위한 대책은 무엇일까?

는다. 성인들보다 교회에서 친구들을 만나고 활동하며 예배드리는 것이 더 중요하다. 유반젤리즘 시대가 왔다 해도 아직 교회학교 교육은 유튜브로 대체될 수 없다. 교회학교가 좋은 교회가 유반젤리즘 시대에도 강할 수 있다는 말이다.

또 다른 선교 채널, 유튜브

유튜브는 목회자들이 생각하는 것보다 평신도들에게 파급 효과가 더 큰 매체이다. 교인들은 유튜브 설교와 찬양을 통해 은혜를 받고 있고 성경공부도 하고 있다. 궁금한 것이 생기면 유튜브를 찾아서 해결하고, 여유 시간에 기독교 유튜브를 틀어놓고 강의를 듣는 경우도 많다. 교회를 다니는 사람도 그렇지 않은 사람도 마찬가지다.

'한국 교회 트렌드 2025 일반국민 조사'에서는 기독교인뿐만 아니라 타종교인이나 무종교인도 기독교 관련 유튜브를 보는 것으로 확인됐다. 물론 기독교 유튜브를 주로 보는 사람들은 기독교인이었지만 불교도나 가톨릭 신자, 종교가 없는 사람도 기독교 유튜브를 본 적

이 있다고 응답했다(불교인 17.7%, 가톨릭인 32.4%, 무종교인 28.7%). 특히 무종교인의 경우 10명 중 3명 가까이 기독교 유튜브를 접촉한 것으로 나타났다. 기독교 유튜브 시청자의 17.4%는 타종교인이거나 종교가 없는 사람들이 시청하고 있었다. 물론 기독교인 14.9%도 불교나 가톨릭과 같은 타종교 유튜브를 '자주 시청한다'고 응답했다. 요즘은 사람들이 더 자유롭게 유튜브에서 종교 탐색을 하고 있는 것이다.

어떤 종류의 종교 영상을 보는지에 대해서는 '유명한 종교인의 강연'(58.7%)이 가장 많았고 다음이 '교리나 종교 사상에 대한 설명'(37.5%)과 같은 항목들이었다.

본인이 믿는 종교 외 타종교 유튜브를 시청하는 이유는 '재미있어서'(29.8%)가 가장 많았고, '그 종교에 관심이 있어서/알고 싶어서'(27.7%), '마음의 평안을 위해서'(14.4%), '지혜를 얻을 수 있어서'(10.6%), '위로가 되어서'(7.2%) 순으로 나타났다. 아마도 사람들이 타종교 유튜브를 보는 주요 이유는 유명한 종교인의 강연이 재미있거나 타종교를 탐색하고 싶어서인 것으로 보인다.

사람들이 종교 유튜브를 이용하는 이유가 이런 것이라면 개신교가 유리한 것은 아니다. 2014년 조사에 따르면 '국내에서 영향력 있는 종교인' 10명 중 조용기 목사 1명만 기독교인이었다. 나머지는 불교와 가톨릭이었는데 지금도 거의 다르지 않은 것으로 보인다. 최근 가장 영향력 있는 종교인은 법륜 스님이었고 불교 유튜브 방송은 구독자 100만을 코앞에 두고 있다. 종교 유튜브 시청으로 인한 그 종교의 이미지는 31.5%가 좋아졌다고 응답했다. 3명 중 1명 정도는 유튜브 방송으로 인해 종교 이미지가 달라지고 있다고 답한 것이다.

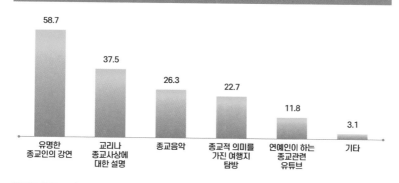

시청한 종교 유튜브 콘텐츠 종류 (Base=종교 유튜브 시청자, N=276, %)

유명한 종교인의 강연	교리나 종교사상에 대한 설명	종교음악	종교적 의미를 가진 여행지 탐방	연예인이 하는 종교관련 유튜브	기타
58.7	37.5	26.3	22.7	11.8	3.1

목회데이터연구소, '한국 교회 트렌드 2025 조사'
(전국의 만 19세 이상 일반국민 1000명, 온라인조사, 지앤컴리서치, 2024.05.20~05.27)

현대 한국에서 유튜브는 타종교인과 무종교인들에게 중요한 선교 매체가 될 수 있다. 현재 유튜브는 다른 방법에 뒤지지 않는, 도리어 더 영향력 있는 선교 도구로 떠오르고 있다. 과거 기독교 방송의 등장은 기독교 문화를 선도하는 획기적이고 영향력 있는 영상매체였다. 물론 이전에 부흥회와 기도원 문화는 한국 교회의 색깔을 없애는 데 중요한 역할을 했지만, 방송은 신앙을 평준화하고 유사한 색깔을 가지게 하는 데 기여했다. 하지만 기독교 방송은 고령층 같은 특정 그룹 사람들에게만 영향을 끼친 매체였다.

유튜브는 더 폭넓은 계층의 사람들을 포섭하고 있다. 어린이와 젊은 청년부터 나이 많은 사람들까지 연령과 성별을 초월해 가장 영향력 있는 매체로 부상하고 있다. 지금은 거리 전도보다 재미있고 유익한 유튜브 콘텐츠 하나가 더 영향력 있는 시대가 되었다. 교회는 유튜브를 선교에 잘 활용할 수 있다.

02
Mental Care Community

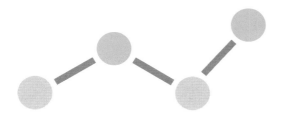

멘탈 케어 커뮤니티

급격한 기술발전과 글로벌화, AI의 발달, 고도화된 경제시스템 등은 현대 사회의 특징을 이루며 유토피아를 꿈꾸게 한다. 하지만 그 이면에는 치열한 경쟁과 사회적 불평등, 노동시장의 급변으로 인한 일자리의 불안정, 불공정한 사회 시스템과 부조리는 현대인들로 하여금 수많은 역기능적 결과를 초래한다. 정신건강의 문제는 그 대표적 증상이다.

특히 한국 사회 속에서 스트레스와 우울, 불안 같은 정신적 문제는 이제 일상이 되어가고 있다. 급속한 경제 성장 속에서 무한 경쟁하며 살아가는 삶은 상상을 초월하는 부담을 만든다. 일과 학업, 가족과 사회적 관계에서의 성공과 성취, 자아실현 등을 향한 추구는 사람들의 정신건강을 해치고 있으며 심지어 자살이라는 극단적 선택으로까지 몰고 가고 있다.

정신건강에 있어서 한국 교회도 예외는 아니다. 신자들에게는 정신건강이라는 중요한 과제가 놓여 있다. 건강한 정신심리적 상태를 가지지 못한 상황에서 건강한 신앙생활은 어렵기 때문이다. 이에 이 장에서는 개신교인들의 정신건강을 위한 교회의 사역을 일곱 가지로 제안하고자 한다.

첫째, 교회는 교인들이 삶의 스트레스에 압도되지 않도록 성숙한 신앙적인 삶의 원칙을 제시해야 한다. 둘째, 교회는 교인들이 정신건강에 대한 정확한 지식을 가질 수 있도록 도와야 한다. 셋째, 교회는 정신건강 지원을 위한 시스템을 구축해야 한다. 넷째, 교회는 특정 세대와 특정 사안별로 정신건강 지원을 할 수 있어야 한다.

다섯째, 교회는 정신건강에 관련된 편견, 낙인의 문제를 극복할 수 있어야 한다. 여섯째, 교회는 교회 내에 정신건강 관련 특정 이슈의 어려움을 가진 사람들과 그 가족들을 위한 작은 공동체를 구성할 수 있어야 한다. 만일 여건이 된다면 사회를 향한 활동에까지 확대할 수 있어야 한다. 일곱째, 교회는 자살 이슈에 대해 적극적으로 대처해야 한다.

진정한 신앙인에게도 불안과 우울 또는 자살까지 생각하는 일이 일어날까? 그리스도인들은 신앙을 통해 하나님의 자녀가 되는 큰 은혜를 입었고 이 세상이 모르는 기쁨과 평화를 경험하며 살아간다. 그러나 동시에 이 타락한 세상에서 불완전한 인간으로서 살아가면서 육체적인 질병(사도 바울도 겪었다. 고후 12:7-10), 정신적 우울과 탈진(엘리야도 겪었다. 왕상 19:1-18), 정치 사회적 극단적 압박과 스트레스(마르틴 루터도 겪었다) 등을 겪고 있다.

우리의 삶에 왜 이런 어두운 측면들이 있어야 하는지 충분히 이해할 수는 없다. 그러나 이러한 문제 앞에서 우리는 신앙과 인간 본질을 다시 생각하게 되는 기회를 갖는다. 그리스도인에게도 정신건강의 어려움이 있을 수 있는가? 이것은 무엇을 의미하는가? 교회는 이에 관심을 가져야 하는가? 만일 그렇다면 교회 공동체는 무엇을 해야 하는가?

등장 배경

정신건강
(Mental Health)

급속한 경제 성장 속에서 무한 경쟁하며 살아가는 삶은 상상을 초월하는 부담을 만든다. 일과 학업, 가족과 사회적 관계에서의 성공과 성취, 자아실현 등을 향한 추구는 사람들의 정신건강을 해치고 있으며 심지어 자살이라는 극단적 선택으로까지 몰고 가고 있다.

"정신과 치료를 받고 있지만 교회 구역 식구들이나 목사님에게 알리고 싶지는 않아요."

"하루하루 불안에 시달리며 삽니다. 하지만 어떻게 해야 할지 모르겠어요. 목사님은 하나님을 신뢰하고 기도하라고 하시네요. 저도

정신건강에 있어서 한국 교회도 예외는 아니다. 그리스도인들에게는 정신건강이라는 중요한 과제가 놓여 있다. 건강한 정신심리적 상태를 가지지 못한 상황에서 건강한 신앙생활은 어렵기 때문이다.

그건 알지만 누군가 저를 도와주면 좋겠어요."

'한국 교회 트렌드 2025 조사'에 따르면 개신교인들은 지난 2주간 '우울'(23.0%), '불안'(21.9%), '중독'(7.3%) 순으로 고통스러웠다고 응답했다. 심지어 '자살'을 생각한 경우도 11.0%나 있었다. 자신의 정신건강이 걱정된다는 응답도 25.0%로 나타났다.

이러한 결과는 비슷한 기간에 이루어진 별도의 국민 정신건강 설문조사[1]에서도 비슷하게 나타났다. 이와 같은 설문 결과는 정신건강 문제가 이미 한국 교회 안에 조용히, 그리고 얼마나 심각하게 들어와 있는가를 보여준다.

그럼에도 불구하고 이번 설문 조사에서는 교인들이 정신적 어려움을 호소할 때 필요한 전문 상담이나 병원 치료를 받는다는 응답이 매우

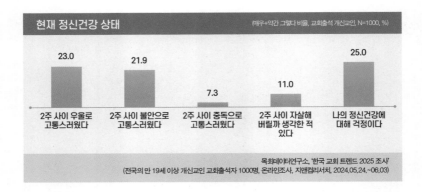

현재 정신건강 상태　(매우+약간 그렇다 비율, 교회출석 개신교인, N=1000, %)

23.0	21.9	7.3	11.0	25.0
2주 사이 우울로 고통스러웠다	2주 사이 불안으로 고통스러웠다	2주 사이 중독으로 고통스러웠다	2주 사이 자살해 버릴까 생각한 적 있다	나의 정신건강에 대해 걱정이다

목회데이터연구소, '한국 교회 트렌드 2025 조사'
(전국의 만 19세 이상 개신교인 교회출석자 1000명, 온라인조사, 지앤컴리서치, 2024.05.24.~06.03)

저조한 것으로 나타났다. 교인 상당수가 자신의 정신건강에 대한 걱정과 우울, 불안, 중독 등으로 고통받고 있으며 자살할 생각도 11.0%에 달한다고 응답했음에도 정작 자신이 정신질환을 가지고 있다고 인정한 사람은 1,000명 중 46명(4.6%)으로 나타났는데, 그중 상담을 받고 있다는 사람은 13명, 병원 치료를 받고 있다는 사람은 22명에 불과했다. 심지어 아무것도 하지 않는다는 응답도 11명이나 있었다.

이 같은 결과는 개신교인에게 절실하게 필요한 정신건강 관련 상담이나 정신과에서의 진료가 얼마나 동떨어져 있는지를 여실히 보여준다. 이들 46명에게 자신이 그런 정신질환을 가지고 있는지, 출석교회의 교인들이 얼마나 알고 있는가를 물었더니 '많은 교인들이 안다'(24.3%), '가까운 사람들만 안다'(43.3%), '아무도 모른다'(32,4%) 등으로 응답했다.

또 '귀하 교회 목회자는 귀하가 정신질환을 앓고 있는 것을 아십니까?'라는 질문에 '안다'(47.1%), '모른다'(52.9%)로 응답했다. 이는 '귀하 또는 귀하의 가족은 귀하의 치료를 위해 교회 목회자에게 직접 귀

신앙과
정신건강의
관계에 대한 인식
(성도 vs 목회자, %)

■ 성도 ■ 목회자

83.6 / 95.3
교회는 정신질환을 가진
성도의 치료와 돌봄에
적극적 역할을 해야 한다

69.8 / 66.6
정신건강이 좋은 사람이
좋은 신앙을 가진다

목회데이터연구소, '한국 교회 트렌드 2025 조사'
(전국의 만 19세 이상 개신교인 교회출석자 1000명, 담임목사 500명, 온라인·모바일조사, 지앤컴리서치, 2024.05월)

하의 상태를 알리고 기도 요청을 한 적이 있습니까?'라는 문항에 대해 '있다'(52.7%), '없다'(47.3%)의 응답과 유사한 비율로 나타난 것과 관계가 있다. 정신질환이 교회 안에서 은폐되는 경우가 많다는 것을 보여준다.

그렇다면 개신교인들은 교회가 정신건강 이슈를 다루는 것에 대해 어떻게 생각하고 있을까? '교회는 정신질환을 가진 성도의 치료와 돌봄에 적극적 역할을 해야 한다'는 문항에 개신교인 83.6%, 목회자 95.3%가 긍정적으로 응답했다. 즉 교회 구성원들은 교인들의 정신건강을 위한 활동을 교회가 하는 것에 대해 매우 긍정적이며 이를 원하고 있음을 보여준다. 그리고 '정신건강이 좋은 사람이 좋은 신앙을 가진다'는 문항에 대해 개신교인 69.8%, 목회자 66.6%가 동의한다고 응답했다. 교회 구성원들은 자신들의 정신건강과 신앙이 밀접한 관련을 갖고 있다고 생각하는 것이다.

그런데 정신건강과 관련해 중요한 점은 문제가 있을 경우 초기에 적극적으로 조치를 취해야만 좋은 결과를 얻을 수 있다는 것이다. 즉 정신건강 상담 및 치료에는 '골든타임'이 존재한다. 골든타임을 놓치는 교회 공동체가 되지 않도록 하는 것이 필요하다. 따라서 교회는 성도들의 신앙과 신앙생활을 위해 정신건강에 적극적으로 관심을 가지고 대처해야 한다.

교회는 무엇을 할 수 있나

그렇다면 교회 공동체는 교인들의 정신건강을 위해 무엇을 해야 하고 또 무엇을 할 수 있을까? 여기서는 일곱 가지로 정리해보도록 한다.

1. 성숙한 신앙적 원칙의 제시

"성경이 돈에 대해 의외로 많이 언급하고 있다는 것에 놀랐어요. 이젠 돈 때문에 걱정하거나 스트레스를 받지는 않을 것 같아요."

한국심리학회와 중앙일보가 한국인 1,000명을 대상으로 실시한 정신건강 설문 조사 결과[2]를 보면 한국인들이 느끼는 스트레스의 원인은 '돈과 경제문제'(50.9%), '가족의 부양이나 자녀양육, 부부 갈등 등 가족 관련 사안'(35.2%), '직장 내 갈등이나 업무, 취업 등 직업 관련

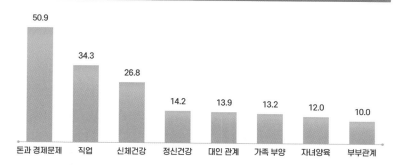

현재 스트레스 받는 영역 (만 19세 이상, N=1000, % · 중복응답)

돈과 경제문제 50.9
직업 34.3
신체건강 26.8
정신건강 14.2
대인 관계 13.9
가족 부양 13.2
자녀양육 12.0
부부관계 10.0

중앙선데이·한국심리학회, '국민정신건강실태 조사'
(전국의 만 19세 이상 성인 남녀 1000명, 온라인 조사, 조사연구컨설팅 올림, 2024. 06.05~06.11)

문제'(34.3%), '신체건강'(26.8%) 등의 순으로 나타났다. 이런 결과는 개신교인 역시 유사하게 경험하는 스트레스의 원인일 가능성이 크다.

기독교 신앙은 예수 그리스도를 구세주로 고백하는 것과 함께, 성도 각자가 자신의 삶 속에서 만나는 스트레스에 대응하는 구체적인 신앙적 삶의 원칙을 가지는 것을 의미한다. 교회는 성도들이 삶 속에서 부딪히는 문제들에 신앙적으로 대응할 수 있도록 도와야 한다. 예를 들어 돈과 경제적 이슈가 스트레스의 압도적인 원인이 되고 있다면 교회는 돈에 대한 성경적 원칙이 무엇인지를 분명히 알려주고 그 원칙을 내면화할 수 있도록 해야 한다.

교회에서 그런 가르침이 없다면 개신교인들은 마치 비개신교인들이 돈에 대해 걱정하고 불안해하는 것과 똑같은 불안과 고민을 하게 될 것이며 이것은 신앙적으로 옳은 일도, 바람직한 일도 아니다. 여기서는 이에 대해 길게 말할 수 없지만 성경은 돈에 대해 무슨 이야기를 하며 그동안 신앙 선배들이 어떤 원칙들을 제시해 왔는지 아는 것만으로도, 돈과 경제문제에 대한 태도와 그에 따른 불안이나 두려움이 전혀 다르게 변할 수 있다.[3]

삶의 문제들을 신앙적 원칙으로 대응하지 않으면서 그로 인해 나타난 우울이나 불안만 다루려는 것은, 마치 수도꼭지는 틀어놓은 상태에서 바닥의 물만 계속 닦는 것이나 마찬가지다. 부부, 자녀 등 가족 관계에서도 신앙적인 삶의 원칙을 세워야 그 안에서 발생하는 다양한 문제들을 적절히 다룰 수 있게 된다.

가족 관계에 대해 성경적 가르침을 제대로 알지 못하고 일반적이고 세속적인 상식과 판단에 따라 대응하다가 스트레스가 커지는 측면이 있다. 직장과 관련된 여러 어려움에 대해서도 신앙 안에서의 성찰과 원칙을 세워야만 본질적인 것과 비본질적인 것, 중요한 것과 중요하지 않은 것, 집중해야 할 것과 포기해야 할 것들을 명확하게 구분할 수 있다. 이런 구분들이 있어야 스트레스도 줄일 수 있다. 그런 의미에서 정신건강에 대한 교회의 대응은 신앙 그 자체에 대한 점검, 그리고 신앙적 삶의 원칙을 잘 정리하고 이를 실천해 나감으로써, 스트레스의 발생을 근본적으로 줄이는 (완전히 없앨 수는 없더라도) 방향이 돼야 한다.

2. 정신건강에 대한 정확한 지식을 갖도록 돕는다

정신건강을 증진하기 위해서는 정신건강과 관련된 정확한 지식과 정보를 잘 아는 것이 중요하다. 그것이 정신건강에 대한 인식과 대응을 올바르게 할 수 있는 가장 효과적인 방법이 되기 때문이다. 지금

인터넷이나 유튜브에는 온갖 정신건강 관련 정보가 넘치고 있다. 하지만 상당 부분은 정확하지 않거나 틀린 내용이다. 따라서 교회는 성도들에게 정신건강에 관한 정확한 지식과 정보를 제공할 수 있어야 한다.

이번 '한국 교회 트렌드 2025 조사' 결과를 보면 대부분 개신교인들(82.2%)과 목회자들(76.0%)은 '정신건강 문제가 믿음이 약하여 나타나는 현상은 아니다'라는 생각을 갖고 있었다. 그리고 '정신질환은 암이나 당뇨병과 같은 의학적 질병이다' 항목의 동의율을 보면 일반국민(77.7%)과 개신교인(80.9%)이 비슷한 비율을 보인다. 목회자들은 그보다 훨씬 높은 89.4%로 나타났다.

세 그룹 모두 정신질환을 의학적 질병으로 보는 성향이 높게 나타났는데, 특히 목회자 그룹에서 더 의학적 질병이라는 인식을 갖고 있었다. 사실 정신질환은 그 현상 자체로 볼 때 뇌의 생물학적 상태와 깊은 연관을 갖고 있는 '질병'이라는 점에서 '의학적 질병'이라 보는 것이 맞다. 다만 그런 뇌의 상태가 되기까지는 유전적 원인이나 어린 시절에 양육받은 경험, 기타 사회적 스트레스 등 다양한 원인과 연관성을 가지기 때문에, 뼈가 부러지는 것처럼 단순한 생물학적인 현상이라고 단정할 수 없는, 복합적 현상이라는 점을 인식해야 한다.

또 '정신질환은 어린 시절 심리적 트라우마를 받아 생긴 질병이다'라는 항목에 대해서도 일반국민 69.2%, 개신교인 76.0%, 목회자 77.9%로 각각 응답했는데, 이는 일반국민보다 개신교인이나 목회자가 정신질환을 좀 더 통합적 시각으로 보고 있음을 보여주는 결과라 할 수 있다.

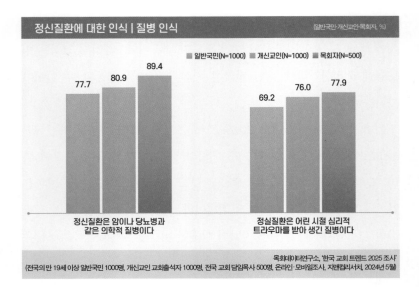

정신질환에 대한 인식 | 질병 인식
(일반국민·개신교인·목회자, %)

■ 일반국민(N=1000) ■ 개신교인(N=1000) ■ 목회자(N=500)

정신질환은 암이나 당뇨병과 같은 의학적 질병이다
- 77.7
- 80.9
- 89.4

정실질환은 어린 시절 심리적 트라우마를 받아 생긴 질병이다
- 69.2
- 76.0
- 77.9

목회데이터연구소, '한국 교회 트렌드 2025 조사'
(전국의 만 19세 이상 일반국민 1000명, 개신교인 교회출석자 1000명, 전국 교회 담임목사 500명, 온라인·모바일조사, 지앤컴리서치, 2024년 5월)

우리나라는 술, 마약, 도박, 인터넷이라는 4대 중독 현상이 사회적으로 뿌리 깊게 형성돼 있는 나라이며 이는 사회적으로 거대한 문제와 부담이 되고 있다. '중독은 도덕적인 의지력이 부족하여 나타나는 현상이다'라는 항목에 대해 일반국민의 64.1%, 개신교인의 72.3%, 목회자 45.8%가 동의했다. 일반인들에 비해 개신교인들은 중독을 더 도덕적 의지력의 문제로 엄격하게 보고 있었고, 이에 비해 목회자들은 중독을 도덕적 의지력의 단일 이유보다는 더 복합적인 현상으로 보고 있다는 것을 알 수 있다. 실제로 목회자들은 목회 상황 및 상담 속에서 다양한 중독 현상을 일반 성도들보다 많이 접했을 수 있고, 그것이 단순히 개인의 도덕적 의지력으로 조절할 수 있는 사항이 아니라는 것을 많이 경험했기에 응답한 결과라고 해석할 수 있다. '정신질환은 귀신이 들려 나타나는 영적 현상일 때도 있다'라는 항목에 대해

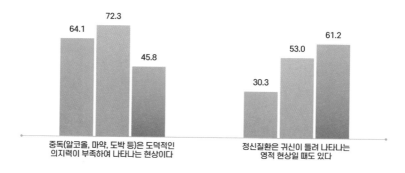

목회데이터연구소, '한국 교회 트렌드 2025 조사'
(전국의 만 19세 이상 일반국민 1000명, 개신교인 교회출석자 1000명, 전국 교회 담임목사 500명, 온라인·모바일조사, 지앤컴리서치, 2024년 5월)

서는 일반국민 30.3%, 개신교인 53.0%, 목회자 61.2%로 각각 나타났다. 질문 문구를 단정적인 문구가 아닌, 가능성을 묻는 질문으로 구성했음에도 일반인들의 반응은 가장 낮은 비율로 나타났다. 영적 세계를 인정하는 개신교인과 목회자는 일반국민에 비해 더 긍정적인 가능성을 가지고 응답한 것으로 보인다. 그러나 상대적으로 모두 높은 비율이 아니라는 점에서, 정신질환을 귀신 들린 것과 연관시키는 것은 이제 교회 내에서 크게 자리잡지 못한 생각임을 알 수 있다.[4]

'정신질환 치료를 위하여는 약을 쓰는 것이 상담보다 더 중요하다'는 문항에 대해서는 긍정하는 비율이 일반국민 55.3%, 개신교인 67.2%, 목회자 65.0%의 결과가 나왔다. 스트레스로 힘들어하는 정도를 넘어 정신질환까지 가게 됐을 때 상담보다는 약을 써야 한다는 적극적 의견을 일반국민보다도 개신교인이나 목회자 그룹에서 더 크게 보인 것이다.

'정신과 약은 다른 약물들에 비하여 부작용이 크다'는 항목에 대해서는 긍정하는 비율이 일반국민 53.9%, 개신교인 64.8%, 목회자 51.3%로 나타나 개신교인들이 일반국민이나 목회자들보다 상대적으로 더 높은 것으로 나타났다. 사실 정신과 약물이 다른 약물들에 비해 부작용이 크다는 말은 잘못된 상식이다. 모든 약은 일정 부분 부작용이 있으며 정신과 약이 다른 약들에 비해 더 부작용이 크지는 않다. 과거 사용되던 정신과 약물 중에는 부작용이 심하게 나타나는 경우가 있었다. 하지만 최근 개발돼 사용되는 항정신병 약물, 항우울제 등은 과거에 비하면 부작용이 매우 적다. 다만 약물 투여 초기에는 약을 먹으면 졸린다든지, 입이 마른다든지 하는 증상이 있는 정도이다.

흥미로운 것은 개신교인들의 응답이 일반국민들이나 목회자들에 비해 더 뚜렷하게 높게 나왔다는 것이다. 이것은 개신교인들이 그만큼 정신과 약물에 대해 부정적인 생각을 가지고 있고, 그래서 약물치료에 대한 접근성이 오히려 일반국민보다 더 떨어질 수 있다는 가능성이 있음을 나타낸다. 다행히도 목회자들은 일반국민들보다도 그런 생각을 적게 가지고 있는 것으로 나타나 성도들이 정신병적 어려움이 있을 때 약물 사용에 대해 격려할 수 있어야 한다는 것을 보여준다.

이와 연결된 문항으로 '정신과 약은 한 번 먹기 시작하면 평생 먹어야 한다'는 것에 대한 긍정 응답에는 일반국민 43.9%, 개신교인 53.4%, 목회자 29.2%로 나타나 그룹간 의미 있는 차이를 보였다. 이 문항의 내용은 질병과 질병의 정도에 따라 차이가 있을 수 있으나

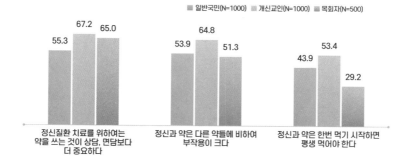

정신질환에 대한 인식 | 약에 대한 인식 (일반국민·개신교인·목회자, %)

■ 일반국민(N=1000) ■ 개신교인(N=1000) ■ 목회자(N=500)

55.3 67.2 65.0

정신질환 치료를 위하여는
약을 쓰는 것이 상담, 면담보다
더 중요하다

53.9 64.8 51.3

정신과 약은 다른 약들에 비하여
부작용이 크다

43.9 53.4 29.2

정신과 약은 한번 먹기 시작하면
평생 먹어야 한다

목회데이터연구소, '한국 교회 트렌드 2025 조사'
(전국의 만 19세 이상 일반국민 1000명, 개신교인 교회출석자 1000명, 전국 교회 담임목사 500명, 온라인·모바일조사, 지앤컴리서치, 2024년 5월)

원칙적으로는 잘못된 생각이다. 즉 대부분 정신질환에서 정신과 약은 필요한 기간 동안에만 복용하면 되고 문제가 해결되면 끊는다.

과거에는 약물 효과가 적었기 때문에 상대적으로 오랜 기간 약을 써야 하는 경우들이 적지 않았지만, 요즘 나오는 약들은 그렇게 사용하지 않는다. 다만 정신과적 약을 오남용했을 때 습관성이 생기는 문제가 있기에 이 또한 관심을 가져야 한다. 그리고 조현병, 조울증, 반복성 우울증 등 특정 질병과 상황에서는 약을 조급하게 끊는 것이 성공적 치료에 가장 큰 장애가 될 수 있기 때문에 약의 사용과 지속 기간은 반드시 정신건강의학 전문의와 상의해 진행해야 한다. 이번 설문에서 다뤄지지 않은 여러 정신건강 및 관련 질병에 대한 좀 더 구체적이고 상세한 내용이 교회에서 다양한 형식의 교육으로 이루어진다면 성도들에게 큰 도움이 될 것이다.

3. 정신건강 지원을 위한 시스템의 구축

'나는 정신건강에 대하여 지금보다 더 전문적인 지식과 정보를 가지기 원한다'라는 문항에 대해서는 일반국민(72.9%)과 개신교인(76.3%)에 비해 목회자(97.7%) 그룹이 압도적인 긍정 응답을 보였다. 즉 개신교인들은 일반국민에 비해 정신건강과 정신질환에 대한 전문적 지식과 정보를 원하는 정도가 더 높기는 해도 그리 큰 차이를 보인 것은 아니었던 것에 비해, 목회자들은 뚜렷하게 정신건강 지식과 정보에 대한 필요성을 인정한 것이다.

이런 결과는 개신교인들에게는 전문적인 지식의 필요성을 좀 더 강조하는 것이 필요하며 목회자들은 더 깊은 전문지식과 정보를 얻을 수 있도록 하는 지원이 필요하다는 것을 보여준다. 교회의 규모나 여러 조건 등이 다르기 때문에 모든 교회가 정신건강 관련 프로그램을 갖추고 운영한다는 것은 사실상 어려운 일이다. 그러므로 교회의 상황과 요건에 맞추어 다음 영역들을 다루는 것이 필요하겠다. 교회가 정신건강 문제를 다루는 것은 일반적으로 4단계로 구성된다.

1단계 : 예방적 차원의 교육 활동

일부 원하는 성도들이나 전체 성도들을 대상으로 정신건강 관련 직접 강의 및 교육을 실시하거나 정신건강을 주제로 소그룹 성경공부[5] 등을 하는 것이 여기에 속한다. 이번 '한국 교회 트렌드 2025 조사' 결과 개신교인들이 정신건강에 대한 정보를 습득하는 방법은 인터넷(76.8%)이 가장 많았고, 그다음은 유튜브(48.6%)로 나타났다. 인터넷과 유튜브에는 앞서 언급했듯 부정확한 정보와 잘못된 지식이 많으므

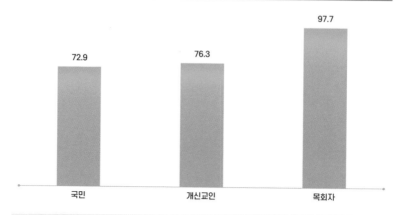

"나는 정신건강에 대하여 지금보다 더 전문적인 지식과 정보를 갖기 원한다" 동의율 (일반국민·개신교인·목회자, %)

- 국민: 72.9
- 개신교인: 76.3
- 목회자: 97.7

목회데이터연구소, '한국 교회 트렌드 2025 조사'
(전국의 만 19세 이상 일반국민 1000명, 개신교인 교회출석자 1000명, 전국 교회 담임목사 500명, 온라인·모바일조사, 지앤컴리서치, 2024년 5월)

로 교회에서 관련 콘텐츠 등을 사전 검토해 추천할 수 있어야 한다. 그런 다음 교인들에게 해당 영상이나 자료를 미리 보게 하고 관련 대화 및 질의응답을 갖는 시간을 마련하는 것도 방법이 될 수 있다.

2단계 : 목회 상담 및 일반 상담

1단계가 불특정 다수를 위한 프로그램이라면 2단계는 개인 상담과 연관된다. 정신건강 이슈가 발생했을 때 교회에서 목회자와의 상담, 또는 교회 리더나 소그룹(구역, 속, 순 등) 리더 등과 정신건강과 관련해 대화를 나눌 수 있도록 하는 것이 필요하다. 이런 대화만으로도 많은 문제들이 해결될 수 있지만 좀 더 전문적인 상담과 지원이 필요한 경우에는 다음 3단계의 전문 상담이나 4단계의 전문 치료로 연결하는 일들이 2단계의 핵심적 역할 중 하나가 된다. 이 역시 규모와 상관없이 모든 교회가 다 할 수 있는 활동이다. 다만 정신건강 관련 사안을 좀 더 잘 다룰 수 있도록 목회자나 교회 리더, 소그룹 리더들이 전문적인 교육을 체계적으로 받는 프로그램을 운영할 필요가 있다.

3단계 : 전문 상담 및 연결

사안에 따라서는 더 전문적인 상담과 지원을 필요로 하는 문제들이 생길 수 있다. 이때 2단계의 활동을 통해 성도들이 전문적인 상담 및 지원을 받을 수 있도록 연결하는 것이 중요하다. 만일 교회 내에 전문가로 구성된 전문상담센터가 있을 경우 직접 도움을 받게 할 수 있다. 교회 내에 그런 기구가 없다면 지역 사회 단위의 정신건강복지센터나 중독관리통합지원센터 등으로 연결하는 것이 중요하다. 또 공신력과 전문성 있는 외부 기관에 연결시켜줄 수도 있다. 예를 들어 사단법인 좋은 의자[6]의 '조우네 마음약국'[7]은 조울증 환자와 그 가족들을 위한 프로그램을 전문적으로 진행하는 기구이다. 교회가 조울증으로 고통을 겪는 환자나 그 가족을 이해하고 돕는 것은 쉬운 일이 아니지만 이런 모임과 연결되도록 돕는다면 큰 도움이 된다. 아직 질병 단위별로 기독교 신앙을 바탕으로 운영되는 정신건강 관련 기관들이 다양하게 존재하지는 않지만 향후 뜻있는 분들에 의해 활성화 되기를 바란다. 이를 위해 교회들의 지원이 있으면 좋을 것이다.[8]

4단계 : 정신건강의학 전문의와 진료 연결

이것은 정신건강의학 전문의에게 외래 및 입원 치료를 받는 것을 의미한다. 많은 경우 1~3단계 활동만으로도 큰 도움을 받을 수 있다. 그러나 그 정도가 심해 약물 치료나 입원 치료가 필요한 정도라면 정신건강의학 전문의의 도움을 받는 것이 필요하다. 교회 내에 정신건강의학 전문의가 상주할 수 없기 때문에 교회에서 2단계 혹은 3단계의 활동을 선행한 후 4단계로 연결하는 것으로 그 역할을 하게 된다. 이때 정신건강의 어려움을 가지고 있는 사람이 자신의 정신건강 이슈를 좀 더 신앙적인 측면에서 다뤄주기를 원하는 경우, 기독 신앙을 가진 정신건강의학 전문의와 연결될 수 있도록 하는 것이 필요할 수 있다.

현재 우리나라는 전국적 조직으로 구성된 대한기독정신과의사회[9]가 있어서 이 기관에 속한 분들을 검색해 진료를 받을 수 있다. 교회 단위로 이런 정신건강의학 전문의들에게 강의 등을 요청하고 교회 차원에서 관계를 형성할 수 있다면 필요시 교인들을 지원할 수 있을 것이다.[10]

4. 특정 세대와 사안별로 정신건강 지원

교회에서 정신건강 관련 프로그램을 준비하고 운영할 때 세대와 사안별로 특화된 정신건강 지원 프로그램을 만들 필요가 있다. 이번 조사에서 교육받고 싶은 정신건강 질환으로 개신교인 20~40대는 '우울증'을 압도적 1순위로 응답했으나 60대 이상 고령층은 '치매'로 응답했다. 20대의 경우 우울증과 함께 '불안장애'에 대한 교육 욕구도 높았다. 따라서 교회에서 정신건강 관련 교육 프로그램을 구성할 때 연령대별 특성을 고려하는 것이 필요하다.

정신건강에 가장 취약한 집단은 20~30대라는 것이 모든 설문조사

교육받고 싶은 정신건강 질환 | 1위 응답

구분		사례수(명)	치매	우울증	불안장애	어린이 관련 정신질환	외상 후 스트레스 장애	인터넷 중독	조현병	강박증	알코올 중독	조울증
전체		(1000)	24.3	20.4	12.2	8.2	6.1	5.9	4.6	4.5	4.1	3.3
연령	19~29세	(64)	5.0	20.6	17.5	8.8	10.3	1.4	10.5	3.2	0.0	12.0
	30대	(94)	9.2	32.7	7.5	6.4	8.8	5.1	3.0	8.1	5.9	2.2
	40대	(139)	13.6	25.8	8.7	10.9	4.7	7.7	5.5	4.3	5.4	5.5
	50대	(201)	21.2	22.2	13.5	8.3	4.8	6.8	4.7	4.9	4.2	2.1
	60세 이상	(502)	33.7	15.9	12.8	7.6	5.9	5.7	3.9	3.8	3.8	2.3

목회데이터연구소, '한국 교회 트렌드 2025 조사'
(전국의 만 19세 이상 개신교인 교회출석자 1000명, 온라인조사, 지앤컴리서치, 2024.05.24.~06.03)

결과에서 드러났다. 20대의 경우 자신의 정신건강에 대해 전체 평균치를 넘어설 정도로 걱정을 많이 하고 있으며(39.0%), 지난 2주 동안 우울하고(36.2%) 불안하고(38.8%) 중독(25.9%)으로 인해 고통스럽고 자살까지(30.0%) 생각한 적이 있을 정도였다. 30대는 20대와 비슷한 수준의 어려움을 보였는데 이는 그들 윗세대에 비해 현저히 높은 비율이었다.

따라서 교회는 20대와 30대를 위한 정신건강 지원 프로그램과 관련해 깊은 관심을 가지고 진행할 필요가 있다. 특히 이 연령대는 진로 선택의 취업 과정에 있으며 취업을 해도 직장 내에서 가장 낮은 직급으로 큰 스트레스를 받는 시기이기에, 단지 정신건강 하나만의 주제가 아닌 신앙과 신앙적 삶의 원칙에 대한 교육을 병행하는 것이 필요할 것이다.

40~50대는 20~30대에 비해서는 정신건강에 대한 고통은 적게 받

구분		사례수 (명)	나는 나의 정신건강에 대하여 걱정이 된다	나는 지난 2주 사이에 우울한 기분으로 고통스러웠던 적이 있다	나는 지난 2주 사이에 불안한 마음으로 고통스러웠던 적이 있다	나는 지난 2주 사이에 "그냥 자살해버릴까?" 하는 생각을 해본 적이있다	나는 지난 2주 사이에 중독(알코올, 도박, 마약, 성(性)중독 등)으로 인해 고통스러웠던 적이 있다
전체		(1000)	25.0	23.0	21.9	11.0	7.3
연령	19~29세	(64)	39.0	36.2	38.8	30.0	25.9
	30대	(94)	35.6	39.5	34.1	25.0	14.7
	40대	(139)	36.7	37.6	31.0	17.7	13.5
	50대	(201)	28.8	29.3	27.0	11.1	3.9
	60세 이상	(502)	16.5	11.7	13.0	4.1	3.2

목회데이터연구소, '한국 교회 트렌드 2025 조사'
(전국의 만 19세 이상 개신교인 교회출석자 1000명, 온라인조사, 지앤컴리서치, 2024.05.24.~06.03)

지만 자녀양육과 관련된 사항, 부모들의 신체건강과 정신건강에 대한 부담, 그리고 경제적 이슈 등에서는 큰 어려움을 겪는 것으로 나타났다. '현재 정신질환을 가지고 있는가'라는 문항에 대해 '예'라고 답한 비율이 40대가 12.3%로, 20대의 9.1%보다 더 높은 1위로 나타난 것은 이 연령대의 특징을 보여준다. 60대 이상은 정신건강에 대한 걱정은 적은 상태이고 정신건강에도 가장 안정된 양상을 보인다는 점에서 그 특징이 있다. 하지만 이들은 치매에 대한 걱정이 많고 저연령층 세대들을 어떻게 도와야 하는가에 대한 우려를 나타내고 있었다. 따라서 연령대별로 그들이 놓인 삶의 정황 속에서 신앙 원칙을 가지고 대응할 수 있도록 교회에서 다양한 방식으로 교육이 이루어져야 할 필요가 있다.

한국 사회는 폭력사회라 할 수 있다. 가정 폭력, 데이트 폭력, 학교 폭력, 직장 내 성희롱 등이 일상화돼 있고, 여기에 세월호 사건, 핼러원 참사, 전세 사기 사건 등 상상을 초월한 사건 사고들이 계속 발생하고 있기에 어느 국민, 어느 기독교인이나 이런 문제에 노출되고 어려움을 겪을 가능성이 상존한다고 볼 수 있다.

그렇기에 교회는 이런 위기의 트라우마와 사고를 겪는 사람들을 돕는 일에 관심을 갖고 도울 수 있는 능력을 갖춰야 한다. 이를 위해 교육을 받는 것도 가능하다. 국가트라우마센터[11]홈페이지에 들어가면 재난 정신건강 교육 안내를 받을 수 있다. 적어도 일반교육과 초급교육을 이수하는 것만으로도 많은 능력을 획득할 수 있다. 가능하다면 교회에 정신건강 담당 조직을 설치하고 거기서 초급교육 이상을 이수할 수 있다. 교회 내에서 이런 사역에 관심이 있는 분들이 모여 관련 교육을 함께 받고, 함께 관련 프로그램들을 운영한다면 큰 의미가 있겠다.

5. 정신건강에 관련된 편견과 낙인의 문제 극복

이번 '한국 교회 트렌드 2025 조사'에서는 '나는 정신질환자나 그 가족이 우리 교회에 출석하는 것을 편견 없이 따뜻하게 맞이한다'는 문항도 있었다. 이에 대해 개신교인 82.9%, 목회자 93.3%가 긍정적으로 응답했다. 목회자들이 더 적극적이고 긍정적인 의견을 갖고 있었다. 이는 개신교인들과 목회자들은 정신질환자에 대한 편견과 낙인 인식이 일반국민들에 비해 현저히 적다는 것을 보여준다.

관련 질문은 '정신질환자들은 위험하고 예측 불가능하다', '정신질환자가 주변에 있으면 마음이 불편하다', '정신질환자가 있는 집안과는 결혼하면 안 된다', '한번 정신질환이 생기면 완치는 어렵다' 등의

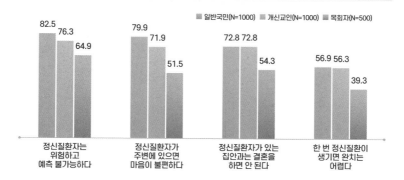

4개 문항이었다. 4개 문항 모두 개신교인과 목회자들은 일반국민에 비해 훨씬 더 그런 생각에 동의하지 않는 것으로 나타났고 특히 목회자들은 더 선명하게 응답했다.

목회자들의 이런 태도는 그동안의 목회 경험 등을 통해 정신질환을 가진 사람들을 많이 대하고 겪은 경험이 작용한 것으로 보인다. 정신질환을 가진 사람들에 대한 편견이나 낙인찍기를 더 적게 하는 측면이 있어 보이며, 동시에 고통받고 있는 사람들을 받아주려는 목회적, 신앙적 태도가 더 강하기 때문인 것으로 추측할 수 있다.

그러나 현실적으로 교회가 정신건강과 관련된 이슈들을 다루는 데 있어 근본적으로 가장 어려운 것 중 하나는 정신건강에 어려움이 있는 사람에 대한 편견과 낙인의 문제이다. 뇌, 특히 전두엽 같은 고차원적 인간 정신을 다루는 부위에 문제가 발생하면 혼란한 정신 상태와 사회규범에 맞지 않는 행동을 보이게 된다. 그런 어려움을 가진 사람들에 대한 이야기를 듣거나 또는 직접 만나게 되는 경우 인간은 누구나 어색함과 불편함, 두려움을 가지게 된다. 그리고 그런 감정들은 그들에 대한 편견과 낙인으로 이어지게 된다. 이런 편견과 낙인은 인간이 모여 사는 사회라면 어디서나 그 형태와 정도의 차이가 있을 뿐 존재한다.

예수님이 사셨던 시기의 팔레스타인 지역에서 가장 대표적인 편견과 낙인의 대상은 사마리아인, 세리, 창녀, 정신질환자들이었다. 그리고 예수님은 바로 그 편견과 낙인의 희생자들을 자기 사역의 중심에 두셨다. 따라서 이에 대한 성경의 내용들을 가지고 토론하는 것, 관련 주제를 다룬 영화 등을 함께 보고 대화하는 것, 정신건강에 어려움이 있는 사람들을 만나 섬기는 활동이 편견과 낙인을 극복하게 하는 방법이 될 것이다.

6. 정신건강을 신앙으로 돕는 프로그램의 운영

정신건강의 심각한 고통을 받고 있으면서 교회에 가서 주일예배만 드리고 다른 성도들을 피해 집으로 바로 돌아가는 사람들이 있다. 자신이 출석하는 교회에서 그 누구와도 자신의 어려움을 꺼내 의미 있는 신앙적 대화와 의미 있는 교우 관계를 맺지 못하고 있다는 그 소외감만큼 슬픈 일은 없을 것이다. 신앙적이고 의미 있는 만남, 대화가 가장 필요한 사람들이지만 동시에 가장 위축돼 있어서 사람 만나는 것을 회피하는 것은 그들의 정신건강과 관련이 있다.

그래서 같은 어려움을 갖고 있고 공감할 수 있는 사람들과 만나 이야기할 수 있는 것은 아주 중요한 신앙적 의미와 함께 치료적 의미도

가지게 된다. 짧은 대화나 만남도 큰 도움이 되는 것을 많이 목격한다. 작은 모임에서라도 서로 도움을 받던 사람들이 시간이 지나면서 모임에 새로 오는 사람들을 돕는 역할을 하게 된다. 그러면서 참여자 전체가 신앙적으로나 정신건강 면에서 더 안정되고 발전하는 양상을 보게 된다.

따라서 교회에서 우울증, 공황장애, 불안증, 강박증, 자녀들의 정신건강 문제, 가족의 치매, 알코올 중독, 자살 사별자 등 비슷한 정신건강상의 어려움을 가진 사람들과 그 가족들의 모임을 만들고 운영하는 것은 매우 중요하다고 하겠다. 일종의 신앙적 자조 모임이라 할 수 있다. 신앙인들은 자신의 어려움을 나눌 때 반드시 신앙적 내용을 포함하게 되는데 일반 지역 사회 자조 모임에서는 그것이 어려울 수 있기에, 교회에서의 이런 모임은 중요하다.

더욱이 교회 내에서 정신건강의 어려움을 가진 사람들을 위한 프로그램이 있다는 것을 지속적으로 홍보하고 알리는 것은, 그런 어려움이 있는 사람들이 이를 숨기지 않고 교회 프로그램에 참가할 수 있게 하는 장점이 있다. 성도들은 자신의 교회가 이런 문제에 관심을 갖고 적극적으로 다루기 원한다. 이를 통해 성도들을 잘 돌보고 있다는 인상을 받음으로써 안심하고 교회생활을 할 수 있다. 그러나 모든 교회가 할 수는 없다. 교회 자체적으로 이런 모임을 만들 수 없는 경우에는 지역의 가까운 교회들과 연합해 모임을 구성하는 것도 고려할 수 있다. 그리고 이런 모임이 전문성을 가져야 할 때는 외부 전문 기관들과 연계해 프로그램을 운영하는 것도 하나의 방법이 될 수 있다.

만일 위에서 말한 프로그램 등을 진행하다 여건이 된다면 그동안의 문제의식과 경험 등을 바탕으로 특정 정신건강 이슈를 신앙으로 돕는 체계적인 프로그램을 만들어 운영하고 이를 지역 사회를 향해 개방할 수도 있다. 예를 들어 남서울은혜교회를 중심으로 설립된 밀알학교[12]는 발달장애 학생들을 위한 특수학교로 그 사역을 하고 있다. 서울 양천구 세신감리교회에서는 발달장애를 가진 아동과 그 가족들을 위한 프로그램을 운영해 신앙적이면서도 실제적인 도움을 주고 있다.[13]

7. 자살 이슈에 적극 대처

이번 '한국 교회 트렌드 2025 조사'에 따르면 '나는 지난 2주 사이에 그냥 자살해버릴까 하는 생각을 해본 적이 있다'라는 문항에 대해 개신교인 2%는 '매우 그렇다'로, 9%는 '어느 정도 그렇다'로 응답해 개신교인 가운데 11%가 자살을 생각하고 있는 것으로 나타났다. 이는 자살 문제가 얼마나 교회에 깊이 들어와 있는지 보여준다. 같은 문항에 대해 일반국민 설문에서는 '매우 그렇다' 2%, '어느 정도 그렇다'가 8.9%로 나온 것과 거의 동일한 결과이다.

자살을 생각해본 적이 있는 비율은 20대(30.0%)와 30대(25.0%)에서 특히 높게 나타나고 있어, 이들 젊은 세대들을 대상으로 하는 자살 예방 활동이 교회 내에서도 이루어져야 한다는 것을 보여준다. 2022년 한국의 자살 사망자 수는 1만 2,906명으로 1일 평균 자살자 수는 35.4명이다.[14] 시간당 1.5명이 자살하고 있는 것이다.

2024년에는 이 숫자가 더 늘어날 것으로 예상되고 있다. 일반적으로 자살 시도를 했을 때 실제로 사망하는 경우는 10% 정도로 본다. 그렇다면 밖으로 드러나지 않은 자살 시도는 1년에 15만 명 가까이 있을 것으로 예상된다. 또 한 명이 자살했을 때 그로 인해 발생하는 자살 사별자, 즉 누군가를 자살로 잃고 그에 따른 인생의 거대한 충격과 후유증을 가지게 되는 사람들이 자살자 1명당 10명으로만 잡아도 자살 사별자는 매년 15만 명 가까이 되는 셈이다. 이것은 한국 사회의 거대한 문제이지만 동시에 한국 교회에도 심각한 문제이자 과제이다.

단지 교회 내에서 아직 알려진 자살자가 발생하지 않았다는 것이 중요한 것이 아니다. 교회에서 알지 못하는 자살 시도자들이 있었을 가능성이 얼마든지 있으며, 교회에 알리지 않은 자살 사별자가 된 사람들도 얼마든지 있을 수 있기 때문이다. 그러나 자살 시도자나 자살 유가족, 자살 사별자들에 대한 부정적인 인식이 교회 안에 강하게 형성돼 있다면, 그런 고통을 가진 사람들은 자신들의 어려움을 교회에 말하고 도움을 받는 일 자체가 막히게 되어 더 큰 고통을 당하는 악순환을 경험한다. 그러므로 교회는 자살 위험자, 자살 시도자, 자살 유가족, 자살 사별자 등에 대해 적극적인 관심을 가지고 도울 수 있는 모든 노력을 다해야 한다. 이를 통해 교회는 더 안정되고 성숙한 공동체로 변화해 나갈 것이다.

이에 더하여 한국 사회에서 자살 자체를 줄이는 일에 교회가 그 역할을 감당하는 것은 매우 중차대한 일이다. 초대교회 시대 로마 사회에서 기독교인들의 특징으로 언급된 것 중 하나는 부모에게 버려진 아이들을 죽게 내버려두지 않고 그 아이들을 거두어 키웠다는 것이었다. 초대교회 성도들의 '생명 사랑' 활동이 잔혹한 핍박 속에서도 기독교 신앙이 퍼져나가도록 했던 강력한 토대가 되었다. 이는 오늘날 교회의 자살 예방 활동과 같은 사역이 될 것이다.

이를 위해 교회에 가장 필요한 것은 자살 예방 교육을 가급적 성도 전체가 받도록 하는 것이다. 현재 자살 예방 교육은 보건복지부 자살 예방 교육센터에서 시행하고 있다. 온라인 교육으로 이루어진다거나 강사를 초청해 강의를 들을 수도 있다. 한국자살예방협회[15]나 한국생명존중희망재단[16] 등을 통해 연결할 수 있으며 해당 단체의 홈페이지에서 자살 예방 관련 자료들을 얻을 수 있다.

자살 예방 교육을 받는 것은 자신이 자살을 하지 않으려고 받는 것이 아니다. 주변 사람들의 자살을 미리 예방할 수 있는 사람이 되기 위해 받는 것이다. 예방 교육을 받음으로 가족, 교회, 학교, 직장, 지역 사회 내 자살 위험자들을 미리 알아보고 그들에게 도움을 줌으로써 자살을 결정적으로 줄일 수 있다. 자살은 예방 가능하다. 자살 예방 교육은 이를 위해 반드시 필요하다.[17] 한국 그리스도인들이 자살 예방 교육을 받고 주변에서 자살 위험자를 미리 알아보고 그에 대한 적절한 조치를 취한다면 그것만으로도 분명히 가족, 교회, 학교, 직장, 지역 사회 내 자살률을 결정적으로 낮출 수 있다. 그리고 이러한 예방 활동을 통해 마침내 한국의 자살률은 낮아지게 될 것이다.

트렌드 전망 및 시사점

인간이라는 존재는 100% 육체적이고 생물학적인 존재이다. 그러면서도 동시에 100% 정신심리적 존재이며 100% 사회문화적 존재이다. 그리고 100% 영적인 존재이다. 100% 생물학적인 존재이기에 우리는 태어나고 몸이 자라가고 늙어 가며 매일 물과 음식물을 먹는다. 모든 활동은 육체 기능에 의해 제한받는다.

동시에 인간은 100% 정신심리적 존재이기에 자신에 대한 자의식을 가지고 있고 내적인 행복감이나 우울감, 사랑과 미움, 소속감과 소외감, 공허감과 충만감을 가지며 그 모두는 정신심리적 현상으로 우리를 규정한다.

동시에 인간은 100% 사회문화적 존재이기에 가족과 함께 살고 자녀를 키우며, 직장에서 경제활동을 하고 문화생활을 즐기려 하고 지역 사회와 교회, 그리고 국가의 구성원으로서 책임과 권리를 다한다. 인간은 또 100% 영적인 존재이기에 생물학적, 정신심리적, 사회문화적 측면에 철저히 묶이면서도 동시에 묶이지 않고 창조주이신 하나님을 바라보며 이 땅에서 의와 사랑을 추구하고 죽음 너머의 영원한 세계에 대한 초월적 동경과 믿음을 가진다.

인간 존재의 본질적 측면을 이렇게 굳이 열거한 이유는 인간의 통합성을 충분히 이해하지 못하고 인정하지 못하면 여러 문제와 갈등이 나타날 수밖에 없기 때문이다. 인간 존재를 오직 육체적인 것만으로 규정하고 나머지 것들을 무시한다면 인간은 동물과 다를 바 없는 본능의 존재로 전락한다.

오직 정신심리적 존재로만 규정하고 다른 부분들을 무시하면 자기 행복 추구에만 매몰되는 존재가 된다. 오직 사회문화적 존재로만 규정한다면 돈과 사회적 성취에만 얽매인 천박한 존재로 전락한다. 영적인 존재로만 규정하면 비현실적인 이상한 존재로 있게 된다. 하나님께서는 인간을 이런 네 가지 측면을 모두 소유한 존재로 창조하셨다. 그런 인간 존재의 구성 요소를 균형 있게 이해하고 그런 요소가 내 안에 있으며 타인에게도 있다는 것을 인정할 때, 비로소 우리는 인간의 불완전한 본질을 이해하는 성숙하고 진리에 가까운 인간관을 가지게 된다. 그리고 이를 이해하는 정도가 한 인간의 '신앙적 성숙도'를 나타낸다고 할 수 있다.

생물학적으로 심각한 화상을 입거나 유전질환을 갖고 태어난 사람도 있고, 정신질환의 발병으로 엄청난 고통을 당하며 자신과 타인을 괴롭게 하는 사람도 있다. 너무나 열악한 경제적, 사회문화적 환경 속에서 태어나 생존해 가는 것 자체만으로도 너무 힘든 사람도 있다. 이 모든 현실을 우리는 인정해야 한다. 그리고 예수님이 그러셨던 것처럼 우리는 그런 고통 속에 있는 사람들을 향한 연민과 사랑의 마음을 가져야 한다. 그리고 이런 불완전성 속에서도 '영적인 존재'로서 그 모든 것을 초월해 하나님을 향할 수 있다는 것을 인정하면서 서로 격려하고 함께 나아가는 교회 공동체가 되도록 해야 한다.

마지막으로 강조할 점들이 있다. 첫째, 교회의 정신건강 사역에서 정신건강의 어려움을 겪은 사람들과 그 가족들의 역할이 중요하다는 것이다. 그들은 그 어려움을 정확히 알며 그 극복 과정의 경험이 있기에 현재 어려움 속에 있는 사람들을 이해하고 격려하며 도울 수 있는 가장 좋은 자격을 가진 사람들이다. 하나님께서 우리에게 고난과 고통을 주신 이유는 그 사역을 위해 주셨다는 영적 깨달음이 중요할 것이다.

둘째, 교회에서 정신건강 관련 사역을 맡은 목회자와 리더, 소그룹 리더들의 어려움을 이해하고 그분들을 지원하며 기도하는 일을 지속해야 할 것이다. 그들은 정신적으로 고통받는 사람들을 자주 만난다. 본인이 직접 겪은 일은 아니지만 직접 고통을 겪은 사람들 옆에서 2차적 트라우마 경험에 노출될 수 있다. 그러므로 교회에서는 이런 사역에 참여하고 있는 분들을 위한 관심과 격려, 그들이 좀 더 전문성을 가질 수 있도록 교육 기회를 지원하고 아울러 탈진하지 않도록 휴식과 회복의 시간을 부여하는 일에 우선순위를 두어야 한다.

What's Next?

예수님이 그러셨던 것처럼 우리는 고통 속에 있는 사람들을 향한 연민과 사랑의 마음을 가져야 한다. 그리고 이런 불완전성 속에서도 '영적인 존재'로서 그 모든 것을 초월해 하나님을 향할 수 있다는 것을 인정하면서 서로 격려하고 함께 나아가는 교회 공동체가 되도록 해야 한다.

이 사역은 누군가 잘한다고, 그것을 전공했다는 이유로 떠맡긴 채 잊으면 되는 사역이 아니다. 모두가 관심을 가져야 하고 함께 나서야 하고 각자 자신의 역할로서 짐을 져야 하는 일이다. '함께 나누어서 지는 십자가'가 교회를 살리고 정신적으로 힘들어하는 교인들도 살릴 것이다. 우리 모두 교회라는 공동체 속에서 함께 그리스도를 향해 나아가는 '상처 입은 치유자'라는 사실을 기억해야 할 것이다.

03

Potential Laity

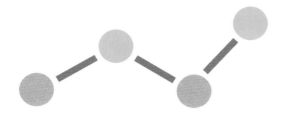

포텐셜 레이어티

지역 교회 부교역자를 구할 수 없어 평신도를 활용한 사역이 대안으로 떠오르고 있다. 교회학교 부교역자나 교육전도사 구하기가 하늘의 별 따기라는 말이 나오면서 그 빈 자리를 평신도로 채우는 것이 최근 중소형 교회를 대상으로 활발하다. 경험과 은사를 가진 성도를 선발해 일정 수준의 훈련과 교육을 거쳐 그 역할을 감당케 하는 것이다.

평신도들이 교역자를 대체하는 가장 큰 이유는 한국 교회 부교역자 사역 기피 현상과 신학교 지원자 감소라는 피할 수 없는 현실 때문이다. 신학교 지원자가 감소하는 데다가 지원자들도 시니어 세대 졸업생이어서 일선 교회 교육전도사로 청빙을 받기에는 어려움이 있다. 이렇게 부교역자 구인난이 심각해지자 일선 교회들은 영성과 전문성을 가진 평신도를 교역자화해 사역에 투입하고 있다. 평신도 사역자화는 부교역자를 구할 수 없는 현실에서 비롯됐지만 평신도는 본질적으로 교회와 사회에 파송된 사역자요 선교사라는 목회자들의 인식 변화도 그 이유로 꼽힌다.

평신도 사역은 이미 고 옥한흠 목사의 《평신도를 깨운다》(국제제자훈련원)를 비롯해 폴 스티븐스의 《참으로 해방된 평신도》, 《21세기를 위한 평신도 신학》(IVP) 등의 저서가 소개되면서 교회 안의 평신도 사역을 비롯해 세상 속 그리스도인의 사명과 소명이 강조된 바 있다. 하지만 일부 교회를 제외하고 평신도 사역은 요원했다. 여전히 평신도는 목회적 돌봄을 받는 수동적 위치에 머문 채 교회와 세상이라는 이분법적 구분 속에 살았다. 평신도는 주체적으로 교회 사역에 참여하지 못하고 목회자 위주의 교회 사역이 주를 이뤘던 것이다.[1]

하지만 아이러니컬하게도 한국 교회의 지속적인 침체와 위기는 평신도를 교회 사역에 적극적으로 끌어들였다. 코로나19는 그 전환점이었다. 평신도를 중심으로 한 가정예배와 온라인 예배, 소그룹 활동이 빛을 발하면서다. 이를 통해 목회자들이 평신도에 대한 중요성을 절실하게 인식하기 시작했고 지금은 교회 사역 전반에서 평신도들을 활용하고 있다. 교육전도사 역할을 비롯해 심방, 새신자 양육, 성경공부, 기도회 등 그 영역은 다양하다. 봇물 터진 평신도 사역의 큰 흐름은 어디로 흘러갈 것인가. '한국 교회 트렌드 2025 조사'에서는 그 양상을 목회자와 평신도를 통해 직접 확인했다. 그 결과 이제 포텐셜 레이어티(Potential Laity)의 흐름은 거부할 수 없게 됐다.

"교육전도사 청빙, 평일 교사, 주일 전도사, 경력 유무 무관, 학력 대학
졸업(2,3년)."

"전도사 찾기가 하늘의 별 따기입니다. 전도사가 금도사가 됐어요."

최근 교회들의 교육전도사 청빙 광고 내용이 달라지고 있다. 필수
문구가 보이지 않는다. 대신 의외의 문구가 등장한다. '신학 전공 아
니어도 됨', '학력은 대학 졸업' 신학 전공자가 아닌 일반 대학 졸업자
를 교회학교 사역자로 찾고 있는 것이다.

서울의 한 교회를 다니는 A집사는 담임목사로부터 중고등부를 맡
아달라는 요청을 받았다. 교사나 부장집사 수준이 아니었다. 교역
자처럼 아예 부서를 맡아 달라는 주문이었다. 이 교회는 지난해 해당
교역자가 그만둔 이후 지금껏 후임을 뽑지 못했다. 담임목사는 교역
자 선발이 어렵자 평신도 중 믿음이 좋은 A집사에게 담당 교역자 역
할을 제안했다.

깜짝 놀란 A집사는 생업이 어렵다는 이유로 일단 고사했다. 하지
만 교회 분위기는 사뭇 달라 담임목사는 A집사에게 평신도 사역자
로서 직책을 받아들이라고 했다. A집사는 "담임목사님께서 우리 교
회뿐 아니라 교단에서도 평신도에게 부서를 맡겨야 한다는 목소리가
나오고 있다고 말했다"고 최근 분위기를 전했다.[2]

'전공이 아니어도 된다'는 문구를 교역자 모집 광고로 낸 해당 교회
목사는 한 언론과의 인터뷰에서 "신학생들의 지원이 워낙 없다. 유아
부의 경우 사역을 돕는 공과 교재가 있고 신학적 깊이보다 교재에 담

긴 내용을 전달하는 능력이 더 중요하다는 생각에 (일반 성도를 대상으로 한) 구인 공고를 내게 됐다"고 말했다.[3]

실제로 한국 교회 안에 교육전도사 등 부교역자 구인난은 심각한 상황이다. 이른바 부교역자 기피 현상이 심화되고[4] 신학교 지원자마저 감소하는 상황에서 교육전도사 선발은 말 그대로 하늘의 별 따기다. 이런 현실은 지방으로 갈수록, 그리고 중소형 규모의 교회일수록 더욱 심각한 상황이다. "3년간 청빙 공고를 냈는데 아무도 오지 않았다", "지원자 대부분 60대여서 교육전도사로 쓸 수 없었다", "전도사가 아니라 금도사"라는 하소연이 터져 나온다.

교회교육 전문가들도 "사역자의 잦은 이동, 사역 매뉴얼 부재 등으로 교회학교 학생들은 체계적인 성장을 이루지 못하고 있다"며 "다양한 재능을 가진 평신도가 목회의 지속적 조력자가 되는 것이 어느 때보다 필요한 시대"라고 진단했다.

경기도 B교회는 장년 출석 성도가 100여 명 규모의 교회다. 3년 전 교회학교 교역자를 청빙하기 위해 광고를 냈지만 60대 목회자 소수가 지원했을 뿐, 정작 교회가 필요로 하는 20~30대 젊은 목회자는 한 명도 지원하지 않았다. 결국 이 교회는 교회 안에서 교역자를 찾기로 했다. 교회학교 교사, 부장 집사를 지낸 2명의 평신도였다. 이들은 모두 대학에서 청소년 교육학과 아동상담학을 전공했다. 교회는 이들을 교회학교 교역자로 세워 말씀을 전하게 했다. 담임목사의 통 큰 결단이었다.

이 교회 담임목사는 "외부 교역자가 새로 왔을 때처럼 교회에 적응할 기간이 필요 없고 성도들을 잘 안다는 장점이 있다"며 "담임목사와 소통이 잘 되고 따로 점검하지 않아도 될 만큼 신뢰할 수 있다는 강점도 있다"고 말했다. B교회는 현재 교회학교뿐 아니라 선교와 전도 분야에서도 평신도에게 사역을 일임했다.

교단의 변화와 준비도 눈에 띄게 달라지고 있다. 교단 산하 지역 교회 교육전도사 수급에 제동이 걸리자 교단과 지역 노회, 그리고 신학교 차원에서 해당 교육 과정을 운용하거나 대비하는 중이다. 이른바 '평신도 교육사'로 불리는 제도로 교육전도사가 부족한 작은 교회나 농어촌교회 등에서 평신도가 교육전도사 사역을 대신하도록 교육을 시키는 것이 목적이다.

대표적인 교단이 대한예수교장로회(예장) 통합으로 지난 2014년 제98회 총회에서 '평신도 교육사' 과정을 공식 출범했다. 교회학교를 살리기 위해 교육전도사를 대신하는 평신도를 양육해 전도사 역할을 맡긴다는 취지다.

처음에는 총회 차원에서 2박 3일간 직접 교육을 했고 이후 지역 노회와 연계해 진행하고 있다. 교육은 코로나19 팬데믹 기간 중 부산장신대 평신도신학원이 가세하면서 본격화됐다. 이후 부울경(부산 울산 경남) 지역 7개 노회에서 평신도 교육사 교육을 요청했고 총회와 신학교가 함께 진행했다. 출석 교회 담임목사의 추천을 받은 평신도라면 누구나 신청할 수 있다는 조건으로 2021년 41명의 평신도 교육사를 배출했다.

평신도 사역
(Laity Ministry)

한국 교회의 지속적인 침체와 위기는 평신도를 교회 사역에 적극적으로 끌어들였는데 평신도를 중심으로 한 사역이 빛을 발하면서 목회자들이 평신도에 대한 중요성을 절실하게 인식하기 시작했다. 지금은 교회 사역 전반에서 평신도들을 활용하고 있다.

부교역자 구인난이 심각해지자 평신도를 훈련시켜서 사역에 투입하는 교회가 증가하고 있다. 평신도는 본질적으로 교회와 사회에 파송된 선교사라는 목회자들의 인식 변화가 일어나기 시작한 것이다.

평신도 교육사는 이후 목회자들의 뜨거운 관심을 받았고 2023년 전남 광주동노회가 예장통합 총회 교육자원부와 함께 '평신도 교회학교 교육사 교육 과정'을 진행해 72명의 평신도 교육사를 배출했다. 예장통합은 교단 차원에서 교육사의 정체성, 사례, 커리큘럼 등을 담은 매뉴얼을 만든다는 계획이다.

부산장신대 평신도신학원 디렉터 조성현 교수는 "앞으로 평신도 교육사는 더 각광을 받을 것이다. 이제 평신도를 활용하지 않고는 대안이 없어 보인다"며 "평신도 교육사 과정은 일종의 기초 군사훈련이다. 교육사 과정을 수료하면 소속 교회에서 활동할 수 있다"고 말했다.

교육사 과정에서는 신구약 성경 내용과 교육사의 정체성, 교회교육, 공과, 예배 이해 등 교회 사역 전반에 필요한 실무를 배운다. 기본 과정, 심화과정, 워크숍 순으로 진행하며 현재는 1년 2학기제 22주

교육 과정을 진행 중이다.

예장통합 교육훈련처 관계자도 "지금은 평신도 시대라 할 수 있다. 누구나 신학과 성경을 공부할 수 있다. 지도력 있는 성도들이 각자의 재능과 은사에 맞게 사역을 담당하는 것이 옳다"며 "영국에서 시작된 주일학교 운동의 시작도 평신도였다. 이제 평신도는 목회자의 보조 역할이나 봉사자 수준을 벗어나야 한다"고 말했다.

한국기독교장로회(기장)도 교단 차원에서 시동을 걸었다. 기장은 2024년 7월 초 총회 교육정책협의회를 개최하고 교육사 제도 수립 방안을 논의했다. 기장 총회 교육위원회는 지난 2018년 제103회 총회에서 '교회교육 전문가 과정' 개설에 대한 헌의를 처음으로 결의하면서 교육사 제도 도입의 물꼬를 텄다. 이후 지난 2023년 108회 총회 결의에 의해 본격 연구에 돌입, 평신도 지도력 향상을 위한 논의를 진전시켰다.[5]

평신도 전문 사역자 교육 과정에는 성경 이야기, 새신자 교육, 교재 활용, 놀이 활동 등 교회학교에서 다뤄지는 30여 개의 내용들로 구성됐다. 총회는 전문 과정의 경우 다면인성검사와 기질 및 성격검사도 도입해 전문 교육인으로서의 소임을 다할 수 있도록 했다. 과정을 모두 이수할 시 교육사로 사역할 수 있는 권한이 부여되며 임기는 1년이다. 매년 당회와 제직회의 결정에 따라 연장할 수 있다.

예장합동은 아직 평신도 교육사 제도가 없다. 그러나 과거부터 지속적으로 이 제도를 논의해왔던 것으로 알려진다.

평신도 사역의 실제

1. 한국 교회 절반이 실시하고 있다

"우리 교회는 심방이나 새가족 교육을 평신도가 합니다."

그렇다면 현재 한국 교회 구성원들이 생각하는 평신도 사역의 실제와 인식은 어떨까. '한국 교회 트렌드 2025 조사'에서는 평신도 사역의 범위를 10가지로 정하고 이를 토대로 담임목사와 개신교인 교회 출석자에게 각각 질문을 던졌다.

10가지 사역 영역은 ① 주일 성인 예배 설교 ② 성경 강의 ③ 영적 지도(상담/기도) ④ 심방 ⑤ 장례식 집례 ⑥ 교회에서의 결혼식 주례 ⑦ 전 교인 기도회 인도 ⑧ 새가족 교육 ⑨ 성례전 집전 ⑩ 교육부서 설교 등이다.

우선 담임목사에게 현재 시무하는 교회에서 평신도도 하고 있는 사역이 무엇인지 물었다. '한국 교회 트렌드 2025 조사' 결과 10가지 사역 분야 중 '심방'(70.0%)이 압도적으로 많았다. 그다음은 '새가족 교육'(44.2%), '영적 지도'(43.2%), '교육부서 설교'(32.0%), '성인예배 설교'(18.4%), '성경 강의'(15.8%), '전 교인 기도회 인도'(15.5%) 순으로 나타났다.

반면 '교회에서의 결혼식 주례'(1.5%), '성례전 집전'(1.3%), '장례식 집례'(1.1%) 등은 매우 낮았다. 이는 '결혼식'이나 '장례식', '성례전'은 목회자 고유 사역이라는 인식이 확고하다는 것을 알 수 있다. 다만

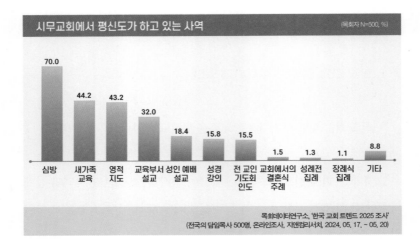

시무교회에서 평신도가 하고 있는 사역 (목회자 N=500, %)

심방	새가족 교육	영적 지도	교육부서 설교	성인 예배 설교	성경 강의	전 교인 기도회 인도	교회에서의 결혼식 주례	성례전 집례	장례식 집례	기타
70.0	44.2	43.2	32.0	18.4	15.8	15.5	1.5	1.3	1.1	8.8

목회데이타연구소, '한국 교회 트렌드 2025 조사'
(전국의 담임목사 500명, 온라인조사, 지앤컴리서치, 2024. 05. 17. ~ 05. 20)

'교육부서 설교'는 3분의 1 정도의 교회가 평신도가 담당하고 있는 것으로 나타나 현재 한국 교회가 처한 부교역자 구인난을 간접적으로 보여주고 있다.

평신도들이 가장 많이 참여하는 3가지 사역(심방, 새가족 교육, 영적 지도)은 교회 규모, 즉 출석 교인수가 많을수록 평신도 참여가 높았다. '심방'은 출석 교인 500명 이상 중대형 교회가 가장 많았고 (82.1%), '새가족 교육'은 100~500명 미만인 교회에서 가장 많았다 (59.2%). '영적 지도'는 500명 이상 중대형 교회가 가장 높게 나타났다(66.7%).

이번에는 개신교인에게 출석하는 교회의 평신도 사역을 물었다. 조사 결과 출석 교회에서 10가지 사역 활동 중 하나라도 평신도가 맡아서 하는 경우가 '있다'고 응답한 경우는 57.0%로 나타나 절반 이상의 교회가 평신도 사역을 하고 있는 것으로 조사됐다.

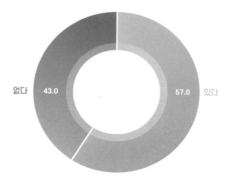

출석 교회의 평신도 사역 (10개 사역중 하나라도 평신도가 맡아서 하는 경우)　(개신교인 N=1000, %)

없다 **43.0**　　**57.0** 있다

목회데이터연구소, '한국 교회 트렌드 2025 조사'
(전국의 만 19세 이상 개신교인 교회출석자 1000명, 온라인조사, 지앤컴리서치, 2024. 05. 14. ~ 05. 22)

출석 교인 1,000명 이상 규모의 교회일수록 평신도 사역이 있다고 응답한 경우가 59.1%로 나타나 100명 미만(50.5%) 교회보다 높았다. 교회 규모가 클수록 다양한 분야에서 평신도들이 사역에 참여하고 있는 것으로 나타났다.

출석 교회가 평신도 사역을 하고 있다고 응답한 성도들에게 평신도가 사역을 맡아서 해보니 어떻냐는 질문을 던졌다. '별 문제 없다'(51.2%)가 절반을 차지했다. '목회자보다는 미흡하다'는 의견에는 31.9%가 응답했다. 반면 '오히려 목회자가 하는 것보다 잘하는 것 같다'는 응답도 6.8%였다. 이는 '별 문제가 없다'는 응답과 합쳐 60%가량의 개신교인은 평신도 사역을 긍정적으로 보고 있음을 보여준다.

같은 질문을 목회자에게 물어보니 10명 중 6명 정도의 목회자는 '별 문제 없다'고 답했다. 목회자들은 '성인 예배 설교'(62.9%), '성

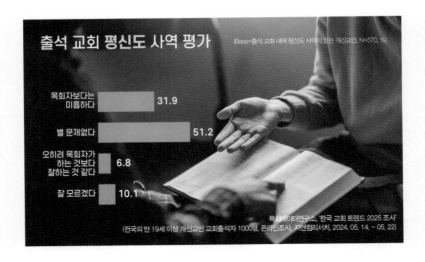

출석 교회 평신도 사역 평가 (Base=출석 교회 내에 평신도 사역이 있는 개신교인, N=570, %)

응답	%
목회자보다는 미흡하다	31.9
별 문제없다	51.2
오히려 목회자가 하는 것보다 잘하는 것 같다	6.8
잘 모르겠다	10.1

목회데이터연구소, '한국 교회 트렌드 2025 조사'
(전국의 만 19세 이상 개신교인 교회출석자 1000명, 온라인조사, 지앤컴리서치, 2024. 05. 14. ~ 05. 22)

경 강의'(68.8%), '신앙 지도'(67.3%), '심방'(66.8%), '전교인 기도회 인도'(69.0%), '새가족 교육'(73.7%), '교육부서 설교'(65.5%) 등의 분야에서 높은 비율로 '별 문제 없다'고 응답했다. 목회자 고유 사역이라 할수 있는 '결혼식 주례'나 '성례전 집전', '장례식 집례' 분야를 제외하고는 긍정적으로 평가한 것이다.

이번에는 담임목사에게 10가지 사역 영역을 제시하고 목회자와 평신도 중 '누가 해야 한다고 생각하는가'를 물었다. 응답의 보기로 '목회자만 할 수 있다', '평신도도 할 수 있다', '잘 모르겠다'를 제시하고 물었는데, 이중 '평신도도 할 수 있다'는 응답 중에서 가장 높게 나타난 사역 분야는 '심방'(88.4%)이었다. 이어 '새가족 교육'(81.9%), '교육부서 설교'(78.1%), 순으로 나타났다. 그다음은 '영적 지도'(63.3%), '성경 강의'(58.9%), '전교인 기도회 인도'(50.5%)로 이어졌다.

하지만 '주일 성인 예배 설교'(22.7%), '교회에서의 결혼식 주

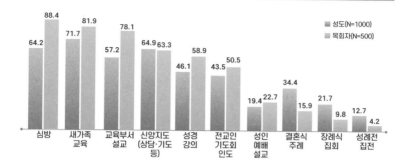

평신도 사역 가능 범위 | '평신도도 할 수 있다' 응답률

(개신교인·목회자, %)

■ 성도(N=1000)
■ 목회자(N=500)

심방 88.4 64.2
새가족 교육 71.7 81.9
교육부서 설교 57.2 78.1
신앙지도 (상담·기도 등) 64.9 63.3
성경 강의 46.1 58.9
전교인 기도회 인도 43.5 50.5
성인 예배 설교 19.4 22.7
결혼식 주례 34.4 15.9
장례식 집회 21.7 9.8
성례전 집전 12.7 4.2

목회데이터연구소, '한국 교회 트렌드 2025 조사'
(전국의 만 19세 이상 개신교인 교회출석자 1000명, 담임목사 500명, 온라인·모바일조사, 지앤컴리서치, 2024년 5월)

례'(15.9%), '장례식 집례'(9.8%), '성례전 집전'(4.2%)은 다른 사역에 비해 평신도 가능 여부가 낮게 나타나 이들 사역은 목회자의 고유 영역이라고 생각하고 있는 것으로 나타났다. 하지만 '심방', '새가족 교육', '교육부서 설교'는 평신도도 '할 수 있다'고 보는 담임목사가 압도적으로 많아 향후 평신도가 사역을 대체할 수 있는 대표적인 영역으로 조사됐다.

이에 반해 평신도들은 '새가족 교육'(71.7%), '신앙 지도'(64.9%), '심방'(64.2%), '교육부서 설교'(57.2%), '성경 강의'(46.1%) 등의 순으로 '평신도도 할 수 있다'고 응답했다.

이를 좀더 세부적으로 살펴보자. 평신도들은 '성인 예배 설교'의 경우 연령대별로 인식 차이를 보였는데 30세 미만은 30.3%가 '평신도도 설교를 할 수 있다'고 응답했고 60세 이상은 18.5%가 '평신도도 설교할 수 있다'고 응답해 나이가 많을수록 성인 예배 설교는 목회자 고유 영역이라고 인식하고 있는 것으로 나타났다.

'성경 강의'의 경우 평신도(46.1%)가 목회자(58.9%)보다 '평신도도 할 수 있다'는 비율이 낮아 다소 보수적으로 나타났다. 그러나 평신도도 성경 강의가 가능하다는 인식이 평신도의 절반 가까이 된다는 사실이 주목된다.

'심방' 영역은 평신도의 64.2%, 목회자의 88.4%가 '평신도도 할 수 있다'고 응답했다. 심방의 경우 다른 영역에 비해 평신도 스스로 '할 수 있다'는 응답률이 제시된 10가지 중 두 번째로 높았지만, 목회자는 이보다 더 높은 88.4%로 가장 높은 응답을 보여, 목회자들은 심방 영역을 평신도 영역으로 충분히 생각하고 있는 것으로 보인다.

'장례식 집례'는 평신도 21.7%, 목회자 9.8%가 '평신도도 할 수 있다'고 응답해 인식 차이가 비교적 컸다. 주목할 점은 젊은 평신도(30세 미만)의 경우 37.7%가 '가능하다'고 답해 타 연령대보다 높은 특징을 보였다.

교회에서의 '결혼식 주례'는 어떨까. 평신도의 경우 34.4%가 '평신도도 할 수 있다'고 응답해 장례식 집례보다는 응답률이 더 높았다. 이는 일반 예식장에서 치러지는 결혼식 주례는 목회자 외에도 은사나 선배, 직장 상사 등도 많다는 점에서 교회 결혼식 주례는 평신도가 해도 무방한 것으로 판단하고 있는 것으로 나타났다. 같은 사안에 대해 목회자들은 15.9%만 평신도도 할 수 있다고 답해 두 배가량 차이를 보였다.

성례전 집전은 평신도의 12.7%, 목회자의 4.2%만 '평신도도 할 수 있다'는 응답을 보여, 제시된 10개 사역 영역 중 두 그룹 모두 목회자

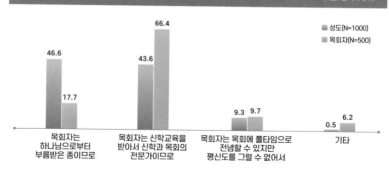

의 영역으로 가장 높게 인정하는 것으로 나타났다.

10가지 사역에 대해 '새가족 교육'과 '교육부서 설교'는 목회자가 평신도보다 더 높게 '평신도도 할 수 있다'고 응답했는데 이뿐 아니라 '성인 예배 설교', '성경 강의', '영적 지도', '심방' 분야 역시 목회자가 더 높게 평가하고 있어 평신도보다 목회자들이 평신도 사역을 더 전향적으로 생각하고 있는 것으로 나타났다. 이는 향후 한국 교회 평신도 사역이 활성화될 수 있다는 긍정적인 신호로 보인다.

앞에서 10개 사역 영역에서 '평신도도 할 수 있다'는 응답률에 대해 각각 살펴보았다. 이번에는 10개 영역 중 하나라도 '목회자만 할 수 있다'고 응답한 응답자들에게 왜 그렇게 생각하는지 물어보았다. 먼저 목회자의 경우 '목회자는 신학교육을 받아서 신학과 목회의 전문가이기에'(66.4%) 그렇다는 응답이 가장 많았다. 같은 질문에 대해 평신도는 '목회자는 하나님으로부터 부름받은 종이어서'(46.6%)라는 응답이 가장 많았다. 두 그룹 간에 차이를 보이는데 목회자들이 소명보다 전문성을 더 중시한다는 것을 알 수 있다.

2. 평신도 설교도 가능할까?

"우리 교회는 작은 교회라 집사님이 설교합니다."

"장로님 설교도 나쁘지 않아요. 내용이 쏙쏙 들어옵니다."

그렇다면 최근 평신도의 교육부서 사역과 관련해 목회자들은 어떤 인식을 갖고 있을까. 우선 현재 시무하는 교회에 교육부서가 있는 경우 "교회의 교육부서는 누가 설교합니까"를 물었다. 60.9%의 목회자가 '모든 부서에서 목회자(전도사, 목사)가 설교한다'고 응답했다. 32.9%는 '어떤 부서는 목회자가, 어떤 부서는 평신도가 설교한다'고 응답했다. '모든 부서에서 평신도가 설교한다'고 응답한 목회자는 6.1%로 미미했다.

응답 내용은 시무 교회의 규모에 따라 차이를 보였다. 출석 교인 30명 미만의 소형 교회 목회자 50.7%는 '모든 부서에서 목회자가 설교한다'고 답했고 '어떤 부서는 목회자가, 어떤 부서는 평신도가 설교한다'(41.3%), '모든 부서에서 평신도가 설교한다'(8.0%) 순으로 나타났다.

반면 500명 이상 규모의 교회는 '모든 부서에서 목회자가 설교한다'(87.2%), '어떤 부서는 목회자가, 어떤 부서는 평신도가 설교한

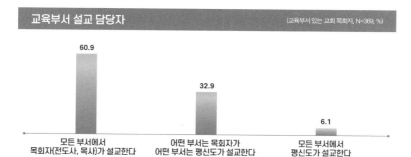

교육부서 설교 담당자 (교육부서 있는 교회 목회자, N=369, %)

- 모든 부서에서 목회자(전도사, 목사)가 설교한다: 60.9
- 어떤 부서는 목회자가 어떤 부서는 평신도가 설교한다: 32.9
- 모든 부서에서 평신도가 설교한다: 6.1

목회데이터연구소, '한국 교회 트렌드 2025 조사'
(전국의 담임목사 500명, 온라인조사, 지앤컴리서치, 2024. 05. 17. ~ 05. 20)

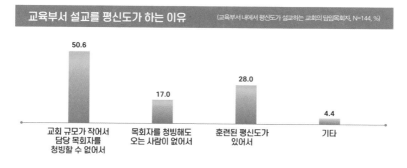

교육부서 설교를 평신도가 하는 이유 (교육부서 내에서 평신도가 설교하는 교회의 담임목회자, N=144, %)

- 교회 규모가 작아서 담당 목회자를 청빙할 수 없어서: 50.6
- 목회자를 청빙해도 오는 사람이 없어서: 17.0
- 훈련된 평신도가 있어서: 28.0
- 기타: 4.4

목회데이터연구소, '한국 교회 트렌드 2025 조사'
(전국의 담임목사 500명, 온라인조사, 지앤컴리서치, 2024. 05. 17. ~ 05. 20)

다'(12.8%)로 응답했다. '모든 부서에 평신도가 설교한다'에는 0.0%로 나타나 교회 규모가 클수록 교육부서 설교는 대부분 부교역자가 맡고 있는 것으로 나타났다.

이번에는 교육부서 내에서 평신도가 설교하는 교회의 담임목사에게 교육부서 설교를 목회자가 하지 않는 이유를 물었다. 응답자 50.6%는 '교회 규모가 작아 담당 목회자를 청빙할 수 없어서'라고 답했다. 28.0%는 '훈련된 평신도가 있어서', 17.0%는 '목회자를 청빙해도 오는 사람이 없어서'라고 응답했다. 청빙할 수 없어서와 청빙해도 오는 사람이 없어서를 합하면 67.6%로, 최근 한국 교회가 처한 현실을 그대로 반영하고 있었다.

시무 교회 규모에 따라서도 그 비율은 현격한 차이를 보였다. 30명 미만인 교회는 '교회 규모가 작아 담당 목회자를 청빙할 수 없어서'(78.4%)가 매우 높았다. 같은 응답에 대해 30~100명 미만 교회는 55.9%, 100~500명 미만은 13.2%, 500명 이상 교회는 0.0%였다. 교회 규모가 클수록 부교역자 수급의 여건이 좋다는 의미이다. 다만 100~500명 미만 교회의 경우 응답자 36.8%가 '목회자를 청빙해도 오는 사람이 없어서' 교육부서 설교를 평신도가 한다고 응답한 것으로 미루어 볼 때 부교역자 기피 현상은 원인은 조금 다르지만 소형 교회나 중형 교회 모두 심각하다는 것을 알 수 있다.

3. 평신도가 교역자 역할을 대체할 수 있을까?

"심방이나 새가족 교육, 교육부서 설교에는 평신도를 교역자로 세워도 좋을 것 같습니다."

"저도 평신도 사역자로 쓰임받고 싶어요. 다만 교회 전체 구성원의 승인이 필요합니다."

그렇다면 교회 안에서 평신도가 교역자 역할을 대체할 수 있을까.

목회데이터연구소, '한국 교회 트렌드 2025 조사'
(전국의 만 19세 이상 개신교인 교회출석자 1000명, 담임목사 500명, 온라인·모바일조사, 지앤컴리서치, 2024년 5월)

'교육전도사, 부교역자 구인난 속에 그 대안으로 평신도가 교역자 역할을 하도록 하자는 논의가 있습니다. 목사님께서는 이에 대해 어떻게 생각하십니까'를 물었을 때 담임목사 10명 중 8명(78.9%)은 찬성했다.

이는 부교역자 구인난이라는 악조건 속에서 어쩔 수 없는 선택으로 보이지만, 평신도들이 다양한 사역을 담당하는 것을 긍정적으로 인식하고 있음을 보여준다. 그만큼 교역자와 평신도는 다르다는 전통적 이분법이 깨지고 있다는 것을 방증하기도 한다.

동일한 질문에 대해 평신도들도 찬성 비율이 55.4%로 목회자보다는 낮지만, 반대 비율보다는 훨씬 높아 긍정 인식을 갖고 있는 것으로 조사됐다. 평신도가 목회자보다 상대적으로 찬성 비율이 낮은 것은 전통적으로 교역자는 안수받은 목사이며 평신도는 목사의 가르침과 지도를 수동적으로 받는 사람들이라는 인식이 여전히 보편화돼 있기 때문인 것으로 분석된다. 한편으로 일상의 생업에 종사해야 하는데 교회 사역까지 힘겹게 맡아야 한다는 부담감이 어느 정도 작용했다고 볼 수 있다. 또 평신도 신학에 입각한 교회론 또는 만인 제사장

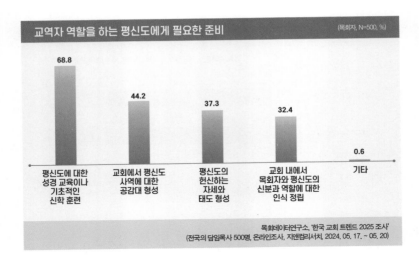

교역자 역할을 하는 평신도에게 필요한 준비 (목회자, N=500, %)

- 68.8 평신도에 대한 성경 교육이나 기초적인 신학 훈련
- 44.2 교회에서 평신도 사역에 대한 공감대 형성
- 37.3 평신도의 헌신하는 자세와 태도 형성
- 32.4 교회 내에서 목회자와 평신도의 신분과 역할에 대한 인식 정립
- 0.6 기타

목회데이터연구소, '한국 교회 트렌드 2025 조사'
(전국의 담임목사 500명, 온라인조사, 지앤컴리서치, 2024. 05. 17. ~ 05. 20)

직에 대한 이해가 부족한 데서 오는 결과로도 보인다.

그러면 목회자들은 향후 평신도의 교역자 역할을 고려할 때 어떤 사역을 우선적으로 생각하고 있을까. '심방'(78.9%), '새가족 교육'(73.9%), '교육부서 설교'(62.8%), 등을 고려하고 있는 것으로 나타났다. '영적 지도'(46.0%), '성경 강의'(31.5%), '전교인 기도회 인도'(26.0%) 등은 그 뒤를 이었다.

평신도에게 교역자 역할을 하게 한다면 교회는 어떤 준비가 필요할까. 목회자들은 '평신도에 대한 성경 교육이나 기초적인 신학 훈련'(68.8%)이 가장 필요하다고 응답했고 '교회에서 평신도 사역에 대한 공감대 형성'(44.2%)이 그 뒤를 이었다. 이는 적절한 신학 훈련은 필수이며 동료 평신도들이 리더십을 가질 때 이에 대한 교회 전체의 공감대 형성도 전제되어야 함을 보여준다. '평신도의 헌신하는 자세와 태도 형성'(37.3%), '교회 내에서 목회자와 평신도의 신분과 역할에

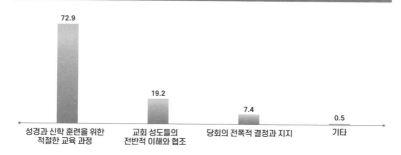

평신도의 목회 사역을 위해 필요한 준비 (개신교인, N=1000, %)

- 성경과 신학 훈련을 위한 적절한 교육 과정: 72.9
- 교회 성도들의 전반적 이해와 협조: 19.2
- 당회의 전폭적 결정과 지지: 7.4
- 기타: 0.5

목회데이터연구소, '한국 교회 트렌드 2025 조사'
(전국의 만 19세 이상 개신교인 교회출석자 1000명, 온라인조사, 지앤컴리서치, 2024. 05. 14. ~ 05. 22)

대한 인식 정립'(32.4%)도 뒤를 이었다(복수응답).

성도들 역시 '성경과 신학 훈련을 위한 적절한 교육 과정'(72.9%)이 필요하다는 의견이 가장 많았고 '교회 성도들의 전반적 이해와 협조'(19.2%), '당회의 전폭적 결정과 지지'(7.4%) 등이 뒤를 이었다. 목회자 반응과 마찬가지로 동료 성도들의 이해와 공감대, 당회의 지지가 뒤따른다면 적절한 교육 훈련을 통해 얼마든지 교역자 역할에 나설 수 있다고 생각하는 것으로 나타났다.

종합적으로 볼 때 목회자들은 평신도 사역에 대해 '교역자 유무와 상관없이 평신도를 훈련시켜 평신도 사역을 강화시켜야 한다'(85.6%)는 데 높은 비율로 동의를 표시했다. '교역자만 충분히 있다면 구태여 평신도가 교역자 역할을 할 필요는 없다'(15.1%)는 의견은 소수였다. 반면 평신도들은 '교역자만 충분히 있다면 구태여 평신도가 교역자 역할을 할 필요는 없다'(47.7%)는 의견과 '교역자 유무와 상관없이 평신도를 훈련시켜 평신도 사역을 강화시켜야 한다'(45.0%)는 의견이 팽

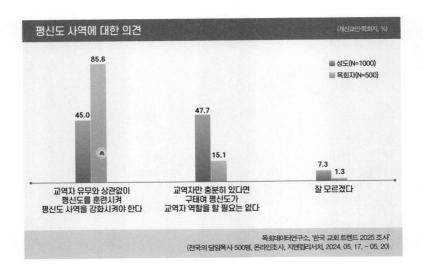

평신도 사역에 대한 의견 (개신교안목회자, %)

- 성도(N=1000)
- 목회자(N=500)

85.6
45.0
교역자 유무와 상관없이
평신도를 훈련시켜
평신도 사역을 강화시켜야 한다

47.7
15.1
교역자만 충분히 있다면
구태여 평신도가
교역자 역할을 할 필요는 없다

7.3
1.3
잘 모르겠다

목회데이터연구소, '한국 교회 트렌드 2025 조사'
(전국의 담임목사 500명, 온라인조사, 지앤컴리서치, 2024. 05. 17. ~ 05. 20)

팽히 맞섰다. 전체적으로 목회자가 평신도보다는 평신도 사역에 훨씬 적극적임을 보여주는 조사 결과이다.

트렌드 전망 및 시사점

이번 '한국 교회 트렌드 2025 조사'에서는 지역 교회에서 평신도 사역이 활발히 진행되고 있음을 확인할 수 있었다. '심방'이 가장 많았고 '새가족 교육', '영적 지도', '교육부서 설교', '성인 예배 설교', '성경 강의', '전 교인 기도회 인도' 순으로 평신도 사역이 이루어지고 있었다. '교회에서의 결혼식 주례', '성례전 집전', '장례식 집례' 등 목회자 고유 영역으로 알려진 사역은 평신도 참여가 낮았다.

반면 설교는 교육부서나 성인 예배, 성경 강의 등에서도 일부에서는 평신도에 의해 진행되고 있었다. 평신도 사역에 대한 목회자들의 평가 역시 '별 문제가 없었다'는 반응이 절반 이상을 차지해 향후 평신도 사역의 전망을 밝게 했다.

이런 흐름에서 평신도의 교역자 역할 대체에 대해서도 목회자 78.9%가 찬성했다. 대부분의 목회자가 찬성하고 있는 것이다. 목회자들은 이를 위해 '평신도에 대한 성경 교육이나 기초적인 신학 훈련'이 가장 필요하다고 응답했고 '교회에서 평신도 사역에 대한 공감대 형성'도 중요한 전제 조건이 돼야 한다고 지적했다.

반면 평신도 스스로는 교역자 역할을 맡는 것에 대해 찬성률이 절반 이상 되지만 목회자들처럼 적극적이진 않았다. 이는 전통적으로 평신도는 목사의 가르침과 지도를 받는 사람들이라는 인식이 강하기 때문에, 한편으로 일상의 지친 삶 속에서 교회 사역까지 맡아야 하는 부담감이 반영됐다고 할 수 있다. 다만 평신도들은 교회 공동체 전반의 의식 변화와 동의가 우선 필요하다는 입장이다. 이런 뒷받침이 따라준다면 어느 정도의 교육과 훈련을 거쳐 평신도 사역을 감당하겠다는 의지가 뚜렷했다.

평신도 시대가 도래했다

바야흐로 평신도 시대에 들어섰다고 해도 과언이 아니다. 교회가 처한 현실이 그렇게 몰아가고 있다. 무엇보다 한국 교회는 선교적 교회를 향하고 있다. 선교적 교회란 교회의 본질 회복 차원에서 대두된 교회론 회복 운동이다. 성도가 선교사의 정체성을 가지고 일상에서 선교적 삶을 살도록 돕고, 교회 공동체는 이를 지지하는 역할을 수행하는 것을 의미한다. 부교역자가 없어 궁여지책으로 시작한 평신도 사역이 궁극적으로 선교적 교회를 향해 날아갈 활주로가 되지 말라는 법은 없다.

한국을 비롯한 세계는 이제 탈기독교 시대에 직면하고 있다. 교회는 흔들리는 위기 속에서도 기댈 곳 없는 영혼을 위해 다가가야 한다. 에클레시아를 넘어 디아코니아 그리고 디아스포라가 되어 교회와 사회, 세계를 향해 하나님나라를 확장할 사명이 있다. 교회 안에서의 평신도 사역이 활성화되고 그 에너지가 밖으로 향할 수 있다면 세상이 기다리는 교회, 세상이 신뢰하는 교회로 다가갈 수 있을 것이다.[6]

그런 점에서 다음 두 교회의 사례는 한국 교회에 좋은 본보기가 될 수 있다. 완도성광교회(정우겸 목사)와 충남 아산 주안교회(엄명섭 목사) 이야기다. 우선 완도성광교회는 40년째 평신도 사역을 해오고 있다. 이 교회의 담임목사는 '마마보이 신자', '교회 안 실업자'가 너무 많은 현실을 보고 성도들을 열심히 일하는 사역자로 만들려는 취지로 평신도 사역을 시작했다고 한다. 전 세례 교인의 사역자화를 기치로 내건 평신도 사역은 성도의 은사에 따라 잘할 수 있는 사역을 맡기되 사역 부서가 없으면 만들어서라도 맡겼다. 그렇게 해서 평신도의 은사에 맞게 일할 수 있는 무대인 각종 위원회가 장년 성도 수보다 많아졌다.

교회 성도들은 매년 11월이면 이듬해 사역을 담당할 각 위원회에 지원해야 한다. 위원회는 온갖 종류의 사역을 담당한다. 교회를 위한 사역으로 예배, 기도, 사무행정, 기획, 교회학교, 목회지원 및 협력, 게

스트하우스, 교회서점 관리, 지역전도, 양육, 성경공부 등의 사역이 있다. 교회 밖을 위한 사역으로는 지역 사회 봉사와 복지 사역, 선교 사역 등 수많은 위원회로 구성돼 세상 속 그리스도인으로서 빛을 발하고 있다.

교회는 설교와 성례전 등만 담임목사가 담당하고 나머지는 모두 평신도들이 토론하고 결정하고 실행한다. 담임목사는 평신도 사역위원회가 하는 일에 일절 관여하지 않는다. 외부 행사를 하더라도 담임목사가 대표로 나가 사진 찍는 일이 없다. 교회는 목사와 평신도 사역자들의 관계를 코치와 선수로 설정한다. 목사는 평신도들이 은사를 빨리 찾도록 도와주고 최대치로 활용하도록 끊임없이 격려하며 믿고 사역을 맡기는 것을 목표로 한다. 이를 위해 담임목사와 성도들은 수시로 만나 대화하고 신앙과 비전, 열정 등의 마음을 공유하며 신뢰를 쌓는다.

정우겸 목사는 평신도 사역이야말로 한국 교회의 대안이라고 단언한다. 그는 "기독교 2000년 역사는 '사제 중심, 목사 중심'이었다. 이 체제로는 한계가 명확하다. 이 체제에서는 더 이상 나올 것이 거의 없다. 그동안은 가능했으나 이제는 아니다. 이에 비해 평신도들의 잠재력은 무한하다. 현실 세상에서 살고 있는 그 감각과, 날마다 만나고 부딪치면서 사는 세상 속 사람들의 입장을 이해하면서, 그들의 시각으로 다가갈 방법은 얼마든지 있다."[7]

What's Next?

교회는 흔들리는 위기 속에서도 기댈 곳 없는 영혼을 위해 다가가야 한다. 에클레시아를 넘어 디아코니아 그리고 디아스포라가 되어 교회와 사회, 세계를 향해 하나님나라를 확장할 사명이 있다. 교회 안에서의 평신도 사역이 활성화되고 그 에너지가 밖으로 향할 수 있다면 세상이 기다리는 교회, 세상이 신뢰하는 교회로 다가갈 수 있을 것이다.

평신도 사역은 소형 교회도 가능하다. 그러려면 목회자의 결단과 철학이 중요하다. 아산 주안교회는 교회 사역 전반에 평신도들이 참여하고 있다. 올해로 창립 18년 된 이 교회는 개척 당시부터 평신도 사역을 강조해왔다. 교회는 '회원'이라는 용어를 사용한다. 소정의(5개월~1년) 교육을 거친 후 모든 성도를 사랑할 것을 서약하는 이들을 회원으로 세운다. 일종의 제자화 또는 사역자화 과정이다. 현재 아이들을 포함한 주일 출석은 70~80명 사이이며 회원은 25명이다. 회원이 예배와 교육, 선교 등의 모든 사역을 이끈다.

대한기독교나사렛성결회 소속인 이 교회는 개척 초기부터 목회자 1명에 의해 운영되는 교회를 경계해왔다. 대신 성도들이 모두 참여하는 교회 사역을 지향해왔다. 엄명섭 목사는 "종교개혁 이후 평신도에게 자리를 다시 돌려주는 것이 개신교의 모습이기에 평신도가 성경을 공부하고 교회론을 제대로 이해하도록 애썼다"고 말했다. 그는 "성도를 목회자에 버금가는 사역자로 길러내려면 훈련이 필요하다. 훈련은 교회 상황과 성도들을 가장 잘 아는 담임목사가 맡는 것이 바람직하다"고 조언했다.

사라진 평신도는 다시 돌아올까?

폴 스티븐스는 평신도 사역의 영역을 여덟 가지로 제시한 바 있다. ① 성경 교사와 평신도 설교자 ② 소그룹과 소그룹 리더 ③ 평신도 목회자와 양육 상담자 ④ 예배 인도자와 은사 중개인 ⑤ 직장 사역자 ⑥ 이웃 전도자 ⑦ 결혼 및 가정 사역자 ⑧ 사회 정의 사역자 등이다.[8]

스티븐스는 "평신도에 해당하는 헬라어 '라오스'는 하나님의 백성을 의미한다. 이 단어는 이류 계급에 속해 있는 사람들이나 아마추어를 가리키는 말이 아니라 믿을 수 없을 만큼 대단한 찬사를 나타낸다"며 "일반 성도들과 목회자는 모두가 하나님의 평신도"라고 강조했다. 그는 "성직 평신도와 비성직 평신도는 싫든 좋든 서로 의존한다. 은혜로운 협동작전을 펼쳐야 한다"고 말했다.[9]

평신도 사역이 더 확산되면 평신도가 설교하는 순간이 올 수도 있다. 설교는 성례전 집례와 함께 목회자 고유의 영역으로 고수돼왔다. 하지만 현재 교회학교를 중심으로 평신도 사역자가 설교를 담당하는 상황에서 설교 역시 목회자 고유 영역이라는 인식은 허물어질 수 있다.

기독교대한감리회(기감)는 해마다 6월 첫째 주일을 평신도 주일로 정하고 장년예배에서 평신도들이 설교하고 있다. 평신도 주일에는 교회 장로나 권사가 설교를 전하고 예배 순서를 맡는 등 주일예배 사역 전반을 주도한다. 기감의 평신도 주일은 1979년 제정된 이후 지금까지 기감의 독특한 전통이다.

감리교 창시자 존 웨슬리는 평신도에게 설교할 수 있는 권한을 주는 등 당시로서는 파격적인 역할을 부여했다. 원래 웨슬리는 평신도가 설교하는 것에 반대했다고 한다. 그래서 토머스 맥스필드라는 평신도가 당시 설교를 하고 있다는 말을 듣고 중지시키려고 했다. 하지만 웨슬리의 어머니 수잔나는 "성급한 결정을 내리기 전에 직접 말씀을 들어보라"고 했고 맥스필드의 설교를 들은 웨슬리는 큰 감동을 받았다고 한다. 이후 웨슬리는 평신도 설교가를 효과적으로 이용하는 것이야말로 감리교 운동을 위한 하나님의 응답으로 여겼다. 물론 이

들이 정식 성직자를 대체하는 것은 아니었다. [10]

그럼에도 불구하고 평신도들의 사역과 참여가 없었다면 초기 감리교 운동의 확산은 불가능했을 정도다. 미국 부흥의 진원지로 손꼽히는 애즈버리대학의 이름은 프랜시스 애즈버리라는 감리교 평신도 설교자의 이름에서 유래한다.

한국 교회 전통에서는 권서인과 전도부인이라는 좋은 평신도 사역자가 있었다. 권서인은 선교 초창기에 전도지나 쪽복음서 또는 성경을 배부하거나 팔면서 예수 그리스도의 복음을 전하는 임무를 수행했다. 책 판매가 목적이 아니라 전도 사역이 주된 목적이었다. 의주지방 출신 권서인 백홍준은 무보수로 한문 서적과 한글 복음서를 배포시켰다. 서상륜은 1882년 10월 6일 한국 최초로 영국성서공회로부터 권서인으로 파송받았다. 권서제도는 1960년대까지 남아 있었으나 오늘날에는 찾아볼 수 없다. [11]

전도부인은 한국 선교 초창기에 문화적인 차이로 외국인 남자 선교사들이 여성에게 전도하는 것이 어려웠을 때 남성을 대신해 복음전도 사역을 수행한 부인들이다. 이들은 개인전도 차원을 넘어 매서(賣書) 활동에도 적극 참여함으로써 당시 선교사들의 사역에 큰 도움이 되었다. [12]

현대 한국 교회에 권서인과 전도부인이 다시 나올 수 있을까. 다양한 현대판 권서인과 전도부인이 출현할 수 있도록 교회는 평신도들을 해방시켜야 한다. 다만 평신도 사역이 교회의 프로그램이 돼서는 안 될 것이다. 선교가 프로그램이 아니라 교회의 본질인 것처럼 평신도 사역 역시 교회의 본질이 돼야 한다. '평신도 신학'의 선구자로 일

컫는 헨드릭 크래머가 말한 것처럼 "평신도는 세상 속으로 매일 반복
되어 비치는 하나님의 영상"이기 때문이다.[13]

04

Orthopraxy

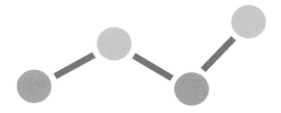

오소프락시

오늘날 양극화는 곳곳에서 일어나고 있다. 부의 양극화, 이념의 양극화, 심지어 대형 교회와 소형 교회의 양극화까지. 여기에 기독교인의 신앙 양극화라는 새로운 과제가 떠오르고 있다. 신앙의 양극화는 다른 양극화와는 결이 약간 다르다. 대부분 양극화는 골치 아픈 부정적, 극단적 현상인데 반해 신앙 양극화는 부정적 차원을 내포하는 동시에, 기회와 방향을 제공하기 때문이다.

탈교회화와 가나안 성도 현상은 수년 전부터 한국 교회가 마주한 과제였다. 이는 점점 더 많은 이들이 기독교 신앙으로부터 이탈하기 때문에 양극화의 부정적 축이 분명하다. 그런데 신앙의 양극화는 하향평준화가 아니다. 다른 반대 축에서는 신앙의 깊이와 진정성을 추구하는 움직임이 있기 때문이다. 따라서 신앙 양극화가 부정적이지만은 않다. 마치 먹구름 속의 한 줄기 빛과 같다.

기독교 교세의 약화에도 불구하고 영적 필요에 대한 갈망은 항상 존재하기 마련이다. '한국 교회 트렌드 2025 조사'에서는 신앙 양극화의 긍정 축인 신앙의 깊이를 추구하는 흐름을 포착했다. 전체적인 신앙생활이나 교회 활동에서 신앙의 깊이와 수준에서 의미 있는 움직임이 있다.

조사에서는 신앙이 깊어진 이들의 가장 두드러진 참여 활동이 소그룹과 지역 사회 봉사로 나타났다. 이런 점들을 고려할 때 신앙 양극화의 초점은 '오소프락시'라는 신앙의 정통 실천으로 향하고 있다.

몇 년 전 미국의 한인 2세 목사가 시무하는 교회를 방문해 예배를 드린 적이 있다. 이 교회는 미국에서 가장 진보적인 도시라는 시애틀에 있고 인근에 대학이 있어 예배에 참석한 교인 대다수는 젊은이들이었다. 그런데 목사가 강단에 올라 설교를 시작하기 전 이런 말을 했다. "하나님의 말씀을 받기 위해 무릎을 꿇으십시오." 순간 필자는 영어를 잘못 알아들었는지 의심이 들어 주위를 둘러보았다. 놀랍게도 활기차고 자유분방해 보이는 젊은이들이 일제히 바닥에 무릎을 꿇는 것이 아닌가.

신선한 충격과 함께 필자 또한 어릴 적 교회 마룻바닥에서 예배드린 이후 처음으로 바닥에 무릎을 꿇는 경험을 했다. 이 교회는 이처럼 '날 것'의 영성뿐 아니라 가난하고 약한 자들을 위한 섬김을 강조해왔다. 최근 미국에서 주목받는 교회들 중에는 편안하고 자유로운 스타일의 예배가 아니라 긴 설교에 성도들의 헌신을 요구하는, '건강하면서 과격한 모델'을 추구하는 교회가 있다. 교회가 다수의 청중을 끌어들이기보다 '소수의 영적 온도를 높이는 것'이 더 중요해졌기 때문이다.[1]

이처럼 깊은 신앙을 추구하는 모습은 최근 미국의 가톨릭교회에서도 나타나고 있다. '이상한 그리스도인들'(Weird Christians)이라는 그룹은 자유분방한 시대 흐름과 달리 가톨릭의 전례인 심야 미사를 드리며 문화적 세태와 분리되는 신앙 공동체를 탐구한다. 기술 문명이 발전하며 개인의 취향과 권리를 무한 존중하는 세속주의의 거센 물결이 몰아치는 가운데서도, 전통적인 종교의 양식과 가르침으로 회귀하는 이들의 움직임은 늘 존재한다.

이 장에서는 한국 교회에 부상하고 있는 신앙 양극화 현상에 주목했다. 최근 개신교인의 신앙생활에 관한 조사에 의하면 지난 수년간 교세 약화와 가나안 성도 현상에도 불구하고 신앙의 깊이를 추구하는 이들이 늘어나는 모습이 관측된다. 전체적인 측면에서 보면 기독교 교세가 약화되고 있지만 한편으로는 신앙 회복을 강하게 추구하는 움직임이 존재하는 것이다.

이 같은 흐름은 신앙의 실천적 측면인 '오소프락시'(orthopraxy)를 가리키는 것으로 보인다. 오소프락시란 '정통' 또는 '올바른'을 뜻하는 '오소'(ortho)에 '실천'을 뜻하는 '프락시'(praxy)가 결합된 말로 '정통 실천' 또는 '바른 실천'을 의미한다. 유사한 형태의 개념이 '정통 교리'를 의미하는 '오소독시'(orthodoxy)인데, 종종 정확하고 바른 교리에만 몰두하는 행태를 보완하려는 차원에서 오소프락시가 강조된다. '한국 교회 트렌드 2025 조사'에서는 신앙 양극화의 긍정적 축을 이루는 특징으로 참된 신앙을 체험하고 나누고 실천하려는 오소프락시 요소가 부상하고 있는 것으로 분석됐다.

미국과 한국 모두에서 기독교 인구는 줄고 있다. 기독교인 중에서도 교회를 떠나는 가나안 성도나 신앙생활을 하지 않는 명목상 기독교인들도 상당수다. 하지만 이러한 세태 속에서도 신앙의 근본을 찾고 더 깊은 영적 경험을 갈망하는 이들이 나타난다. 이는 신앙의 양극화 현상이라 불릴 만하다.

양극화의 한 축이 신앙의 약화라면 또 다른 축은 신앙의 강화이다. 양극화라는 단어에는 극단적인 편향성이라는 부정적 뉘앙스가 있다. 그러나 신앙의 강화가 배타적이거나 호전적 근본주의로 흐르지 않는 한, 교회에는 희망적인 측면이 있다. 신앙의 위기 가운데 새로운 가능성을 보여주기 때문이다.

등장 배경

최근 우리가 사는 세계는 계속되는 변동성과 맞서고 있다. 신냉전 체제의 형성으로 분쟁 우려가 현실화되고 있으며, 글로벌화는 유동성과 다문화를 가속시킨다. 도시화와 이주는 인간을 집 잃은 존재로 만든다. 정확히 말해 거주할 물리적 공간으로서의 집은 있으나, 마음을 함께할 인간관계는 급속도로 약화되고 있다.

외로움은 전 세계적 병리 현상으로 확산된다. 인공지능 같은 혁신적 과학기술로 인해 인간 미래에 대한 불확실성은 커져 간다. 기후위기는 이 땅의 모든 생명체를 위협한다. 겹겹이 쌓여가는 불안과 의문 속에서 사람들은 인생의 의미와 방향을 제공할 수 있는 견고한 가르침과 공동체를 찾는다. 종교적 근본주의나 이단적 신앙이 창궐하는 것도 이 같은 현대 사회의 불확실성과 밀접하게 연관된다.

한국과 미국은 모두 기독교를 포함한 종교 인구 감소에서 비슷한 양상을 보인다. 기독교가 전 세계적 차원에서 줄어드는 것은 아니다. 남반구에서는 오히려 기

오소프락시
(Orthopraxy)

오소프락시는 정통 또는 올바른을 뜻하는 '오소'(ortho)에 실천을 뜻하는 '프락시'(praxy)가 결합된 말로 정통 실천 또는 바른 실천을 의미한다. 오소프락시는 신앙 양극화의 긍정적 축으로 참된 신앙을 체험하고 나누고 실천하는 현상이다.

교세와 신앙활동이 하락하고 있지만, 세부적으로 들여다보면 여전히 생동감 있는 신앙을 경험하고 표현
하려는 열망이 있다. 따라서 신앙 양극화는 우리에게 위기의식뿐 아니라 희망적 과제를 동시에 던져준다.

독교가 부흥하고 있다. 그러나 한때 기독교가 위세를 떨쳤던 지역에
서는 계속 감소하고 있다. 한국뿐 아니라 미국에서도 '탈교회' 현상이
일어나고 있다. 이러한 악조건 속에서 높은 신앙의 온도를 추구하려
는 이들이 등장하면서 신앙 양극화도 나타난다. 교회 이탈이 진행되
는 반면, 더 진정성 있고 정통적인 신앙을 갈구하는 조짐도 일어나고
있다.

일례로 미국 전체 기독교가 약화하는 동안에도 복음주의 기독교
인들은 오히려 늘어났다. 한 통계에 따르면 2007년부터 2014년까지
미국 기독교 인구는 지속적으로 줄어드는 가운데 복음주의 신앙 인
구는 5,900만 명(2007년)에서 6,200만 명(2014)으로 늘었다.[2] 많은 이
들이 종교를 떠나지만 헌신적이고 복음적인 기독교인 수는 안정적 상
태이거나 소폭 성장한 것이다.

이런 흐름은 젊은 세대에서도 나타난다. 최근 미국성서공회에 따르면 대다수 청년들이 성경에 무관심한 세태에서도, 성경에 관심을 갖고 성경이 자신의 삶을 변화시키는 데 영향을 준다고 생각하는 청년 비율은 증가했다.[3] 전체 기독교 인구가 줄어든 이유는 문화적 혹은 명목상 기독교인들이 교회를 떠났기 때문이다. 따라서 전체 교세의 감소라는 한 축과 복음적 신앙인의 증가라는 또 다른 축은 구분할 필요가 있다.

지난 수년간 한국 교회에도 탈교회, 가나안 성도, 플로팅 크리스천 등의 현상이 나타났다. 이는 기독교 교세 감소와 불리한 목회 환경을 반영한다. 기독교 인구가 줄고 교회들이 문을 닫으며 신학교 지원자는 급감한다. 더구나 한국 사회에서 교회에 대한 신뢰도 저하는 여전하다. 이러한 요인들은 한국 사회에서 기독교 신앙의 약화를 초래하는 한 축을 이룬다. 그러나 다른 한편으로 신앙의 깊이와 뜨거운 체험을 추구하는 움직임도 일어난다.

> "수련회는 특별한 프로그램이 없었다. 레크리에이션도 없었다. 워십 밴드도 없었고 유명 강사도 없었다.… 새벽, 오전, 저녁 예배가 순서의 전부였고 찬양, 설교, 기도뿐이었다. 그런데 아이들 눈빛이 달랐다. 목이 터져라 '아멘'을 외쳤고 뜨겁게 통성 기도를 했다."[4]

교회의 다음 세대가 사라진다는 우려가 많은 가운데 서울의 한 교회에서 진행한 청소년부 집회 상황에 대한 기독 언론의 묘사가 눈길을 끈다. 이 기사는 고품격 콘텐츠로 짜여진 수련회가 아닌 단순하면서도 본질적 신앙 추구가 부흥의 해답이라고 평가한다. 급부상하는 젊은이 중심의 교회는 예배 시간에 뜨거운 통성 기도를 통해 성령의 임재로 사람들을 초대한다. 3040세대를 대상으로 효과적인 목회를 하고 있는 한 목회자는 하나님나라의 신학으로 성경을 관통하고 사람들로 하여금 제자도에 헌신하도록 강력하게 요청한다.

신앙의 본질에 대한 갈망은 늘 있어왔지만 그리스도인 개인의 주체적 신앙 탐구는 코로나19를 계기로 그 트리거(trigger)가 당겨졌다고 볼 수 있다. 이 기간에 전 세계적으로 종교적 신앙이 강화되었다. 한국에서도 비종교인들 가운데 종교의 필요성을 느끼게 되었다는 이들이 생겼는데 2017년 9월 40%에서 코로나 한복판인 2020년 8월에는 49%로 늘어났다.[5]

현장 예배에 참석할 수 없고 교회의 여러 프로그램들이 중단된 상황에서, 기독교인들은 불안하고 답답한 가운데 스스로 영적 욕구를 해소해야 했다. 인터넷과 유튜브를 통해 생성되는 신앙 콘텐츠는 교파와 교회를 초월해 심령의 마른 목을 축였다. 비대면으로 유명 기도회에 참석할 수 있고, 혼자서도 성경을 체계적으로 읽도록 도와주는 프로그램들이 선을 보였다. 사람들이 출석 교회와 담임목사에게 의존하던 신앙에서 셀프 솔루션을 찾기 시작했다. 이번 '한국 교회 트렌드 2025 조사'에서도 신앙이 깊어졌다는 응답이 늘어남에도 불구하고 교회 모임과 봉사에 대한 참여도는 줄어드는 대조적 모습이 나타났다.

그렇다면 신앙의 양극화는 어떤 모습일까? 위와 같이 교세가 약화하는 가운데서도 전통적이고 원초적인 신앙을 갈망하는 이들이 있다. 그러나 그것만이 전부는 아니다. 한국 교회에서 나타나는 신앙 양극화 현상은 다각적으로 살펴볼 필요가 있다. 그것은 신앙을 경험하고 표현하는 채널이 변화하고 있음을 가리킨다.

한국 교회의 신앙 양극화 현상

깊어진 신앙인의 증가

"코로나 이전보다 신앙이 더 자란 것 같습니다. 현장 예배에 가지 못했기 때문에 제 스스로 신앙을 더 지키려고 했던 것 같아요. 성경 통독도 많이 했습니다."

'한국 교회 트렌드 2025 조사'에서는 먼저 개신교인에게 코로나19가 발생하기 이전에 비해 신앙 수준이 어떻게 됐느냐고 물었다. 응답자 25.6%는 '코로나19 이전보다 신앙이 깊어진 것 같다'고 답했다. 반면 '코로나19 이전보다 신앙이 약해진 것 같다'고 응답한 이들은 18.2%로 신앙이 더 깊어졌다는 이들에 비해 7.4%p 적었다. 코로나19 이전과 비슷하다는 응답은 52.1%로 나타났다.

이러한 수치는 한국기독교목회자협의회(한목협)의 조사(이하 한목협 2023 조사) 결과와는 대조적이다. '한목협 2023 조사'에서는 과거 대비 신앙 성장이 나빠졌다는 응답이 많았고, 따라서 신앙 약화가 우려되는 상황이었다.[6] 코로나 이전과 대비할 때 신앙이 '더 성장했다'는

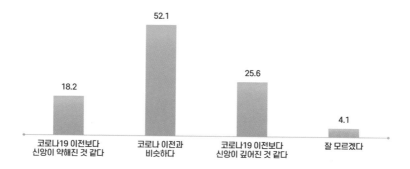

코로나 이전 대비 신앙수준 변화 (Base=전체, N=1000, %)

52.1

25.6

18.2

4.1

코로나19 이전보다
신앙이 약해진 것 같다

코로나 이전과
비슷하다

코로나19 이전보다
신앙이 깊어진 것 같다

잘 모르겠다

목회데이터연구소, '한국 교회 트렌드 2025 조사'
(전국의 만 19세 이상 개신교인 교회출석자 1000명, 온라인조사, 지앤컴리서치, 2024. 05. 24. ~ 06. 03)

응답은 13.1%, '더 나빠졌다'는 응답은 22.4%였다. '별 변화가 없다'
는 응답도 64.6%나 됐다. 이전 조사들과 비교하면 신앙 상태의 하
향 추세가 두드러졌다.

실제로 한목협의 2012년 조사에서는 신앙이 '성장했다'가 33.2%
로, '나빠졌다'는 8.4%로 나타나 그보다 훨씬 낮았다. 2017년 같은
조사에서는 신앙이 '성장했다'가 22.8%, '나빠졌다'가 21.6%로 비슷
해졌다. 그러다가 코로나19 직후인 2023년 조사에서 신앙이 나빠졌
다는 응답이 성장했다는 응답을 역전한 것이다.

하지만 이번 '한국 교회 트렌드 2025 조사'에서는 그동안의 하향
추세를 뒤집고 신앙이 깊어졌다는 응답이 증가했다. 두 조사를 비교
할 때 '신앙이 더 깊어졌다'는 이들은 두 배 가까이 늘어난 반면, 신앙
이 더 약해졌다는 이들은 소폭 감소한 셈이다.

목회자들도 신앙 양극화를 심각하게 보고 있다. 교회 내 신앙 양극화 현상에 대해서 '있다'가 75.5%, '없다'가 24.5%로 나타났다. 이중 '매우 뚜렷하다'가 22.2%인데 반해 '전혀 없다'는 1.3%로 나왔다. 현장 목회자들은 신앙 양극화 문제를 매우 심각하게 여기는 것으로 보인다. 또한 응답한 목회자 가운데 거의 절반(47%)은 명목상 기독교인이 향후 늘어날 것으로 예측했다. 구원의 확신이 없고 신앙생활을 하지 않는 이름뿐인 기독교인은 신앙 양극화의 하향 축에 속하는 이들이기 때문에 이러한 예측은 신앙 양극화의 전망에 한층 무게를 더한다.

한국의 종교 지형을 놓고 보면 무종교 인구가 큰 폭으로 증가하며 기독교 인구는 감소하고 있다. 그렇다면 기존 기독교인들의 신앙 약화는 하나의 흐름을 형성한다고 봐야 한다. 그런 상황에서 신앙이 더 깊어졌다는 응답자들의 비율이 증가한 것은 주목할 만한 현상이다. 게다가 신앙 수준의 특별한 변화를 느끼지 못한 이들도 줄었다. 편의상 이들을 신앙 수준의 중간지대에 속한다고 가정하면, 신앙이 깊어지거나 약화되는 양극화 현상이 일어난다고 볼 수 있다.

신앙 양극화에 긍정적 관찰이 필요한 이유

앞서 언급한 것처럼 정치 경제 분야에서의 양극화와는 달리 신앙 양극화는 부정적인 측면만 있는 것은 아니다. 경제 양극화는 부익부, 빈익빈을 말한다. 중간 계층은 줄고 더 많은 사람이 빈곤층으로 전락하는 현실이 우려된다. 정치와 이념의 양극화도 마찬가지다. 극단적으로 자신의 이념과 정치 성향만을 고집한 채 다른 성향에 대해서는 전투적이며 배타적인 태도를 보이는 것은 극히 위험하다. 따라서 사안에 따라 합리적 입장을 선택하는 온건한 중도층의 형성은 사회 안정을 위해 반드시 필요하다.

그러나 신앙에서 중도는 모호한 측면이 있다. 신앙적 모습이 더 헌신적이며 열성적이라고 해서 모두 광신도는 아니며 극단적 위험을 띠는 것도 아니다. 신앙적으로 헌신하는 계층과 배타적 근본주의 계층이 동일한 것도 아니다. 반면 신앙이 약화돼 교회를 떠나는 반대의 상황을 위험 신호로 보는 것은 당연하다.

'한국 교회 트렌드 2025 조사'에서 주목하는 신앙 양극화는 탈교회와 가나안 성도, 명목상 기독교인이 하향 축을 이루는 현상이라 보고, 이렇게 전반적 추세와 달리 신앙의 진정성과 정통성을 추구하는 움직임에 대해 진단하고자 한다. 그러한 상향 축이 존재한다는 것이 이번 조사에서 나타났다. 그리고 신앙 양극화에서 신앙의 상향 축은 기존의 단순한 종교생활에 대한 열심만으로는 해석할 수 없는 특성을 가진다.

신앙 양극화의 세부 지표

"코로나 이전보다 신앙이 더 안 좋아진 것 같아요. 교회 예배도 자꾸 빠지게 되고요. 헌금도 그만큼 소홀해졌네요. 제대로 신앙생활을 하는 건지 모르겠어요."

신앙 수준의 변화를 연령별로 살펴보면 좀 더 흥미로운 대목들이

코로나 이전 대비
신앙수준 변화
(신앙 단계별)

(Base=전체, N=1000, %)

"코로나 이전보다…"

신앙이 연약한 자는 코로나를 지나며 신앙이 약해졌지만,
신앙이 성숙한 자는 코로나 상황에서도 신앙이 강해졌다.

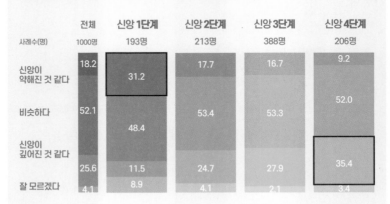

사례수(명)	전체	신앙 1단계	신앙 2단계	신앙 3단계	신앙 4단계
	1000명	193명	213명	388명	206명
신앙이 약해진 것 같다	18.2	31.2	17.7	16.7	9.2
비슷하다	52.1	48.4	53.4	53.3	52.0
신앙이 깊어진 것 같다	25.6	11.5	24.7	27.9	35.4
잘 모르겠다	4.1	8.9	4.1	2.1	3.4

목회데이터연구소, '한국 교회 트렌드 2025 조사'
(전국의 만 19세 이상 개신교인 교회출석자 1000명, 온라인조사, 지앤컴리서치, 2024.05.24.~06.03)

등장한다. '코로나19 이전보다 신앙이 더 깊어졌다'는 응답이 3040 세대에서 뚜렷하게 나왔다. '신앙이 더 깊어졌다'는 응답이 30대에서는 29.1%, 40대에서는 27.9%로 나타났다. 이는 '신앙이 더 약해졌다'는 비율(30대 16.4%, 40대 17.9%)을 상회한다. 다른 연령대들보다도 신앙이 더 깊어졌다는 응답이 높게 나왔다.

《한국 교회 트렌드 2024》의 3040세대에 관한 조사에서도 신앙 양극화 현상은 나타났다. 코로나 이후 '신앙 상태가 약해진 것 같다'는 응답이 3040세대의 신앙 수준 1단계(기독교 입문층)에서 훨씬 많이 나왔고, 신앙 수준 4단계에서는 '오히려 깊어진 것 같다'는 응답이 많았다.[7] 3040세대는 한국 교회의 가장 약한 고리로 알려졌고 이들의 비종교화 및 탈교회 현상도 상당했다. 그러한 추세 속에서 3040세대 중에 신앙을 진지하게 추구하는 이들이 연속해서 포착되고 있는 것이다.

이번 '한국 교회 트렌드 2025 조사'의 전체 신앙 단계에 따른 결과에서도 신앙 양극화는 마찬가지로 나타났다. 개신교인의 신앙 수준은 1단계 19.3%, 2단계(그리스도 인지층) 21.3%, 3단계(그리스도 친밀층) 38.8%, 4단계(그리스도 중심층) 20.5%의 분포로 나왔다. 이 가운데 1단계와 4단계 개신교인의 신앙 상태 변화에서 양극화 현상이 보인다.

신앙 수준 1단계 응답자 중에는 코로나19 이전과 대비해 '신앙이 더 약해졌다'고 보는 이들이 가장 많았다(31.2%). 그리고 4단계 응답자 중에는 코로나19 이전 대비 '신앙이 더 깊어졌다'고 답한 비율이 35.4%로 가장 높았다. 여기서도 신앙이 아직 초보적인 이들은 코로나를 거치며 신앙이 더 약해지고, 신앙이 성숙한 이들은 코로나 상황에서도 더 강해지는 추세가 나타났다.

다른 질문들에 대한 응답에서도 신앙 정체성 강화가 발견되었다. 신앙생활을 하는 이유를 묻자 '구원과 영생을 위해서'(56.4%)가 가장 높았다. 이어 '마음의 평안을 위해서'(26.5%), 그다음은 '내 삶의 문제를 해결하기 위하여'(6.2%)로 나타났다. 신앙의 본래적 목적을 선택한 이들이 절반 이상 나왔는데 이는 '마음의 평안을 위해서'라는 최근 조사 결과 추세와는 다른 것이다.

'한목협 2023 조사'에서는 '마음의 평안을 위해서'(42%)가 가장 높았으며, '구원과 영생을 위해서'(35.9%)는 그다음이었다. 앞서 2012년과 2017년 조사에서는 '구원과 영생을 위해서'가 1위였다. 하지만 코로나19 이후인 2023년 1월에는 '마음의 평안을 위해서'가 높아진 것이다. 이런 추세가 가장 최근 조사에서는 2017년과 비슷한 수준으로 전환된 것이다. 과거 조사에서는 50대와 60대에서 '구원과 영생을 위해서'라는 응답이 높았지만 이번에는 모든 연령대에서 높게 나왔다. 30대와 40대에서도 '구원과 영생을 위해서' 신앙생활을 한다는 응답 비율이 '마음의 평안을 위해서'보다 더 높게 나왔다.

이러한 흐름은 구원의 확신 여부를 묻는 질문에서도 구원의 확신이 '있다'는 응답이 83.8%로 나타난 것과 무관하지 않다. 이는 '한목협 2023 조사'의 66.4%보다 훨씬 높다. 신앙의 질적 지표들이 높아진 결과는 이번 '한국 교회 트렌드 2025 조사'의 특징일 수 있지만 신앙 상태의 변화(깊어졌다 vs 약해졌다)에 따른 개인 경건생활이나 교회 활동을 보면 양극화 흐름에 좀 더 무게가 실린다.

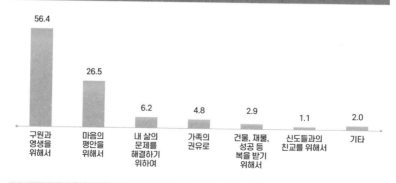

신앙생활을 하는 이유 (Base=전체, N=1000, %)

56.4 구원과 영생을 위해서
26.5 마음의 평안을 위해서
6.2 내 삶의 문제를 해결하기 위하여
4.8 가족의 권유로
2.9 건물, 재물, 성공 등 복을 받기 위해서
1.1 신도들과의 친교를 위해서
2.0 기타

목회데이터연구소, '한국 교회 트렌드 2025 조사'
(전국의 만 19세 이상 개신교인 교회출석자 1000명, 온라인조사, 지앤컴리서치, 2024.05.24.~06.03)

개인 경건생활의 양극화

신앙이 더 깊어진다면 기독교인 개인 경건생활에도 변화가 있을 것이다. '한국 교회 트렌드 2025 조사'에서는 성경 읽기/묵상/QT 시간이 '더 줄었다'는 응답이 27%, '더 늘었다'는 응답은 24.8%로 나타났다. 기도의 경우 코로나 이전에 비해 '더 줄었다'는 응답이 24.2%였는데, '더 늘었다'는 응답은 27.7%로 나왔다. 성경 읽는 시간은 줄었다는 응답이 조금 더 많고, 기도하는 시간은 늘었다는 응답이 조금 더 많다.

언뜻 보면 신앙이 더 깊어졌다는 응답자들이 약해졌다는 응답자들보다 더 많음에도 불구하고, 성경 읽기와 기도 같은 개인 경건생활은 코로나 이전과 비교할 때 늘었다는 비율과 줄었다는 비율에서 큰 차이가 없는 것 같다.

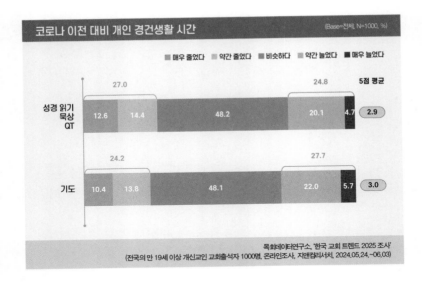

코로나 이전 대비 개인 경건생활 시간 (Base=전체, N=1000, %)

■ 매우 줄었다 ■ 약간 줄었다 ■ 비슷하다 ■ 약간 늘었다 ■ 매우 늘었다

	매우 줄었다	약간 줄었다	비슷하다	약간 늘었다	매우 늘었다	5점 평균
성경 읽기 묵상 QT	12.6	14.4	48.2	20.1	4.7	2.9
기도	10.4	13.8	48.1	22.0	5.7	3.0

목회데이터연구소, '한국 교회 트렌드 2025 조사'
(전국의 만 19세 이상 개신교인 교회출석자 1000명, 온라인조사, 지앤컴리서치, 2024.05.24.~06.03)

그러나 신앙 상태의 변화 지표를 보면 다르다. 신앙이 깊어진 이들의 경우에는 경건생활 시간이 늘었다는 답변이 51.6%가 되지만, 신앙이 약해진 이들에서는 무려 59.8%가 줄었다고 응답했다. 특히 기도 시간이 코로나 이전 대비 '매우 줄었다'는 답변이 평균 10.4%인데, 신앙이 약해진 이들의 경우에는 이 비율이 33.9%로 늘어난다.

이런 결과는 '한목협 2023 조사'와 비교해도 더 나아진 지표이다. 2023년에는 기도하는 시간이 코로나19 이전보다 '늘어났다'는 응답이 11.9%였고 '줄었다'는 응답은 22.6%였다. 성경을 읽거나 공부하는 시간은 '늘어났다'가 12.5%, '줄었다'가 21.8%였다. 이번 '한국 교회 트렌드 2025 조사'에서는 기도와 성경 읽기가 늘었다는 응답이 '한목협 2023 조사'보다 향상된 결과로 나온 셈이다.

개인 경건생활을 구체적인 시간 분량으로 측정해보자. '한목협

2023 조사'에서는 기독교인 개인이 한 주간 동안 성경을 읽은 시간은 평균 64.4분으로 나타났다. 이는 이전 조사인 2017년 48.7분보다 상당히 늘어난 수치이다. 이번 '한국 교회 트렌드 2025 조사'에서는 개신교인의 성경 읽기 시간은 평균 79.2분으로 나타나 그보다 더 늘어났다. '신앙이 더 깊어졌다'는 이들의 성경 읽기 시간은 평균 107.5 분인데 반해, '신앙이 약해졌다'는 이들은 52.4분으로 2023년 평균보다도 낮다. 그만큼 신앙 양극화가 진행된 결과로 보인다.

한편 기도 시간(지난 일주일간)의 경우 이번 '한국 교회 트렌드 2025 조사'에서 '1시간 미만'이 47.2%인 반면, '2시간 이상'은 23.9%로 나타났다. 이를 신앙 수준 변화별로 살펴보면 코로나 이전 대비 신앙이 약화된 그룹은 '1시간 미만'(61.9%), '2시간 이상'(14.6%)으로 나타났는데, 신앙이 깊어진 그룹은 '1시간 미만'(34.8%), '2시간 이상'(36.4%)으로 나타났고 특히 2시간 이상 기도하는 경우 두 그룹간 2배 이상 차이를 보이고 있다.

전체적으로 개인 경건생활은 코로나19 이전 또는 심지어 1년 전보다도 대체로 활성화된 양상을 보인다. 아울러 신앙 수준 변화에 따라 신앙이 깊어지는 이들은 성경을 읽는 등 경건 시간이 더 늘어난 반면, 신앙이 약화된 이들에게서는 그와 같은 경건생활이 더 줄어드는 양극화 현상도 발견된다.

교회 모임 및 활동의 양극화

그렇다면 개신교인들의 교회 활동 참여에는 어떠한 변화가 있을까? 코로나 이전과 대비해 교회의 공식 예배와 기도회에 참여하는 비율은 전반적으로 늘었다. 비교 시점이 코로나 이전이긴 하지만 코로나로 인한 기저효과를 감안하면 주일예배, 새벽기도회, 수요예배, 평일 저녁기도회, 소그룹 모임 모두에서 참여도는 높아질 수 있다. 신앙이 깊어졌다는 응답이 더 많기 때문이다. 하지만 신앙 상태의 변화에 따라 비교, 관찰하면 주목할 점들이 나타난다. 신앙이 깊어진 이들과 약해진 이들의 교회 활동 참여도를 살펴보자. 확연히 차이 나는 사례만 정리하면 다음과 같다.

소그룹을 통한 신앙의 심화

"셀모임에 참석하면서 신앙이 더 깊어진 것 같아요. 열심 있는 분들과 함께 있으니 기도나 성경 읽기도 전보다 더 하게 됐습니다."

우선 신앙이 깊어진 이들 가운데 코로나 이전 대비 참여도가 '매우 늘었다'는 답변이 가장 높게 나온 영역은 '소그룹 모임'(40.4%)이었다. 신앙이 깊어지는 과정과 소그룹 참여의 연관성을 시사하는 대목이다. '한목협 2023 조사'에서도 소그룹에 정기적으로 참여하는 이들의 34.7%가 신앙이 더 성장했고, 12.4%는 신앙이 더 나빠졌다고 했다. 소그룹에 참여하지 않는 이들의 경우에는 6.5%가 신앙이 성장했고,

코로나 이전 대비 예배·소그룹 참여도 | 소그룹 모임
(구역, 속회, 셀, 순, 다락방, 취미·관심사 동호회, 운동 모임 등)
(Base=정기적으로 참석한 자, N=379, %)

구분		사례수 (명)	매우 줄었다	약간 줄었다	비슷 하다	약간 늘었다	매우 늘었다	계	줄었다	늘었다
전체		(379)	3.3	10.4	43.7	24.6	18.0	100.0	13.6	42.6
코로나 이전 대비 신앙상태	약해짐	(58)	10.3	32.8	37.4	10.5	9.0	100.0	43.1	19.5
	비슷함	(186)	2.3	8.1	56.7	26.7	6.2	100.0	10.4	32.9
	깊어짐	(128)	0.5	4.2	27.0	27.8	40.4	100.0	4.8	68.2
	잘 모르겠음	(8)	18.1	0.0	55.0	27.0	0.0	100.0	18.1	27.0
연령	19~29세	(25)	3.9	6.9	72.6	2.1	14.5	100.0	10.8	16.6
	30대	(30)	2.3	4.5	49.2	20.9	23.1	100.0	6.8	44.0
	40대	(48)	5.1	5.3	31.4	32.9	25.4	100.0	10.4	58.3
	50대	(75)	3.9	14.8	33.6	28.7	19.0	100.0	18.7	47.6
	60세 이상	(202)	2.7	11.2	46.0	24.5	15.7	100.0	13.9	40.2

목회데이터연구소, '한국 교회 트렌드 2025 조사'
(전국의 만 19세 이상 개신교인 교회출석자 1000명, 온라인조사, 지앤컴리서치, 2024.05.24.~06.03)

29.3%는 신앙이 더 나빠졌다는 결과가 나왔다.

이번 '한국 교회 트렌드 2025 조사'에서 한국 교회의 중점 사역 대상인 3040세대에서도 소그룹 참여 비율이 높게 나왔다. 코로나 이전 대비 소그룹 모임 참여도가 '매우 늘었다'는 답은 모든 연령 중 40대에서 가장 높았으며(25.4%), 30대가 그다음으로 높다(23.1%)는 점도 의미가 있다.

신앙의 약화 → 예배 참여의 약화

반대로 신앙이 약해진 이들의 코로나 이전 대비 예배나 기도회 참여도가 '줄었다(매우 + 약간)'는 답변에서 가장 높은 영역은 '새벽기도'(47.4%)로 나타났다. 이어 '주일예배'(40.8%)와 '수요예배'(31.1%)가

(예배·기도회·소그룹 참여율)

	주일예배	수요예배	새벽기도회	평일저녁 기도회	소그룹
신앙이 약화된 이들	40.8%	31.1%	47.4%	30.4	43.1
신앙이 깊어진 이들	3.6%	8.2%	4.8%	2.0%	4.7

4점 척도 질문임 | 소그룹의 경우 '참여 줄었다' 비율임

목회데이터연구소, '한국 교회 트렌드 2025 조사'
(전국의 만 19세 이상 개신교인 교회출석자 1000명, 온라인조사, 지앤컴리서치, 2024.05.24.~06.03)

뒤를 이었다. 신앙이 약화된 이들은 교회의 공식적 예배 참여에 소극적이었음을 보여준다. 소그룹 참여의 경우도 43.1%나 줄었다고 응답했다. 반면 코로나 이전 대비 신앙이 깊어진 그룹의 경우 줄었다는 비율은 10% 미만으로 두 그룹은 참여도 면에서 더 크게 격차가 벌어지는 결과를 보이고 있다.

영적 갈급함을 어떻게 해소할 것인가?

신앙이 약화되었다고 답한 이들 모두가 신앙에 대한 관심 자체가 없다고 판단하기는 힘들다. 예배나 기도회 참석을 못하더라도 그들의 영적 갈급함은 여전히 높게 나타나고 있기 때문이다. 이번 조사에서 영적 갈급함을 느끼는 비율은 전체 평균 65.5%였는데 신앙이 약해진 그룹에서도 65.1%로 나타나 평균에 비해 크게 떨어지지 않았다. 오히려 코로나 이전 대비 신앙이 비슷하다고 답한 이들(63%)보다 높았다. 심지어 '영적 갈급함을 크게 느낀다'고 답변한 이들은 신앙이 약해진 이들 중 21.8%인 반면 신앙이 비슷하다는 이들에게서는

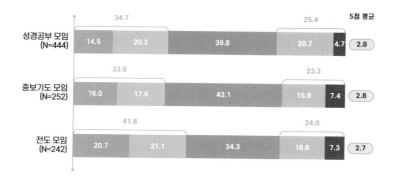

목회데이터연구소, '한국 교회 트렌드 2025 조사'
(전국의 만 19세 이상 개신교인 교회출석자 1000명, 온라인조사, 지앤컴리서치, 2024.05.24.~06.03)

13.7%였다.

신앙이 약해진 이들에게서 공예배 참여도가 가장 낮은 것은 신앙 약화가 지속될 경우 이들이 가나안 성도의 길에 들어설 수 있음을 암시한다. 이들은 왜 신앙이 약화됐을까? 이들에게 영적 갈급함이 엄연히 존재함에도 불구하고 채워지지 않는 것은 무엇 때문일까? 통계는 모든 현상을 상세히 말하지 않는다. 그러나 의미 있는 무언가를 가리킨다. 신앙이 깊어진 이들에게서 나타난 양상과 비교해보면 어느 정도 단서를 얻을 수 있다.

교회의 정례 예배나 모임 참여도는 전반적으로 코로나 이전보다 향상된 것으로 나타난다. 하지만 이와 대조적으로 신앙 성장을 위한 직접적 활동인 '성경공부 모임'이나 '중보기도 모임', '전도 모임' 등에 대한 참여가 '줄었다'는 응답자가 '늘었다'는 이들보다 많았다. 신앙이 더 깊어지면 단순히 예배나 모임에 적극 참여하는 것으로 그치지 않고, 신앙을 성장시키는 필수 요소라 할 수 있는 성경공부, 중보기도, 전도의 실천으로 이어질 것이다. 그러나 교회의 공식 예배와 모임 참여가 더 늘어났다는 응답이 많았음에도 성경과 기도와 전도에 대한 더 많은 참여를 이끌지 못했다. 그 이유는 무엇일까?

셀프 솔루션의 시대

"요즘은 유튜브로 검색하면 다 나옵니다. 신앙적 고민을 검색하면 전문 사역자들이 말해주는 해결책을 찾을 수 있어요."

한 가지 설명이 가능한 대안은 코로나 이후 점점 많은 이들이 신앙 성장을 위한 도움을 교회 모임이 아닌 온라인 미디어를 통해 해결하기 시작했다는 점이다. 이번 '한국 교회 트렌드 2025 조사'에서 개신교인은 신앙에 관한 궁금증이 있을 때 '성경을 찾아서 해결한다'(35.8%)가 가장 많았고 '인터넷을 찾는다'(21.6%)가 그다음이었다. 반면 '목회자에게 물어본다'(18.6%)는 세 번째였다. 이는 교인들이 신앙의 문제를 스스로 해결하는 비율이 압도적으로 높다는 것을 의미한다. 여기에 유튜브 검색까지 합하면 목회자 의존도는 더욱 낮아진다.

이런 현상은 한목협 정기 조사에서도 이미 드러나기 시작했다. 신앙 성장에 도움을 받는 것으로 출석 교회 예배와 목사님 설교가 조사마다 큰 폭으로 하락한 것이다. 2012년에는 63.6%의 교인들이 출석 교회 예배와 목사님 설교로부터 도움을 받는다고 답변했는데,

2017년에는 그 비율이 42.7%로, 2023년에는 28.3%로 급감했다. 반면 기독 미디어(인터넷, TV, 라디오, 유튜브 등)를 통해 신앙 성장의 도움을 받는다는 이들은 2012년 1.4%에서 2017년 7.1%, 2023년에는 19.1%로 급격히 늘었다.

온라인 매체 가운데서 개신교인들이 신앙과 관련해 가장 많이 접촉하는 매체는 유튜브였다. 기독교 유튜브 이용 시간은 일주일에 평균 162분으로 개인 성경 읽기 시간(64분)보다 두 배가 많았다. 20대는 오히려 100분 내외였고, 신앙이 깊어진 이들은 223분으로 나타나 신앙이 약해진 이들(146분)보다 훨씬 높게 나타났다. 신앙 수준 4단계는 174분, 1단계는 117분이었다.

신앙이 깊어지거나 신앙 단계가 높은 이들은 신앙이 약해진 이들이나 신앙 단계가 낮은 이들과 비교해 기독교 온라인 매체를 더 많이 접촉하고 있다는 것을 알 수 있다. 이들은 신앙의 궁금증에 대해 적극적이고 주체적으로 해결책을 모색하는 것으로 보인다.

교회 봉사의 양극화

"제 믿음이 자라면서 교회 내 봉사도 좋지만 교회 밖에서 지역 사회를 위해 봉사하는 것이 더 의미있고 하나님이 원하시는 것이라 생각하게 됐어요."

교회 봉사에서도 소극적 신앙 양상은 더 두드러진다. '주차장 및

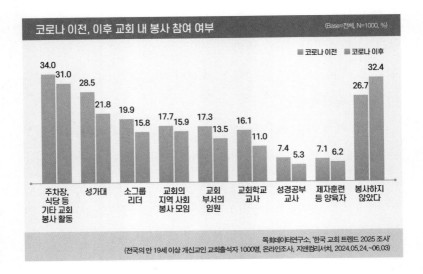

코로나 이전, 이후 교회 내 봉사 참여 여부

(Base=전체, N=1000, %)

■ 코로나 이전　■ 코로나 이후

- 주차장, 식당 등 기타 교회 봉사 활동: 34.0 / 31.0
- 성가대: 28.5 / 21.8
- 소그룹 리더: 19.9 / 15.8
- 교회의 지역 사회 봉사 모임: 17.7 / 15.9
- 교회 부서의 임원: 17.3 / 13.5
- 교회학교 교사: 16.1 / 11.0
- 성경공부 교사: 7.4 / 5.3
- 제자훈련 등 양육자: 7.1 / 6.2
- 봉사하지 않았다: 26.7 / 32.4

목회데이터연구소, '한국 교회 트렌드 2025 조사'
(전국의 만 19세 이상 개신교인 교회출석자 1000명, 온라인조사, 지앤컴리서치, 2024.05.24.~06.03)

식당 봉사', '성가대', '교회의 지역 사회 봉사 모임', '소그룹 리더', '교회 부서의 임원', '교회학교 교사', '제자훈련 등 양육자', '성경공부 교사'까지 거의 모든 영역에서 봉사 참여 비율이 코로나 이전보다 낮아졌다. 더구나 '봉사하지 않는다'고 응답한 이들도 코로나 이전의 26.7%에서 32.4%로 더 높아졌다. 봉사 참여 비율은 낮아지고 오히려 아무 봉사도 하지 않는 이들의 비율은 높아진 셈이다.

신앙이 깊어진 이들과 약해진 이들을 비교해보면 교회 봉사 참여 여부에 따른 차이는 그리 두드러지지 않는다. 미세한 차이를 보이는 영역은 주차장 및 식당, 성가대 봉사 등에서 신앙이 약해진 이들이 좀 더 많이 참여하고, 교회의 지역 사회 봉사 모임과 제자훈련 등 양육 영역에서는 신앙이 깊어진 이들이 좀 더 많이 참여하는 정도다. 전체적으로 신앙이 깊어진 이들과 신앙이 약해진 이들 사이에 봉사 참여 여부의 차이가 가장 큰 영역은 교회의 지역 사회 봉사 모임(24.4% vs

11.2%)이다. 지역 사회 봉사 여부가 신앙 상태의 변화를 보여주는 단적인 예가 될 수 있다는 말이다.

지역 사회 봉사를 통한 신앙의 표현

"교회 봉사도 좋지만 우리 주변에는 봉사자들을 필요로 하는 곳이 많아요. 친구들과 함께 노숙인 사역이나 쪽방촌 봉사를 자주 나가는 편이에요."

이번에는 각 봉사 영역에 참여하는 이들만을 대상으로 코로나 이전과 대비해 본인의 참여 정도가 늘었는지를 물었다. '코로나19 이전과 비교했을 때 귀하가 다음 활동을 하는 시간이 어떻게 변했습니까?'라는 문항이었다. 모두 8개 항목에서 코로나 이전 대비 활동 시간이 줄어든 영역은 5개였으며 늘어난 영역은 3개였다.

활동 시간이 가장 많이 늘어난 영역으로는 '교회의 지역 사회 봉사 모임'(35.9%)이었다. '성경공부 교사'(33%)는 그다음이었다. 지역 사회 봉사는 신앙이 깊어진 이들에게서 뚜렷이 나타나며 전체적인 참여 시간도 가장 많이 증가했다. 반면 참여 시간이 가장 많이 줄어든 영역으로는 '교회학교 교사'(44.5%), '소그룹 리더'(35.8%) 등의 순서로 나타났다. 줄어든 영역에서 교회학교 교사는 다음 세대 인구가 급감하는 상황을 고려하면 이해가 된다. 하지만 소그룹 리더로 봉사하는 시간이 줄어든다는 것은 최근 소그룹 사역에 대한 관심이 높아진 것을 감안할 때 눈여겨볼 사안이다.

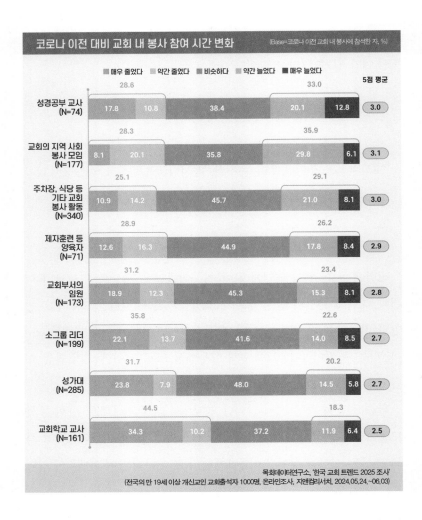

코로나 이전 대비 교회 내 봉사 참여 시간 변화 (Base=코로나 이전 교회 내 봉사에 참석한 자, %)

■매우 줄었다 ■약간 줄었다 ■비슷하다 ■약간 늘었다 ■매우 늘었다   5점 평균

구분	매우 줄었다	약간 줄었다	비슷하다	약간 늘었다	매우 늘었다	줄었다 계	늘었다 계	5점 평균
성경공부 교사 (N=74)	17.8	10.8	38.4	20.1	12.8	28.6	33.0	3.0
교회의 지역 사회 봉사 모임 (N=177)	8.1	20.1	35.8	29.8	6.1	28.3	35.9	3.1
주차장, 식당 등 기타 교회 봉사 활동 (N=340)	10.9	14.2	45.7	21.0	8.1	25.1	29.1	3.0
제자훈련 등 양육자 (N=71)	12.6	16.3	44.9	17.8	8.4	28.9	26.2	2.9
교회부서의 임원 (N=173)	18.9	12.3	45.3	15.3	8.1	31.2	23.4	2.8
소그룹 리더 (N=199)	22.1	13.7	41.6	14.0	8.5	35.8	22.6	2.7
성가대 (N=285)	23.8	7.9	48.0	14.5	5.8	31.7	20.2	2.7
교회학교 교사 (N=161)	34.3	10.2	37.2	11.9	6.4	44.5	18.3	2.5

목회데이터연구소, '한국 교회 트렌드 2025 조사'
(전국의 만 19세 이상 개신교인 교회출석자 1000명, 온라인조사, 지앤컴리서치, 2024.05.24.~06.03)

신앙이 깊어진 이들과 약해진 이들의 참여 시간 변화를 비교하면 그 차이는 더 확연하게 나타난다. 신앙이 약해졌다는 이들의 지역 사회 봉사 모임 참여 시간은 66.9%가 줄었다. '매우 줄었다'는 응답 비율도 44.5%나 됐다. 반면 신앙이 깊어진 이들에게서는 지역 사회 봉

사 모임 참여 시간이 늘었다는 응답은 무려 70.3%로 나타났다. 지역 사회 봉사는 신앙이 깊어진 이들과 신앙이 약해진 이들의 참여도에서 가장 심한 양극화 현상을 보이는 영역인 셈이다.

그다음으로 양극화가 심한 봉사 영역은 '소그룹 리더'였다. 신앙이 약해진 이들의 61%가 소그룹 리더 봉사 참여 시간이 줄었다고 답한 반면, 신앙이 깊어진 이들은 46.7%가 참여 시간이 늘었다고 답했다. 특히 신앙이 약해진 이들 가운데 48.6%가 소그룹 리더 봉사 참여가 매우 줄었다고 답해, 교회학교 교사 봉사(58.6%)를 제외하고는 이들에게서 가장 큰 참여도 하락 양상을 보였다.

여기서 주목할 지점이 하나 있다. 20~30대 젊은 층의 봉사 활동 약진이다. 교회 봉사 활동 참여 시간이 코로나 이전보다 '늘었다'는 응답이 20~30대가 타연령층보다 높았다. 특히 교회의 지역 사회 봉사 활동과 소그룹 리더 활동에 있어 그 증가폭이 높았다. 청년들의 지역 사회 봉사에 대한 높은 관심과 이들 그룹을 중심으로 소그룹이 활성화되고 있음을 간접적으로 알 수 있는 수치들이다.

지금까지의 조사 결과들을 볼 때 신앙 양극화의 양상은 다음과 같이 정리할 수 있다. 첫째, 최근 탈교회 및 가나안 성도 현상이 지속되는 가운데 신앙이 더 깊어진 이들이 감지된다. 신앙의 심화, 신앙생활의 이유, 구원의 확신, 신앙 단계 등에서 긍정적인 면이 늘어난 것이다. 코로나 이후 개인 경건생활도 안정된 모습을 보인다. 신앙이 깊어졌다는 이들이 좀 더 많긴 하지만 신앙이 약해진 이들도 상당하다. 이들은 탈교회, 가나안 성도, 명목상 기독교인과 더불어 신앙 양극화의 하향 축을 이룬다.

둘째, 교회의 공식 예배나 모임 참여 자체는 전반적으로 활성화되었다. 그러나 교회 활동의 종류에 따라서 활성화의 내용은 달라진다. 신앙이 깊어진 이들에게 소그룹 참여는 가장 두드러진 현상이다. 새벽기도회와 주중 저녁 기도회 참여도 늘어났다. 반면 신앙이 약해진 이들의 주일예배나 수요예배 참여는 더 줄었다.

셋째, 신앙 성장을 위한 성경공부, 중보기도, 전도 등 모임 참여는 하락했다. 개인의 경건생활이 특별히 퇴보하지 않은 가운데 이러한 신앙 성장을 위한 전통적인 모임들이 활성화되지 못하는 상황에서 우리는 성도들의 신앙에 도움을 주는 대안이 무엇인지 발견하게 된다. 그것은 온라인과 유튜브를 통한 신앙 학습이다. 이는 교회와 목회자에게 의존하지 않고 개인적으로 신앙의 문제를 해결하려는 흐름과 연동된다.

넷째, 교회 봉사에 대한 참여도는 하락하고 있다. 특히 전통적인 교회 내 봉사에 참여하는 이들은 줄어들고 있다. 그러나 교회의 지역 사회 봉사 참여에는 호응도가 높아지고 있다. 선교적 교회와 마을 목회는 신앙의 무게 중심을 교회 내부로부터 이웃과 지역 사회로 확장시키고 있다는 것을 알 수 있다.

트렌드 전망 및 시사점

교회성장학자 톰 레이너는 코로나를 거치면서 교회 리더와 교인들이 산더미처럼 쌓인 활동의 늪에서 해방되고 가장 중요한 복음 사역에 집중하는 기회를 갖게 되었다고 진단했다.[8] 이는 신앙의 본질과

정수를 찾는 움직임으로 발전되고 세속화와 탈교회의 풍조 가운데서 신앙의 가능성을 보게 한다.

오소프락시로서의 신앙

신앙의 양극화는 두 개의 평평한 축이 아니라 내리막과 오르막으로 나뉘는 비탈길과 같다. 내리막길에는 교회와 신앙의 이탈이 가속화되고 있다. 그러나 오르막길에는 진정한 신앙을 찾는 열망이 있다. 그리고 오르막길로 올라서게 하는 발판 역할을 하는 것이 오소프락시라는 정통 실천이다. 신앙의 깊이와 진정성을 실제적 체험과 공동체적 사귐, 이웃 섬김이라는 바른 실천을 통해 찾는 것이다. 일반적으로는 교세와 신앙 활동이 하락하고 있지만 그것이 전부는 아니다. 세부적으로 들여다보면 여전히 생동감 있는 신앙을 경험하고 표현하려는 열망이 있다. 따라서 신앙 양극화는 우리에게 위기의식뿐 아니라 희망적 과제를 동시에 던져준다.

신앙이 더 깊어진 이들에게서 나타난 실천적 특징은 '소그룹'과 '지역 사회 봉사'였다. 이 둘은 각각 교회의 핵심 기능에 속하는 '코이노니아'(koinonia)와 '디아코니아'(diakonia)에 해당된다. 코이노니아가 성도의 사귐을 의미한다면 디아코니아는 세상을 향한 교회의 섬김으로 발현된다.

코이노니아는 종종 그리스도인끼리의 친교를 가리키는 용어로 오해됐다. 하지만 코이노니아는 그 자체가 목적이 아니라 코이노니아를 통해 공동의 목적과 외적인 봉사 활동에 협력하고 참여하는 것이 핵심이다.[9] 즉 이웃을 섬기는 봉사의 의미로 쓰이는 디아코니아와 성

도의 교제인 코이노니아는 별개의 활동이 아니라 서로 이어지는 사역
이라는 것이다.

공동체를 통한 신앙 강화

코이노니아는 교회 공동체성을 회복하는 데 있어 중요 개념이다.
코이노니아는 단순히 친하게 어울리는 교제가 아니라 교회 내 상호
격려와 돌봄에 헌신하는 관계를 의미한다. 고립과 외로움이 극심한
현대 사회에서 소그룹 사역은 그리스도의 몸을 이루는 교회의 공동체
적 본질을 회복하는 목적을 지닌다. '한국 교회 트렌드 2025 조사'는
신앙이 깊어진 이들의 소그룹 모임 참여가 가장 크게 늘어난 사실을
보여주는 동시에, 기존 소그룹 리더들의 봉사 참여도 역시 크게 하락
한 이중적 현실을 보여준다.

이는 현재 소그룹 모임 안에 구역이나 속회 같은 전통적 형태의 모
임이나 셀 같은 공동체성을 중심으로 하는 소그룹이 혼재하기 때문
으로 보인다. 과거 소그룹 리더가 조직 관리와 형식적 예배 인도를 담
당했다면 지금은 서로의 삶을 나누며 격려하는 소그룹으로 이동하고
있다. 소그룹 사역의 최우선 과제는 공동체적 돌봄에 헌신하는 소그
룹 리더를 세우는 일이다.

이웃 섬김을 통한 신앙 강화

교회의 디아코니아적 기능은 신앙의 공적 책임과 선교적 교회의 사
명과도 연결된다. 지역 사회 봉사 참여는 코로나 이전과 대비해 교회
의 봉사 활동 참여도가 가장 높아진 항목이다. 그동안 교회의 사회

적 책임과 역할에 대한 강조가 계속됐다. 교인들 또한 교회 안에 갇힌 신앙이 아니라 사회를 품는 공적이며 실천적 신앙을 갈급해했다. 특히 젊은 세대일수록 사회와 이웃에 대한 섬김의 실천을 신앙의 주요한 지표로 인식했다. 2030세대의 지역사회 봉사 모임 참여도가 가장 큰 폭으로 늘어난 것은 이를 방증한다. 이들은 신앙이 자신들이 살아가는 세상에서 구현되기를 원한다. "행함이 없는 믿음은 그 자체가 죽은 것"(약 2:17)이라는 성경 말씀처럼 섬김의 실천은 바른 신앙의 후속 결과물이 아니라 그 자체가 곧 바른 신앙이다.

What's Next?

신앙의 양극화는 두 개의 평평한 축이 아니라 내리막과 오르막으로 나뉘는 비탈길과 같다. 내리막길에는 교회와 신앙의 이탈이 가속화되고 있다. 그러나 오르막길에는 진정한 신앙을 찾는 열망이 있다. 따라서 신앙 양극화는 우리에게 위기의식뿐 아니라 희망적 과제를 동시에 던져준다.

경험적 신앙의 오소프락시

신앙의 오소프락시는 윤리적 차원의 실천에만 국한하지 않는다. 오소프락시는 체험적 신앙도 포함한다. 신앙이 관행이 될수록 그에 대한 반작용으로 은혜의 복음과 성령의 임재를 온몸으로 경험하고 표현하려는 열정도 나타난다. 신앙 성장과 강화에는 복음적 확신과 부흥이 필수적이다. 미국에서 기독 교세가 약화되는 가운데 생동감 있는 복음주의 신앙 운동이 성장했던 것처럼 한국에서도 신앙의 확신과 진정성 있는 경험을 추구하는 교회들은 영적, 수적 부흥을 맞이한다. 사회가 아무리 세속화돼도 종교적 신앙의 정수를 맛보고자 하는 열망은 늘 존재하기 때문이다. 신앙의 정통성은 지성이나 관념적인 신앙을 넘어 자기 자신으로부터 타자에 이르기까지 확산되고 표현되는 실천을 통해 입증된다.

오소프락시의 부상은 또한 사람들의 신앙 욕구가 정기 예배에 참여해 개인적으로 은혜 받는 수준에 머무르지 않음을 시사한다. 실제로 신앙이 깊어지는 데 있어 교회의 공적 예배 및 모임 활동 간에 큰 연관성은 보이지 않는다. 신앙이 깊어진 이들의 소그룹 참여와 지역사회 봉사는 신앙이 약해진 이들과 비교할 때 가장 극명하게 대조를 이루는 영역이었다. 물론 소그룹이나 지역 사회 봉사가 성경을 공부하고 기도하는 신앙의 핵심 기반보다 더 중요하다는 것이 아니다. 신앙의 진정성이 구체적인 공동체 속에서, 또한 이웃 가운데서 표현되고 경험되어야 한다는 것이다.

'한국 교회 트렌드 2025 조사'에서는 신앙이 깊어졌다는 이들이 늘어난 반면, 전통적인 교회 예배와 모임에 대한 참여도는 줄어든 것으로 나타났다. 코로나 이후로 기독교인 개인이 인터넷과 유튜브, 기독 미디어 등을 통해 신앙의 문제를 스스로 해결하는 비율이 높아지고 있다. 그렇다고 해서 목회자들의 신앙 조력 역할이 줄어드는 것은 아니다. 오히려 목회자들은 교인들의 신앙 성장을 위해 온라인 신앙 콘텐츠와 협력할 수 있어야 한다.

신앙 문제를 셀프 솔루션에만 맡길 경우 온라인의 전파성 때문에 무분별하고 왜곡된 신앙 이해가 확산될 우려가 있다. 따라서 목회자들은 신앙적 도움을 독점하려고만 하지 말고, 온라인 신앙 콘텐츠와 함께 적절한 가이드를 해야 한다. 만약 이러한 협력이 수반되지 않으면 교인들은 개인적 관심과 자기가 선호하는 알고리즘에 의해 무한 제공되는 설교나 콘텐츠에만 쏠릴 수 있다. 교회는 공동체를 경험하고 함께 이웃을 섬기고 신앙의 분별을 도와주는 곳이다. 분별과 해석의 공동체여야 한다.

05

Family
Christian

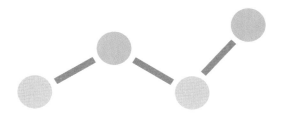

패밀리 크리스천

한국 교회의 가족 종교화 현상이 뚜렷하다. 다른 종교에 비해 개신교는 배우자 및 자녀와의 종교 일치율이 더 높다. 개신교인이 배우자와 종교가 일치하는 비율은 71.6%로 가톨릭(59.3%), 불교(58.3%)보다 높고 자녀와의 일치도 67.2%에 달한다. 이는 가톨릭(57.6%), 불교(35.1%)보다 높은 수치다. 20년 전 일치율이 90% 안팎이었던 것에 비하면 많이 감소했지만 여전히 다른 종교에 비하면 높은 수준을 유지하고 있다. 가구주 배우자를 기준으로 보면 가족 간 종교 일치율은 더 높다. 대다수 가정의 가구주가 남성이라고 볼 때 어머니가 개신교일 경우 가족 전체가 개신교일 확률이 더 높은 것이다.[1]

자녀 기준으로 보면 현재 교회에 출석하고 있는 청소년이나 청년 상당수는 개신교인 가정에 속해 있다는 것이 더 뚜렷해진다. 기독 청년들을 대상으로 한 조사 결과를 보면 모태신앙이 52.9%였고, 초등학교 입학 전 교회에 나온 비율은 64.6%로 3분의 2에 가까웠다.[2]

기독 청소년들의 경우 가족 종교화 현상은 더욱 심하다. 모태신앙이 60.4%로 나타났고, 초등학교 입학 전 교회를 나온 비율은 79.9%로 다수를 차지했다.[3] 이것은 개신교 역사가 길어지면서 개신교인 가족 안에서 신앙 계승이 이루어지고 가족 구성원들 사이에 신앙이 일치하는 비율이 높아지는 현상이라고 할 수 있다. 태어나면서부터, 또는 어려서부터 부모의 영향으로 교회에 나가게 된 사람들, 가족과 함께 교회에 다니는 사람들이 늘어나는 것이다.

개신교의 가족 종교화는 자녀 세대에게 신앙을 전수할 수 있는 자연스러운 환경을 제공한다는 점에서 장점도 있으나, 어려서부터 본인의 의지보다는 부모의 의지로 갖게 된 신앙이 성인이 되어서는 오히려 약화될 수도 있다는 단점도 있다. 이와 함께 교회에서는 가족과 함께 교회에 다니지 않는 교인들을 더 배려하고 살펴야 하는 과제가 주어지기도 한다.

가족 종교화는 개신교의 확장성 측면에서도 문제가 될 수 있다. 가족들끼리 교회에 나오는 사람들이 교인 대부분을 구성하고 있다는 점은 전도를 통해 새로 유입되는 전입 신자가 점점 줄어들고 있다는 것을 의미하기 때문이다. 곧 비개신교인 가족 중에 교회에 나오는 사람들의 비율은 점점 줄고 있는 것이다. 이런 현상이 심화되면 한국 개신교는 그들만의 종교로 전락할 우려가 크다.

가족 종교화의 모습

"우리 가족은 3대째 신앙생활을 이어가고 있습니다. 신앙의 명가라고 할 수 있지요. 모든 자녀들이 교회에서 신앙생활을 잘하고 있어서 신앙에 대한 자부심이 있습니다."

"저는 어렸을 때부터 학교보다 교회가 더 중요했어요. 학교는 아프면 빠지기도 했지만 교회에 안 간다고 하면 부모님께서 엄청 야단을 치셔서 교회에 빠질 수가 없었어요."

가족 종교란 가족이 일종의 종교 공동체로서 작동하는 것을 말한다. 한국의 전통적인 종교 문화는 유교의 영향을 받아 효의 영성이 신앙과 실천으로 확장되며, 가족 자체가 하나의 종교 역할을 하는 공동체로서 작동하는 '가족 종교'의 중요한 기제가 되었다.[4] 이후 국교가 폐지되었고 사실상 가족 종교는 사라졌지만 각 종교 안에서 가족 중심의 신앙 활동이 이루어지고 있어서 여전히 가족 종교의 특징을 어느 정도 유지하고 있다.

현실적으로 가족은 종교적 사회화가 이루어지는 가장 강력한 단위일 뿐 아니라 그 자체가 하나의 원초적인 종교 집단의 근본 단위가 된다.[5] 게다가 전통적으로 개인보다 가족을 중시해온 문화 관습에 따라서 우리 사회에서 가족 중심으로 종교생활이 이루어지는 것은 매우 자연스러운 현상이 되었다.

앞에서 말한 것처럼 가족 종교화 현상은 다른 종교에 비해 개신교

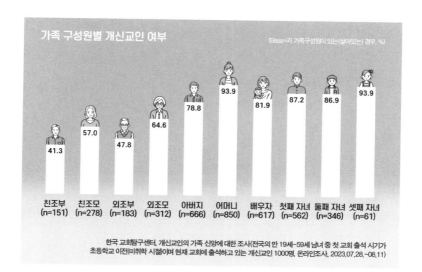

가족 구성원별 개신교인 여부

(Base=각 가족구성원이 있는(살아있는) 경우, %)

친조부 (n=151)	친조모 (n=278)	외조부 (n=183)	외조모 (n=312)	아버지 (n=666)	어머니 (n=850)	배우자 (n=617)	첫째 자녀 (n=562)	둘째 자녀 (n=346)	셋째 자녀 (n=61)
41.3	57.0	47.8	64.6	78.8	93.9	81.9	87.2	86.9	93.9

한국 교회탐구센터, 개신교인의 가족 신앙에 대한 조사(전국의 만 19세~59세 남녀 중 첫 교회 출석 시기가 초등학교 이전(미취학 시절)이며 현재 교회에 출석하고 있는 개신교인 1000명, 온라인조사, 2023.07.28.~08.11)

에서 더욱 두드러진다. 한국 교회탐구센터에서 실시한 '개신교인의 가족 신앙에 대한 조사' 결과에 따르면 미취학 시절부터 교회에 다닌 60세 미만 개신교인들의 가족이 가지고 있는 종교는 친조부모 중에 '친조모'가 개신교인인 경우가 더 많았고(57.0%), 외조부모 중에서도 '외조모'가 개신교인인 경우가 더 많았다(64.6%). 부모님 중에서는 '어머니'가 개신교인인 비율이 93.9%에 달했다.[6] 따라서 조부모 세대보다는 부모 세대부터 신앙이 계승되는 경향이 뚜렷해진 것을 알 수 있고, 이런 경향은 대략 70~80년대 한국 교회가 급성장을 이루던 시기부터 나타난 것으로 볼 수 있다.

교계 통계를 보면 우리나라에서 개신교 신자 수는 1950년까지는 50만 명을 밑돌았다.[7] 그리고 1960년 62만 명에서 1970년에 310만 명으로 10년 사이에 무려 5배가량 급증했다. 그리고 1980년에는 718만 명으로 조사돼 다시 2배 이상 늘었다. 정부 공식 통계에서 개신교 신자 수가 1,000만 명을 넘은 적은 없지만 기독교계 통계에서는 1990년 1,300만 명이 넘었다. 교계 통계의 특성상 실제 수치보다 어느 정도 부풀려졌지만 70~80년대에 한국 개신교가 급성장한 것은 분명한 사실이다. 이때 전도가 활발하게 이루어졌고 많은 사람들이 교회로 몰려들었다.

전도의 대상은 누구나 될 수 있지만 대부분의 경우 손쉽게 전도할 수 있는 대상은 가족이다. 사회학자들의 연구를 보면 새로운 종교로 개종하는 사람들은 교리나 신앙 요인보다도 그 종교의 구성원에 대한 대인 밀착도가 중요한 요인으로 작용한다는 것을 알 수 있다.[8]

다시 말해 사람들은 가족처럼 친밀한 관계에 있는 사람들에 의해 종교를 바꾸는 경우가 많다는 것이다. 또한 부모의 종교 신념과 실천이 성공적으로 이루어지면 자녀들이 개종할 가능성이 높아진다는 연구 결과도 있다.[9] 이렇게 볼 때 한국 교회의 부흥 성장기에 가족들을 대상으로 하는 전도가 활발하게 이루어졌고, 이때부터 자녀들에게 신앙 계승이 강하게 나타나기 시작했다고 볼 수 있다.

한국 교회탐구센터 조사 결과를 보면 응답자 3명 중 2명(66.4%)은 현재 자신이 가지고 있는 크리스천으로서의 정체성 및 신앙 성향이 '크리스천 가정에서 태어나고 자란 것'에 영향을 많이 받았다고 답했다. '미성년 시절 가족 외의 영향이 컸다'는 비율은 15.5%, '성인이 된 후 가족 외의 영향이 컸다'는 비율은 16.9%로, 어린 시절 가정 환경이 가장 큰 영향을 미쳤다는 응답이 압도적이었다.[10] 특히 '주일 성수'는 82.2%가 어릴 적 받았던 신앙교육으로 현재까지도 지속해서 실천한다고 응답했다.[11]

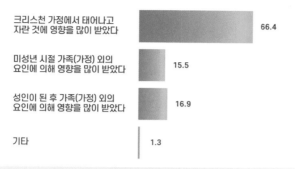

크리스천 가정에서 태어나고
자란 것에 영향을 많이 받았다   66.4

미성년 시절 가족(가정) 외의
요인에 의해 영향을 많이 받았다   15.5

성인이 된 후 가족(가정) 외의
요인에 의해 영향을 많이 받았다   16.9

기타   1.3

한국 교회탐구센터, 개신교인의 가족 신앙에 대한 조사(전국의 만 19세~59세 남녀 중 첫 교회 출석 시기가
초등학교 이전(미취학 시절)이며 현재 교회에 출석하고 있는 개신교인 1000명, 온라인조사, 2023.07.28.~08.11)

한국 교회탐구센터 조사에서 가족 모두 '개신교인'인 경우, '어머니'가 교회 출석자인 경우가 92.5%로 가장 높았고 '배우자'는 89.5%로, 현재 기혼인 교회 출석자 10명 중 9명은 부부가 모두 교회에 다니는 것으로 조사되었다. 또 부모를 포함해 자녀까지 3대에 걸쳐 교회에 출석하는 경우는 80%를 넘는 것으로 나타나 가족 종교화 경향이 뚜렷하게 나타났다. 모태신앙인 비율을 보면 전체 개신교인 가운데 29.5%였는데[12] 기독 청년 중에서는 모태신앙인이 52.9%[13]였고, 기독 청소년 중에서는 모태신앙이 60.4%인 것으로 나타나[14] 저연령일수록 모태신앙 비율이 높아지는 것을 알 수 있다.

그리고 자녀 중에서는 첫째, 둘째보다 셋째 자녀가 개신교인인 비율이 상대적으로 높아, 어린 자녀일수록 부모와 같은 종교인 비율이 높다는 것을 알 수 있다. 그런데 첫째 자녀와 둘째 자녀는 고등학생일 경우 개신교인인 비율이 상대적으로 낮아, 고등학생 자녀와 신앙을 함께하는 것이 상대적으로 어려움을 보여준다.

자녀 신앙은 어머니의 영향

"어머니의 기도가 없었다면 저는 무신론자로 살아갔을 겁니다."

"엄마와 함께 성경을 읽고 쓰던 기억이 많이 나요."

한국의 가정에서 자녀교육은 전통적으로 어머니의 몫이다. 예로부터 아버지는 근엄하고 자녀와 친근한 관계를 갖지 않았다. '맹모삼천지교'라는 말에서 나타나듯 자녀교육에서는 어머니 역할이 강조되었다. 근대 사회에서는 산업화의 영향으로 아버지의 자리는 직장이 되었고, 가정주부인 어머니가 자녀교육을 도맡다시피 하게 되었다. 이것은 신앙교육에서도 마찬가지이다. 가정에서 신앙교육은 주로 어머니가 담당한다. 이는 어머니가 자녀와 더 친밀하기 때문이기도 하지만 한편으로는 아버지보다 어머니의 신앙이 더 강하기 때문이기도 하다.

일반적으로 종교성은 남성보다 여성이 더 강한 것으로 알려져 있다. 그 원인은 매우 복합적이기 때문에 한 가지로 설명하기 어렵지만 대부분 종교에서 신자들의 남녀 성비는 여성이 더 많다. 교회에서도

가족 종교화
(Family Christian)

개신교의 가족 종교화는 자녀 세대에게 신앙을 전수할 수 있는 자연스러운 환경을 제공한다는 점에서 장점도 있으나, 어려서부터 본인의 의지보다는 부모님의 의지로 가진 신앙이 성인이 되어서는 오히려 약화될 수도 있는 우려도 있다.

한국 교회에서 가족 종교화 현상이 뚜렷하다. 다른 종교에 비해 개신교는 배우자 및 자녀와의 종교 일치율이 더 높다. 20년 전에 비해 많이 감소했지만, 여전히 다른 종교에 비해 높은 수준을 유지하고 있다.

여성이 남성보다 더 많고 대부분의 집회 참석률이나 신앙적 열심도 여성이 남성에 비해 우월하다. 한국 교회탐구센터 조사에서도 어린 시절부터 교회에 다니기 시작한 개신교인 대부분은 어머니가 개신교인이며, 부계보다는 모계의 영향을 더 많이 받는 것으로 나타났다. 이번 '한국 교회 트렌드 2025 조사'에서도 어머니(67.8%)가 개신교인인 경우가 아버지(52.5%)보다 더 많았다.

또 전체적으로 어머니가 아버지보다 신앙에 더 열심이었다. 학창 시절 어머니의 신앙에 대해 대부분의 응답자가 신앙 수준 3~4단계로 응답해[15], 아버지보다 어머니의 신앙 단계가 더 높은 것으로 나타났다. 따라서 신앙교육에 있어서는 어머니의 영향이 더 컸을 것으로 추측된다. 실제로 자신의 학창 시절 신앙에 가장 많은 영향을 끼친 사람 2명을 물었을 때 1위 역시 어머니(71.9%)였다.[16] 부모가 모두 개신

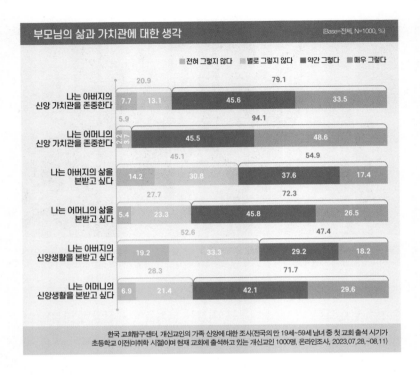

부모님의 삶과 가치관에 대한 생각 (Base=전체, N=1000, %)

■전혀 그렇지 않다 ■별로 그렇지 않다 ■약간 그렇다 ■매우 그렇다

나는 아버지의
신앙 가치관을 존중한다
20.9 | 7.7 | 13.1 | 45.6 | 33.5 | 79.1

나는 어머니의
신앙 가치관을 존중한다
5.9 | 2.2 | 3.7 | 45.5 | 48.6 | 94.1

나는 아버지의 삶을
본받고 싶다
45.1 | 14.2 | 30.8 | 37.6 | 17.4 | 54.9

나는 어머니의 삶을
본받고 싶다
27.7 | 5.4 | 23.3 | 45.8 | 26.5 | 72.3

나는 아버지의
신앙생활을 본받고 싶다
52.6 | 19.2 | 33.3 | 29.2 | 18.2 | 47.4

나는 어머니의
신앙생활을 본받고 싶다
28.3 | 6.9 | 21.4 | 42.1 | 29.6 | 71.7

한국 교회탐구센터, 개신교인의 가족 신앙에 대한 조사(전국의 만 19세~59세 남녀 중 첫 교회 출석 시기가
초등학교 이전(미취학 시절)이며 현재 교회에 출석하고 있는 개신교인 1000명, 온라인조사, 2023.07.28.~08.11)

교인이고 모두 교회 출석자인 경우에도 아버지보다 어머니에게 영향
을 많이 받았다는 응답이 높았다.

또 부모 중 학창 시절 신앙에 영향을 많이 준 사람도 '어머니'
(60.1%)라는 응답이 '아버지'(6.0%)보다 10배 차이를 보여 압도적이었
다.[17] 부모님의 신앙생활에 대한 생각에서도 아버지의 신앙 가치관을
존중한다는 응답(79.1%)보다 어머니의 신앙 가치관을 존중한다는 응
답(94.1%)이 훨씬 높았고, 아버지의 신앙생활을 본받고 싶다는 응답
(47.4%)은 절반에 이르지 못했으나 어머니의 신앙생활을 본받고 싶다는
응답(71.7%)은 3분의 2가 넘어 어머니의 영향이 큰 것으로 나타났다.

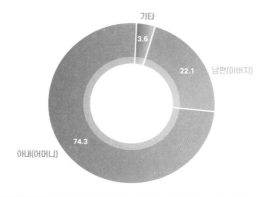

(Base=자녀에게 신앙 교육 함, N=360, %)

기타
3.6

남편(아버지)
22.1

아내(어머니)
74.3

한국 교회탐구센터, 개신교인의 가족 신앙에 대한 조사(전국의 만 19세~59세 남녀 중 첫 교회 출석 시기가 초등학교 이전(미취학 시절)이며 현재 교회에 출석하고 있는 개신교인 1000명, 온라인조사, 2023.07.28.~08.11)

그만큼 자녀의 신앙교육에서 어머니의 영향은 지대하다고 할 수 있다.

가정에서 자녀의 신앙을 담당하고 있는 사람 역시 '아내/어머니'인 경우가 4명 중 3명일 정도로 대부분을 차지하고 있었다.[18] 첫째 자녀가 초등학생일 경우 '아내/어머니'가 담당하는 비율이 특히 더 높게 (92.1%) 나타나, 자녀가 어릴수록 어머니가 전적으로 신앙교육을 담당하고 있었다.

신앙교육을 아버지가 담당하든 어머니가 담당하든 가장 큰 이유는 '신앙에 대한 지식이 더 깊어서'였다. 그런데 '어머니'가 주로 담당하는 이유로 '아내가 자녀와 더 친밀해서'(29.5%)가 높게 나타나, 어머니가 자녀와 더 친밀하기 때문에 신앙교육을 담당하는 경우가 많은 것을 알 수 있다.[19] 많은 교회에서 부모 교육을 실시하고 있는데 특히 어머니를 대상으로 하는 교육이 매우 필요함을 보여주는 것이라 하겠다.

과도한 신앙교육의 문제

그런데 부모님의 신앙교육이 긍정적으로만 작용하는 것은 아니다. 때로 부모의 지나친 신앙생활이나 신앙의 강요가 자녀들에게 큰 부담을 주기도 한다. 어린 시절에 신앙을 강요받으면 스스로의 깨달음을 통해 신앙이 정립되기 어렵고 신앙에 대해 부정적인 인상을 가질 수도 있다. 심한 경우 교회를 떠나는, 이른바 '가나안 신자'가 되기도 한다.

한국 교회탐구센터 조사 결과를 보면 학창 시절 자신의 신앙생활에 대해 32.3%가 '부모님이 신앙생활을 엄격히 요구했다'고 응답했고, 44.6%가 '신앙생활을 강조했지만 엄격히 요구하지는 않으셨다'고 답했다. '신앙생활을 내 뜻에 맡기신 편이었다'는 응답은 23.1%로 가장 적었다. 그런데 부모가 모두 교회에 출석하는 경우 '엄격히 요구했다'는 비율이 그렇지 않은 부모보다 10%p 이상 더 높았다. 따라서 교회생활에 열심인 부모들이 자녀에게도 더 엄격하게 신앙교육을 했다고 볼 수 있다.[20]

현재 자신이 부모가 되어 자녀의 신앙생활에 대해 임하는 태도는 3명 중 2명 가까이가 '신앙생활을 강조하지만 엄격히 요구하지는 않는다'(63.0%)고 응답했으며, '신앙생활을 엄격히 요구하는 편'이라는 응답은 21.4%, '자녀의 뜻에 맡기는 편'은 15.5%였다.[21] 부모 세대보다 신앙생활을 엄격히 요구하지 않는다는 응답이 훨씬 많았다. 학창 시절 부모님이 보인 태도와 비교하면 부모님이 엄격했을 경우 자신도 엄격하며, 강조는 하지만 엄격한 요구는 없었을 경우 자신도 그렇고, 자녀의 뜻에 맡긴 경우 자신도 자녀의 뜻에 맡기는 비율이 상대적으

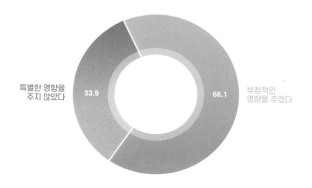

부모님의 과도한 신앙·교회 생활에 대한 영향

(Base=부모님의 신앙·교회 생활이 과도하다고 생각한 자, N=141, %)

특별한 영향을
주지 않았다 33.9

66.1 부정적인
영향을 주었다

목회데이터연구소, '한국 교회 트렌드 2025 조사'
(전국의 만 19세 이상 개신교인 교회출석자 1000명, 온라인조사, 2024.05.24.~06.03)

로 높았다.

　신앙교육에 대한 자녀의 반응은 '흥미를 가지고 잘 듣는 편이다'(48.0%)와 '듣기 싫어하지만 티 내지 않고 듣는다'(45.1%)가 비슷한 수준으로 높게 나타났다.[22] 첫째 자녀가 고등학생인 경우에 '듣기 싫어하며 거부감을 표한다'는 응답률이 상대적으로 가장 높고, 중학생인 경우 '듣기 싫어하지만 티내지 않고 듣는' 비율이 상대적으로 높다. 초등학생 이하인 경우에는 '흥미를 가지고 잘 듣는다'는 비율이 높다. 따라서 자녀의 연령이 높아질수록 거부감을 표하는 경우가 많아지는 것으로 나타나 자녀가 성장하면서 신앙교육이 점점 어려워진다는 것을 짐작할 수 있다.

　앞서 언급했듯이 부모의 과도한 신앙생활이 자녀들에게 부정적인 영향을 미치기도 하는데, '한국 교회 트렌드 2025 조사'에서는 부모님의 신앙생활이 과도하다고 생각해본 적이 있는 경우에 그것이 자신의 신앙에 '부정적인 영향을 주었다'는 응답이 66.1%로 적지 않게 나왔다.[23] 신앙생활에서 가정과 교회 그리고 일터의 균형을 이루고 건전한 신앙생활을 하는 것이 매우 중요함을 알 수 있는 대목이다.

가정예배의 효과

"어렸을 때 집에서 드린 가정예배가 제 믿음을 지켜줬어요. 부모님 때문에 어쩔 수 없이 참여했지만 지나고 보니 그때가 소중한 것 같습니다."

가족이 하나의 신앙공동체로 유지되며 서로에게 유익을 주기 위해서는 공동의 의례를 통해 공동체 의식을 강화하고 신앙으로 서로 지지하는 것이 중요하다. 이를 위해 가장 중요한 것은 가족이 함께 예배를 드리거나 신앙에 대한 생각들을 나누는 것이다. 실제로 한국 교회탐구센터 조사에서는 가정예배를 드리는 것이 장성한 후에 신앙을 유지하는 데 긍정적인 영향을 미치는 것으로 나타났다.

학창 시절에 정기적으로 가정예배를 드린 경우는 24.7%로 나타났다. 명절이나 기일 외에 가끔 드린 경우는 17.0%로 나타나 41.7%가 정기적 또는 비정기적으로 가정예배를 드린 것으로 파악됐다.[24] 그런데 자신의 신앙 단계가 3단계 또는 4단계로 높은 경우 학창 시절에 '정기적 가정예배'를 드린 비율이 높다는 특징을 보인다. 단순화하기는 어렵지만 정기적으로 가정예배를 드린 것이 신앙 형성에 어느 정도 긍정적인 영향을 미쳤을 것으로 추정된다.

가정예배와 나의 신앙의 상관관계[25]

		나의 신앙 단계				합계
		1단계	2단계	3단계	4단계	
		17.9	28.5	33.5	20.1	100.0
학창시절 가정예배	정기적으로 드렸음	8.5	25.7	39.7	26.1	100.0
	비정기적으로 드렸음	22.4	28.1	30.9	18.7	100.0
	드리지 않았음	17.5	32.6	32.9	17.0	100.0

신앙단계: 1~4단계로 질문하였고, 단계가 높을수록 신앙이 깊음을 의미함

한국 교회탐구센터, 개신교인의 가족 신앙에 대한 조사(전국의 만 19세~59세 남녀 중 첫 교회 출석 시기가 초등학교 이전(미취학 시절)이며 현재 교회에 출석하고 있는 개신교인 1000명, 온라인조사, 2023.07.28.~08.11)

가정예배와 자녀 신앙의 상관관계[26]

		나의 자녀 신앙 단계			
		1단계	2단계	3단계	4단계
		47.7	27.0	16.1	9.2
학창시절 가정예배	정기적으로 드렸음	35.8	24.3	21.0	19.0
	비정기적으로 드렸음	53.2	31.1	11.2	4.5
	드리지 않았음	58.5	20.5	15.9	5.1

신앙단계: 1~4단계로 질문하였고, 단계가 높을수록 신앙이 깊음을 의미함

한국 교회탐구센터, 개신교인의 가족 신앙에 대한 조사(전국의 만 19세~59세 남녀 중 첫 교회 출석 시기가 초등학교 이전(미취학 시절)이며 현재 교회에 출석하고 있는 개신교인 1000명, 온라인조사, 2023.07.28.~08.11)

가정예배와 자녀 신앙 전망의 상관관계[27]

		부모보다 더 신앙생활을 잘 할 것 같다	부모와 비슷하게 신앙생활 할 것 같다	부모의 신앙을 이어받겠지만 부모보다 신앙생활은 잘 못할 것 같다	신앙생활을 거의 하지 않을 것 같다	잘 모르겠다
		20.3	47.9	14.5	9.1	8.2
학창시절 가정예배	정기적으로 드렸음	28.9	53.0	15.6	1.3	1.3
	비정기적으로 드렸음	15.5	48.4	13.8	15.2	7.1
	드리지 않았음	22	41.7	23.3	5.3	7.7

한국 교회탐구센터, 개신교인의 가족 신앙에 대한 조사(전국의 만 19세~59세 남녀 중 첫 교회 출석 시기가 초등학교 이전(미취학 시절)이며 현재 교회에 출석하고 있는 개신교인 1000명, 온라인조사, 2023.07.28.~08.11)

마찬가지로 자녀의 신앙 단계 역시 학창 시절에 정기적으로 가정예배를 드렸을수록 높게 나타났다. 자녀의 신앙 전망에 대해 물었을 때학창 시절에 정기적으로 가정예배를 드린 경우 '부모보다 더 신앙생활을 잘할 것 같다'와 '부모와 비슷하게 신앙생활을 할 것 같다'로 긍정적 전망이 더 많았다. 결국 학창 시절에 정기적으로 가정예배를 드린 경우 자신의 신앙뿐 아니라 자녀의 신앙에도 긍정적인 영향을 미치는 것으로 나타났다.

'한국 교회 트렌드 2025 조사'에서는 현재 교회 출석자를 기준으로 가정예배를 정기적으로 드리는 비율은 15.6%로 나타났다. 전 세대를 대상으로 하지 않더라도 청소년 이전 자녀를 둔 가정의 경우 가정예배나 대화식 큐티 나눔 등 가정 내 신앙 활동을 적극 권고하고 이에 대해 교육하는 것이 미래 한국 교회를 위해 중요한 과제라 하겠다.

신앙 전수의 어려움

"제 신앙이 약해 아이들 신앙교육은 엄두도 못냅니다. 그저 교회학교에 맡길 뿐입니다."

무엇보다 가장 큰 문제는 기독교 가정에서 신앙 전수가 점차 어려워지고 있다는 점이다. 한국 교회탐구센터 조사 결과에 따르면 10명 중 6명 정도(59.0%)만 자녀를 신앙으로 양육하기 위해 '노력하고 있다'(어느 정도＋매우)고 응답했는데, '매우 노력하고 있다'는 13.5%밖에 되지 않았다.[28] 그런데 자녀를 신앙으로 양육하는 데 가장 큰 걸림

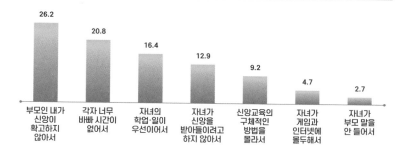

신앙적 양육의 걸림돌 (Base=자녀 신앙으로 양육하지 못하고 있음, N=230, %)

26.2 부모인 내가 신앙이 확고하지 않아서
20.8 각자 너무 바빠 시간이 없어서
16.4 자녀의 학업·일이 우선이어서
12.9 자녀가 신앙을 받아들이려고 하지 않아서
9.2 신앙교육의 구체적인 방법을 몰라서
4.7 자녀가 게임과 인터넷에 몰두해서
2.7 자녀가 부모 말을 안 들어서

한국 교회탐구센터, 개신교인의 가족 신앙에 대한 조사(전국의 만 19세~59세 남녀 중 첫 교회 출석 시기가 초등학교 이전(미취학 시절)이며 현재 교회에 출석하고 있는 개신교인 1000명, 온라인조사, 2023.07.28.~08.11)

돌은 '부모인 자신의 신앙'(26.2%)이 가장 컸다. 부모 자신의 신앙이 확고하지 못해 자녀를 신앙으로 양육하지 못한다는 것이다. 특히 40대에서 이런 응답이 가장 많이 나와 신앙 계승의 최전선 세대이자 교회의 허리인 40대 신앙이 약화됨으로 자녀의 신앙까지 어려움을 겪는 현상을 보이고 있다.

신앙 전수의 가장 큰 어려움은 자신의 신앙에 대한 확신이 없기 때문이다. 한국 교회탐구센터 조사의 응답자 대부분이 '삶에서 종교가 중요한 부분'(85.0%)이라고 응답했으나 79.8%만 주일 성수를 하려고 노력하고 있었다. 특히 부모의 신앙 형태를 비교해보면 대체로 어머니, 아버지, 자신 순서로 높게 평가했다. 곧 자신이 부모님의 신앙보다 낮은 신앙을 가지고 있다고 답한 것인데 상대적으로 신앙 열심이 부족한 아버지보다 자신을 더 낮게 평가했다.

현재 미성년인 자녀가 어른이 되어 가정을 꾸릴 경우, 부모의 신앙을 어느 정도 계승할 것인가를 묻자 각 자녀에게 다른 응답이 나왔

(자신 평가 : Base=전체, N=1000,
아버지 평가 : Base=아버지가 교회 출석자, N=451,
어머니 평가 : Base=어머니가 교회 출석자, N=739,
단위 : %)

신앙 형태 평가 (아버지 vs 어머니 vs 나, '그렇다'(약간+매우) 비율)

	삶에서 종교는 중요한 부분이다	무슨 일이 있어도 주일예배를 꼭 드리려고 한다	교회 봉사를 열심히 한다	전도를 많이 한다	십일조를 정기적으로 한다	성경을 문자 그대로 믿는 편이다	종교적 이유로 제사에 대해 부정적으로 생각한다	다른 종교에도 구원이 있다고 생각한다
아버지	77.9	79.4	71.5	52.3	76.0	63.9	59.6	23.1
어머니	89.6	89.3	86.1	71.6	83.9	77.9	70.1	17.8
나	85.0	79.8	50.5	23.1	56.2	69.3	67.0	26.1
나와 아버지의 차이	7.1	0.4	-21.0	-29.1	-19.8	5.4	7.5	2.9
나와 어머니의 차이	-4.6	-9.5	-35.6	-48.4	-27.7	-8.6	-3.0	8.2

한국 교회탐구센터, 개신교인의 가족 신앙에 대한 조사(전국의 만 19세~59세 남녀 중 첫 교회 출석 시기가 초등학교 이전(미취학 시절)이며 현재 교회에 출석하고 있는 개신교인 1000명, 온라인조사, 2023.07.28.~08.11)

다. 첫째 자녀는 '부모와 비슷하게 신앙생활을 할 것 같다'고 응답했고 둘째 자녀는 '부모의 신앙을 이어받겠지만 부모보다 못할 것 같다', 셋째 자녀는 '잘 모르겠다'는 응답이 나타났다. 전체적으로 '부모보다 신앙생활을 더 잘할 것 같다'는 응답은 출생 순위와 관계없이 20% 안팎에 그쳤고, 출생 순위가 낮을수록 신앙 계승이 잘 안 되거나 확신이 없다는 응답이 많았다. 자녀의 신앙 계승이 갈수록 쉽지 않을 것임을 예상케 한다.

응답자 10명 중 6명(60.7%)은 자녀의 신앙에 대해 '하나님을 구주로 섬기며 교회 출석도 잘하고 신실한 신앙생활을 하길 바란다'는 높은 기대를 가지고 있었다. '교회 출석만이라도 잘 하길 바라'거나, '교회에 나가지 않더라도 신앙심만 굳게 가지길 바라'는 다소 낮은 기대

미성년 자녀의 신앙 계승 정도

(Base=미성년 자녀 있음, N=539, %)

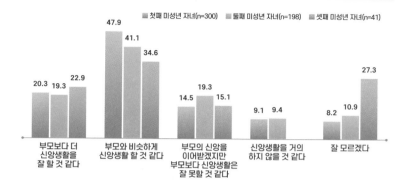

■ 첫째 미성년 자녀(n=300)　■ 둘째 미성년 자녀(n=198)　■ 셋째 미성년 자녀(n=41)

부모보다 더 신앙생활을 잘 할 것 같다	부모와 비슷하게 신앙생활 할 것 같다	부모의 신앙을 이어받겠지만 부모보다 신앙생활은 잘 못할 것 같다	신앙생활을 거의 하지 않을 것 같다	잘 모르겠다
20.3 / 19.3 / 22.9	47.9 / 41.1 / 34.6	14.5 / 19.3 / 15.1	9.1 / 9.4	8.2 / 10.9 / 27.3

한국 교회탐구센터, 개신교인의 가족 신앙에 대한 조사(전국의 만 19세~59세 남녀 중 첫 교회 출석 시기가 초등학교 이전(미취학 시절)이며 현재 교회에 출석하고 있는 개신교인 1000명, 온라인조사, 2023.07.28.~08.11)

자녀의 신앙에 대한 기대 정도

(Base=전체, N=1000, %)

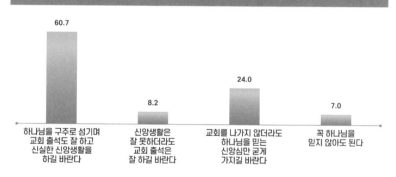

하나님을 구주로 섬기며 교회 출석도 잘 하고 신실한 신앙생활을 하길 바란다	신앙생활은 잘 못하더라도 교회 출석은 잘 하길 바란다	교회를 나가지 않더라도 하나님을 믿는 신앙심만 굳게 가지길 바란다	꼭 하나님을 믿지 않아도 된다
60.7	8.2	24.0	7.0

한국 교회탐구센터, 개신교인의 가족 신앙에 대한 조사(전국의 만 19세~59세 남녀 중 첫 교회 출석 시기가 초등학교 이전(미취학 시절)이며 현재 교회에 출석하고 있는 개신교인 1000명, 온라인조사, 2023.07.28.~08.11)

치는 3명 중 1명 꼴로 나타났다(32.2%). 특히 20~30대에서는 '교회 출석만이라도 잘 하길' 바라는 다소 낮은 기대가 상대적으로 높았다. 첫째 자녀 연령이 고등학생인 경우에는 '신앙심만이라도 굳게 가지길'

바라는 비율이 높아, 성장한 자녀를 신앙으로 교육하는 데서 겪는 어려움을 엿볼 수 있다.

가족 종교화의 밝은 면과 어두운 면

"고등학교 때까지만 교회에 나가 드릴 거예요."

"집에서 저 혼자 교회에 다닙니다. 교회에 오면 친구들은 모두 장로님 권사님 아들딸이네요. 좀 외롭습니다."

한국 교회에서는 가족 중심의 신앙생활을 강조하고 권면한다. 성경은 가족의 가치를 중시하고 돈독하고 화목한 가족 관계를 장려한다. 목회자 역시 교회에서 가족을 중시하고 가족 중심의 신앙생활을 강조한다. 실제로 '한국 교회 트렌드 2025 조사'에서 목회자 88.4%가 평소 가족 중심의 신앙생활을 강조한다고 응답했다.

확실히 가족 중심의 신앙생활은 많은 장점을 가지고 있다. 어릴 때부터 신앙생활을 하면서 부모로부터 적지 않은 영향을 받는데 '부모님이 나를 위해 늘 기도해주신다'(83.4%)는 생각이 많았고, '부모님이 내게 신앙의 본이 된다'(69.3%)고 답했다. 또 절반 정도의 응답자(49.7%)는 '신앙의 위기 때 부모님 때문에 신앙을 지켰다'고 응답했는데 이는 가족 중심 신앙생활의 장점이다.

반면 가족 중심의 신앙생활은 단점도 존재한다. 어렸을 때부터 부모의 영향으로 교회에 다닌 경우에는 이렇다 할 큰 신앙적 변화를 경

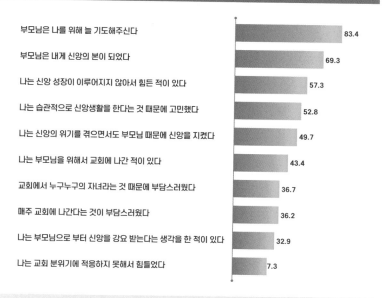

신앙생활하며 경험한 것　(Base=고등학교 졸업 이전 교회 출석한 자 중 부모님이 교회를 다니신 자, N=458, %)

부모님은 나를 위해 늘 기도해주신다	83.4
부모님은 내게 신앙의 본이 되었다	69.3
나는 신앙 성장이 이루어지지 않아서 힘든 적이 있다	57.3
나는 습관적으로 신앙생활을 한다는 것 때문에 고민했다	52.8
나는 신앙의 위기를 겪으면서도 부모님 때문에 신앙을 지켰다	49.7
나는 부모님을 위해서 교회에 나간 적이 있다	43.4
교회에서 누구누구의 자녀라는 것 때문에 부담스러웠다	36.7
매주 교회에 나간다는 것이 부담스러웠다	36.2
나는 부모님으로 부터 신앙을 강요 받는다는 생각을 한 적이 있다	32.9
나는 교회 분위기에 적응하지 못해서 힘들었다	7.3

목회데이터연구소, '한국 교회 트렌드 2025 조사'
(전국의 만 19세 이상 개신교인 교회출석자 1000명, 온라인조사, 2024.05.24.~06.03)

험하기가 쉽지 않다. 그래서 신앙 성장이 이루어지지 않아서 힘든 경험(57.3%)도 하고 습관적 신앙생활로 고민할(52.8%) 때도 적지 않다. 심지어 부모님을 위해 교회에 나가기도 하고(43.4%), 교회에서 누구의 자녀라는 것 때문에 부담스러운 느낌(36.7%)도 받는다.

　실제로 교회학교 교사들의 이야기를 들어보면 학생들이 부모에게 "제가 고등학교 때까지만 교회에 나가 드릴 거예요"라는 말을 곧잘 한다고 한다. 요즘에는 교회를 집에서 멀리 다니는 경우가 많기 때문에 대부분 부모의 차를 타고 교회에 오는데, 이것이 가족 단위로 교회 생활을 하는 중요한 이유가 되기도 한다. 그러다가 고등학교를 졸업하고 성인이 되면 자기가 다니고 싶은 교회로 옮기는 경우가 적지 않고 심지어 교회를 떠나 가나안 신자가 되기도 한다.

안산제일교회가 전국 기독 중고등학생들을 대상으로 실시한 조사에 따르면 졸업 후 청년부 활동을 할 의향이 있는지 물어보았는데 52.7%만 '있다'고 응답했다.[29] 어른이 된 후 교회에 다닐 의향도 물었는데 59.8%만 '그렇다'고 응답했고 17.2%는 '그만 다닐 것 같다'고 응답했다.[30]

'한국 교회 트렌드 2025 조사'에서는 부모님과 함께 신앙생활을 한 경우, 부정적인 영향에 대해 타율적 또는 습관적으로 신앙생활을 하게 된 것(61.2%)을 가장 많이 꼽았다. 이어 교회에서 남들의 시선 때문에 가식적인 모습을 보이게 될 때(48.2%)도 있다고 응답했다.

한편 가족이 없이 혼자 교회에 나와 신앙생활을 하면 이런저런 어려움을 겪기도 한다. 목회자들은 전체 성도들 가운데 가족이 없이 혼자 교회에 출석하는 사람이 40.3%라고 응답했다. 그런데 교회 규모가 클수록 가족 단위 출석자들이 더 많은 것으로 나타났다. 최근에는 소그룹의 유용성이 강조되면서 소그룹 활동도 가족 단위로 할 것을 권장하는 교회가 늘고 있다.

이처럼 혼자 교회에 출석하는 비율이 상당한 수준(40.3%)임에도 교회는 가족 중심으로 운영이 된다. 그러한 환경적 영향으로 인해 혼자 신앙생활을 하는 교인 4명 가운데 1명(25.6%)은 교회에서 소외감을 느낀다고 응답했다. 그리고 절반 이상이 교회에서 가족들끼리 같이 있는 모습을 보거나 신앙적으로 도움을 받지 못할 때, 가족 신앙을 강조하는 설교를 들을 때, 가족 중심의 교회 행사가 있을 때, 혼자 교회에 다

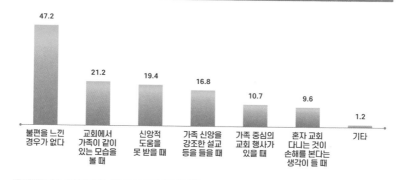

혼자 신앙생활할 때 불편함
(Base=혼자 신앙생활하는 자, N=82, %)

47.2 — 불편을 느낀 경우가 없다
21.2 — 교회에서 가족이 같이 있는 모습을 볼 때
19.4 — 신앙적 도움을 못 받을 때
16.8 — 가족 신앙을 강조한 설교 등을 들을 때
10.7 — 가족 중심의 교회 행사가 있을 때
9.6 — 혼자 교회 다니는 것이 손해를 본다는 생각이 들 때
1.2 — 기타

목회데이터연구소, '한국 교회 트렌드 2025 조사'
(전국의 만 19세 이상 개신교인 교회출석자 1000명, 온라인조사, 2024.05.24.~06.03)

니는 것이 손해를 보다는 생각이 들 때 불편함을 느낀다고 응답했다.

한편 교회를 떠난 사람들을 보면 교회를 떠났을 당시에 부모님 모두 교회에 안 다니고 있는 경우가 60.0%였다. 부모로부터 신앙교육을 받거나 교회생활에 대한 도움을 받지 못한 경우 교회를 떠날 가능성이 큰 것이다. 안산제일교회 조사에서도 이 점을 확인할 수 있다. 앞으로 청년부 활동을 할 의향이나 어른이 된 후 교회에 출석할 의향 모두 비기독교 가정의 학생들에서는 매우 낮게 나타났다.[31]

이는 결국 비기독교 가정 학생을 대상으로 한 신앙 양육이나 신앙적 도움이 사각지대에 있다는 것을 말해준다. 교회에서 기독교 가정에 초점을 맞추고 이들에게 관심을 쏟는 사이, 비기독교 가정에서 혼자 교회에 나오는 사람들은 점차 관심 밖으로 밀려나게 되고 교회를 떠나게 될 수도 있다는 사실을 암시한다.

트렌드 전망 및 시사점

한국 개신교의 가족 종교화 현상은 더욱 심화되고 있고 신앙 계승도 긍정적으로 보기가 어려운 상황이다. 그 이유 가운데 하나는 개신교 신앙이 전체적으로 약화하고 있으며 특히 어린 자녀를 두고 있는 3040세대의 신앙이 불안정하기 때문이다. 3040세대에 대한 조사에서도 이들의 신앙 단계가 대체로 낮고 교회 활동도 매우 저조하며 직분 의식도 약한 것으로 나타났다. 게다가 자신의 신앙에 대한 전망도 매우 비관적이었다. 부모의 신앙이 이렇게 불안정하다면 자녀의 신앙 교육도 제대로 이루어지기 힘들 것이다. 따라서 무엇보다 먼저 부모 세대의 신앙이 잘 정립되도록 도울 필요가 있다.[32]

그런데 자녀의 신앙생활에 가장 많이 영향을 주는 사람은 부모 중에서도 어머니였다. 그만큼 어머니 역할이 중요하다. 일반적으로 아버지보다는 어머니가 자녀들과 같이 있는 시간이 많고 대화도 많이 하기 때문에 이런 결과가 나오는 것은 자연스럽다고 할 수 있다. 그렇다고 해서 아버지가 신앙교육에 대한 책임이 적다고는 할 수 없다. 오히려 아버지가 자녀의 신앙교육에 더 적극적으로 참여할 필요가 있다.

일반적인 자녀교육에서도 아이들 교육은 어머니가 책임지고 아버지는 가족 부양을 위해 돈만 잘 벌어오면 된다는 식의 생각이 자녀교육을 잘못된 방향으로 끌어가고 있다. 흔히 자녀의 성공적인 뒷바라지를 위해 '할아버지의 경제력, 어머니의 정보력, 그리고 아버지의 무관심'이라고 하는 우스갯소리가 있지만, 이는 바람직한 기독교 가정교육의 모습이 아니다. 자녀교육에 대해 부모가 함께 의논해 교육관을 세우듯, 신앙교육에서도 아버지가 좀더 적극적으로 참여해 부모 공동 책임으로 인식할 필요가 있다.

신앙교육의 방식에 대해서도 재고해보아야 한다. 지나치게 강요하는 방식은 바람직하지 않다는 것이 조사 결과에서 나타났다. 이것은 가나안 성도들을 생각할 때 더욱 그러하다. 앞에서 언급한 한국 교회 탐구센터 조사는 교회 출석자들을 대상으로 한 것임에도 이런 결과가 나왔다. 교회를 떠난 가나안 성도들은 이 문제를 더 부정적으로 생각할 가능성이 큰 것이다. 기존 연구에서 가나안 성도들이 교회를 떠난 중요한 이유는 신앙에 대한 강요와 틀에 얽매이기 싫어하는 성향이었기 때문이다. 젊은 세대나 청소년들은 권위적이거나 강압적 방식의 교육을 더 기피할 것이기 때문에 자녀를 교육할 때 자율적으로 판단하도록 하되, 부모가 먼저 신앙의 본을 모습을 보이는 것이 가장 효과적이라고 할 수 있겠다.

통계 조사에서는 어릴 때 가정예배를 드리는 것이 장성한 후 신앙을 유지하는데 긍정적인 영향을 미치는 것으로 나타났다. 따라서 교회에서는 성도들이 가정예배를 잘 드릴 수 있도록 권면하고 지원할 필요가 있다. 그런데 가정예배 형태에 대해서는 다양한 방식으로 접근할 필요가 있다. 설문 조사에서는 일반적인 예배 형태로 가정예배를 드린다는 응답은 절반도 되지 않았고, QT 나눔 형태나 대화식으로 한다는 응답이 과반을 차지했다. 특히 신앙 수준 4단계에서 QT 나눔 형태로 드린다는 응답이 많았다. 예배는 그 자체로 의미가 있으나 자칫 형식적인 예배로 끝날 우려가 있기에, 자신의 신앙과 삶을 나누는 방식으로 하면 보다 깊이 있는 신앙적 대화가 이루어질 수 있을 것이다. 이러한 신앙적 대화를 통해 자연스럽게 신앙교육도 이루어질 수 있겠다.

무엇보다 자녀교육을 위한 교회의 지원이 절실하다. 3040세대가 자녀가 생기고 나서 특히 신앙이 약해지고 있는 것으로 나타났는데, 자녀가 성장하면서 신앙교육을 하는 데 어려움을 겪고 있는 것으로 보인다. 출석 교회에서 가족 신앙 활동을 위한 자료를 제공한 비율은 10개 교회 중 6개 정도로 많지 않은 것으로 나타났다. 게다가 가족 신앙 활동 자료를 제공하더라도 활용법에 대한 교육을 진행하는 비율은 절반 정도(54.3%)에 불과했다. 전체 기준으로 환산하면 한국 교회 32%만이 가족 신앙 활동 자료를 제공하고 있는 셈이다. 따라서 가정과 삶 속에서 신앙 활동이 지속될 수 있도록 더 많은 교회들이 자료 제공과 교육에 나서야 할 것으로 보인다.

특히 자녀가 생기고 성장할수록 겪는 갈등도 많아지며 이로 인한 가정 내 종교 갈등이 심화되는 것으로 나타나기에, 자녀 유무별, 자녀 연령별 맞춤 지원이 필요하다. 최근 교회교육이 약화되면서 자녀 교육의 일차적 책임이 부모에게 있다는 것이 다시금 강조되고 있는데, 정작 부모들에게 신앙 안에서 자녀교육을 어떻게 해야 하는지에 대한 안내나 교육은 태부족인 상황이다. 자녀교육은 곧 교회의 미래와도 직결되는 문제이므로 교계는 문제의 심각성을 깨닫고 적절한 대안을 마련해야 할 것이다. 이는 결국 부모 교육으로 귀결되는데 부모 교육을 통해 부모 신앙을 강화함으로써 자연스럽게 자녀교육으로 연결되도록 해야 한다.

마지막으로 지나치게 혈연을 중심으로 하는 삶의 방식은 올바른 기독교인의 태도라고 볼 수 없다는 것이다. 이번 '한국 교회 트렌드 2025 조사' 결과 현재 교회 출석자 중 가족 없이 혼자 교회에 출석하는 사람은 무려 40.3%에 달하고 있다. 교회가 가족 중심의 신앙을 강조하는 것과 달리 가족 없이 혼자 교회에 나오는 성도들은 가족 중심의 교회 분위기가 불편한 것이다.

What's Next?
교회 안에서조차 가족을 중심으로 혈연만을 강조한다면 비기독교 가족에 속한 사람들은 소외될 수밖에 없다. 혈연에 기초한 가족주의나 지연을 기반으로 한 유사 가족주의가 아니라 신앙 공동체 안에서 기독교 정신에 바탕을 둔 새로운 가족을 형성해야 한다.

교회 안에서조차 가족을 중심으로 혈연만을 강조한다면 비기독교 가족에 속한 사람들은 소외될 수밖에 없다. 혈연에 기초한 가족주의나 지연을 기반으로 한 유사 가족주의가 아니라 신앙 공동체 안에서 기독교 정신에 바탕을 둔 새로운 가족을 형성해야 한다. 최근 비혼, 이혼, 재혼, 한부모, 조손 가족 등 비정형 가족이 크게 늘고 있는데 이런 사람들에게 교회는 가족이 돼줘야 한다.

06
Spiritual
Gen Z

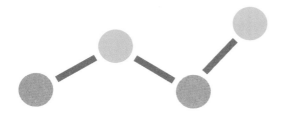

스피리추얼 Z세대

Z세대는 1995년 이후 출생한 소위 20대 청년들을 지칭한다. 이들은 디지털 네이티브로 인터넷과 스마트폰 등 디지털 기술에 익숙한 세대이다. 디지털 환경에서 자라나 다양한 문화와 종교를 접하며 성장했다. Z세대는 대한민국 인구 전체의 13.8%를 차지하며 전 세계 소비자의 40%를 구성한다. 이들의 특성을 이해하는 것은 경제, 사회, 종교 등 여러 분야에서 중요하다. Z세대는 공정하지 않은 사회와 미래의 경제적 풍요에 대해 비관적이며 '나' 중심의 행복을 추구한다. 이들은 디지털을 통해 사회문제와 이슈를 접하고 착한 소비와 독특한 경험에 관심이 많다. 취미 활동, 일, 진로 고민, 자아 성찰 등에 많은 시간을 투자한다.

한편 크리스천 Z세대는 신앙생활을 중시하며 디지털 매체를 통해 신앙적인 자료에 접근하고 교회와 사회적 가치관을 조화시키려 한다. 스피리추얼 Z세대인 것이다. 그들은 인생에서 행복한 가정, 건강, 신앙생활, 경제적 부를 중요하게 여긴다. 주요 고민으로 진로와 연애, 결혼이 있으며, 고민 해결 방법으로는 혼자 해결, 기도, 친구와 상의 순으로 나타났다. 신앙적 방법보다 개인적 방법으로 고민을 해결하려 한다.

교회 내 이성 교제는 신중하게 해야 한다는 의견이 많고 결혼에 긍정적이며 자녀 계획도 적극적이다. 처음 교회에 나온 시기는 대부분 초등학교 이전이며 신앙생활에 가장 영향을 준 사람은 어머니였다. 교회 활동에서 교제와 소그룹 활동의 중요성을 높게 평가한다. 목회자 및 어른에게 실망한 경험이 많고 위선적인 모습에 가장 실망한다. Z세대는 오프라인 예배를 선호하며 교회는 이에 따라 Z세대 의견 수용, 수평적 의사소통, 전통적 예배 형식의 변화에 중점을 두어야 한다.

Z세대와의 소통을 위해서는 이들의 특성과 관심사를 이해하고 존중하는 것이 필요하다. 첫째, 경청과 공감이 중요하다. 둘째, 디지털 기술을 활용해 소통해야 한다. 셋째, 멘토링과 관계 구축을 통해 개인적 관계를 형성해야 한다. 넷째, 투명성과 진정성을 유지해야 한다. 다섯째, 다양성과 포용성을 강조해야 한다.

"이걸요? 제가요? 왜요?"

이 세 가지 질문은 소위 Z세대가 가장 많이 한다는 질문 3종 세트다. 이런 질문을 Z세대에게서 받은 기성세대는 대체로 황당하고 말문이 막힌다. 도대체 이런 질문을 습관적으로 하는 Z세대는 어떤 존재인가? 달나라에서 온 외계인인가? 기성세대는 앞으로 Z세대를 어떻게 대하고 어떻게 살아가야 하는지, 기대보다는 걱정이 많다.

'Z'는 알파벳의 마지막 글자로 '20세기에 태어난 마지막 세대'를 뜻한다. 그들의 부모 세대는 X세대로 불리는데 도무지 알 수 없는 세대라는 의미의 미지수 'X'를 사용해 명명됐다. 이후 세대는 알파벳 순서대로 Y, Z세대로 부르게 됐다. Z세대는 Y세대(밀레니얼)의 뒤를 잇는 인구집단이다. Z세대에 대한 명확한 세대 구분에 대해 아직까지 통일된 의견은 없으나 일반적으로 1990년대 중반에서 2000년대 중반까지 출생한 세대를 Z세대로 분류한다.

그렇다면 우리는 왜 Z세대에게 관심을 가져야 하는 것일까? 첫째, 경제, 사회, 종교에 미치는 이들의 영향력이 점점 막강해지고 있기 때문이다. 2024년 6월 기준으로 Z세대에 해당하는 만 19~29세(1995년~2005년생) 인구는 약 652만 명으로 전체 인구의 12.7%를 차지한다.[1] 이전 세대보다 아직까지 수적인 규모는 작지만 사회 전반에 미치게 될 영향력은 상당하다.

맥킨지앤컴퍼니(McKinsey & Company)에 따르면 Z세대는 현재 전 세계 소비자의 40%를 차지하고 있는 것으로 나타났다. Z세대가 주력 소비 세대로 부상하고 있다는 증거다. 따라서 이들의 특성을 파악

세대 분리	베이비붐 세대	X세대	밀레니얼 세대(Y세대)	Z세대
출생 연도	1950~1964년	1965~1979년	1980~1994년	1995년 이후
인구 비중	28.9%	24.5%	21%	15.9%
미디어 이용	아날로그 중심	디지털 이주민	디지털 유목민	디지털 네이티브
성향	전후 세대, 이념적	물질주의, 경쟁사회	세계화, 경험주의	현실주의, 윤리 중시

통계청·맥킨지코리아, 그래픽=콘텐타
세대 구분의 기준은 국가별, 문헌별 차이를 보임

하는 일은 기업이나 조직에서 무척 중요한 작업이 되었으며 교회도 예
외는 아니다. Z세대가 교회의 청년세대를 차지하게 됨으로써 이제 명
실상부한 교회의 다음 미래는 이들 Z세대에게 달려 있다고 해도 과언
이 아니다. 현재 교회의 중장년 세대를 이어 향후 교회의 중심이 되어
야 할 계층이 바로 Z세대이다.

둘째, Z세대가 그 이전 세대와 다른 특성을 보이기 때문이다. Z세
대가 다른 세대와 가장 크게 다른 점은 태어나면서부터 디지털 환경
에 놓인 디지털 네이티브라는 점이다. 밀레니얼 세대가 청소년 때부
터 인터넷을 사용해 아날로그와 디지털을 모두 접한 세대라면, Z세대
는 아날로그 환경을 체험조차 못한 최초의 세대이다. 세계를 인식하
는 방법과 시공간 개념이 기존 세대와 다른 세대[2]이며, 온라인 콘텐츠
를 소비할 뿐 아니라 유튜브와 같은 비디오 콘텐츠 제작이 자연스러
운 세대이기도 하다.

지구가 사람들이 버린 쓰레기 더미와 공해 물질로 오염되고, 모피

와 가죽 생산을 위해 동물들이 죽어가는 과정을 텍스트가 아닌 생생한 동영상으로 보고 자란 Z세대는 디지털을 통해 사회문제와 이슈를 다양하게 접하고 인식해왔다. 실제 코로나19 팬데믹 기간 동안에도 Z세대들은 학교 수업도 교회 예배도 모두 온라인으로 참여해야 했으며, 대면 관계보다는 비대면이 훨씬 익숙하고 편한 성향을 가지고 있다. Z세대의 이런 특성들은 한편으로 오프라인과 체험을 선망하는 경향을 가져오기도 한다.

한 연구 조사 결과[3]를 보면 Z세대의 또 다른 특징을 발견한다. 그들은 현재 우리 사회가 공정하지 않다고 생각하고, 자신들의 향후 경제적 풍요를 비관적으로 예측하고 있으며, 철저하게 '나' 중심의 행복을 최우선 가치로 추구하는 성향을 보인다는 점이다. 다양성을 존중하고 사회적 약자나 소수자를 차별하지 않으며, 착한 소비와 윤리 소비에 대한 높은 관심도를 보여 자신의 소신이나 가치관과 맞으면 다소 비싼 물건이라도 기꺼이 구매하는 성향이 나타난다[4] 또한 Z세대에게 독특한 체험과 경험, 재미는 이들의 삶에서 상당히 중요한 기준으로 작용한다. 그래서 온라인에 갇혀 있기보다는 다양한 오프라인에서 체험과 재미를 추구한다. 한편 스마트폰은 단순한 기기 이상의 필수 아이템으로 Z세대 생활의 일부분이 되었고, SNS 활동도 이들에게는 필수적인 디지털 라이프 중 하나이다.

우리는 기존 세대와 차별화된 특성과 성향을 가진 Z세대를 잘 이해함으로써 이들과 소통하고 한 공동체 안에서 더 크고 멋진 미래를 계획할 수 있게 될 것이다.

등장 배경

1. Z세대의 형성

"친구들과는 인스타로 연락해요. 아침에 눈뜨자마자 DM부터 보내요."

Z세대가 등장하고 형성된 주요 배경은 다음과 같이 요약할 수 있다. 첫째, 디지털 네이티브다. Z세대는 태어날 때부터 인터넷, 스마트폰, SNS 등의 디지털 기술과 함께 성장했다. 이로 인해 이들은 정보 접근이 용이하고, 디지털 플랫폼을 통해 다양한 종교적 콘텐츠에 노출되고 있다. 동시에 안티기독교 정보도 기존 세대보다 훨씬 많이 접하고 있기도 하다. 《한국 교회 트렌드 2024》에 나오는 인터넷과 온라인을 달고 사는 청소년을 가리키는 '밈 제너레이션'(Meme Generation)[5]도 결국 Z세대와 동일한 세대로 볼 수 있다.

둘째, 다양한 문화적 영향이다. Z세대는 글로벌화와 함께 다양한 문화와 종교에 대한 이해와 수용이 커졌다. 특히 인터넷으로 전 세계가 하나가 됨으로써 Z세대는 다양한 문화와 종교를 접하게 되었고, 이를 통해 기존 세대와는 다른 교양과 종교의식을 갖게 되었다. 특히 서구식 가치관의 무분별한 유입은 이들의 의식에 큰 영향을 미치고 있다.

셋째, 가족 및 사회적 환경이다. 크리스천 Z세대는 대부분 기독교 신앙을 가진 부모나 가정 환경에서 자라났다. 부모의 신앙과 교회 활동은 이들이 크리스천으로 성장하는데 큰 영향을 끼쳤다. 한편 Z세대 가운데 기독교에 대한 인기 감소는 이들의 신앙에 부정적 영향을 크게 미치고 있다.

넷째, 사회적 이슈와 가치관이다. Z세대는 사회적 정의, 환경 보호, 인권 등 다양한 사회적 이슈에 관심이 많다. 최근 다양성과 포용성이 주요한 사회적 이슈로 등장하고 있는데[6], 기독교의 가르침 중 일부는 이러한 사회적 이슈와 맞닿아 있으며, 이로 인해 크리스천 Z세대는 신앙을 통해 사회적 이슈와 관련된 자신의 가치관을 형성하고 실천하고자 한다. 이들이 교회의 사회적 역할에 대해서도 이전 세대보다 높은 관심을 보이는 것은 이 때문이다.

크리스천 Z세대는 디지털 환경에서 자라면서 다양한 문화적, 사회적, 교육적 영향을 받으며 성장했다. 이런 배경은 크리스천 Z세대가 더 개방적이고 사회적 의식을 가진 신앙인으로 성장하는 데 중요한 역할을 해왔으며, 향후 이들이 중장년이 되었을 때 지금의 기성세대와는 상당히 다른 모습을 교회와 사회에서 보여줄 것을 예고하고 있다.

크리스천 Gen Z
(Christian Gen Z)

크리스천 Z세대는 자신의 신앙적 신념을 사회적 정체성과 융합시키는 경향이 있다. 즉 그들은 자신이 속한 사회적 그룹의 가치관과 신앙적 신념을 조화시키기 위해 노력한다. 또한 종교적인 관점에서 다양성과 포용성을 중요시하는 경향도 있다.

2. Z세대의 관심사와 감정

"야근이라뇨? 칼퇴해서 헬스장 가야죠. 내 몸은 소중하니까요."

"주식 투자 공부 모임에 가입했어요. 주식 투자는 게임 같아요."

크리스천 Z세대는 일반적인 Z세대와는 달리 신앙생활을 중시하며 디지털 매체를 통해 신앙적인 자료에 접근하고 교회와 사회적 가치관을 조화시키려 하며 행복한 가정, 건강, 신앙생활, 경제적 부를 중요하게 여긴다.

최근 Z세대에 관해 심층 연구를 한 연구 결과를[7]보면 Z세대가 요즘 가장 많은 시간을 쓰는 활동으로는 취미(44.6%), 일(43.6%), 진로 고민(35.6%), 자아 성찰(28.7%), 취업 준비(28.7%)로 나타났다. 이 중에서 회사에 다니고 있는 Z세대는 역시 일과 취미 활동에 큰 관심을 가지며 아직 미취업 상태인 Z세대는 진로 고민, 자아 성찰에 상대적으로 더 시간을 가지는 것으로 나타났다.

이는 요즘 Z세대가 시간과 에너지를 가장 많이 투자하고 있는 관심사가 무엇인지를 잘 보여주고 있다. 요약하면 Z세대는 일과 취미 활동을 균형 있게 병행하는가 하면, 미래를 위한 진로와 성찰에도 노력하는 것을 알 수 있다. 현재의 삶에 최선을 다하면서도 미래를 위한 투자도 소홀히 하지 않는 열정과 청년들이 바로 Z세대인 것이다.

같은 연구 결과에서는 Z세대가 요즘 가장 많이 느끼고 있는 감정으로는 감사한(49.5%), 걱정되는(44%), 즐거운(34%), 기대되는(33%), 막막한(29%), 불안한(27%) 순으로 나타났다.[8] Z세대는 크고 작은 성취에 대한 감사의 감정을 가지고 있고, 정해지지 않은 불안한 미래와 취업에 대해 걱정하고 있으며, 목표를 발견하고 도전하는 과정 속에서 즐거운 감정을, 미래에 대한 상상으로 기대하는 감정을, 미래의 방향성과 취업난으로 인해 막막하고 불안한 감정을 느끼고 있다.

이러한 감정들 너머 이야기를 정리해보면 Z세대에게 긍정적 감정을 불러일으키는 것은 성취, 명확한 방향성 설정, 성장, 휴식, 여유, 긍정적 인간관계 등이며 부정적 감정을 불러일으키는 것은 미래의 불확실성, 방향성 상실, 타인과의 비교, 나만 멈춰진 듯한 느낌, 취업난, 관계 단절, 체력 소진 등이라 할 수 있다.

3. 크리스천 Z세대의 특징

그런데 크리스천 Z세대는 일반적인 Z세대와는 좀 다른 특성을 보인다. 크리스천 Z세대는 일반적인 Z세대와 공통점과 동시에 차이점을 가지기 때문이다.

먼저 크리스천 Z세대는 일반적인 Z세대와 달리 자신의 종교적 신념을 중시하며 그에 따른 실천을 중요시한다. 또 교회와의 연결을 중시하며 활발히 참여한다. 이는 예배 참석, 성경공부, 청년 그룹 활동 등을 포함한다. 크리스천 Z세대는 디지털 매체를 통해 신앙적인 자료나 공동체에 접근하는 경향이 강하다. 예를 들어 온라인 예배, 디지털 성경공부 등은 일반적인 Z세대의 디지털 활동과의 차이점이다.

크리스천 Z세대는 자신의 신앙적 신념을 사회적 정체성과 융합시키는 경향이 있다. 즉 그들은 자신이 속한 사회적 그룹의 가치관과 신앙적 신념을 조화시키기 위해 노력한다. 또한 종교적인 관점에서 다양성과 포용성을 중요시하는 경향도 있다. 이러한 크리스천 Z세대는 태도와 접근 방식에서 일반 Z세대와 차이를 보인다.

이렇게 크리스천 Z세대는 일반적인 Z세대와 다른 주요 특성들이 있다. 따라서 교회와 기독교 공동체에서는 이들의 신앙적 실천과 관심사를 이해하고 그들과의 상호작용에서 그들의 차이를 존중하고 배려하는 것이 중요할 것이다.

크리스천 Z세대의 가치관과 신앙

1. Z세대의 가치관과 결혼관

"돈보다 가정과 건강이 더 중요해요."

"사귄 지 1년 됐는데 취직만 하면 바로 결혼하고 싶네요."

'한국 교회 트렌드 2025 조사'에서는 크리스천 Z세대에게 인생에서 가장 중요하게 생각하는 것이 무엇인지 물었다. 이에 대해 '행복한 가정', '개인적 건강', '신앙생활', '경제적 부' 순으로 나타났다. 가정과 건강 등의 개인적 가치를 물질적이며 경제적 가치보다 더 중요하게 생각하는 것으로 나타났다. 특히 신앙생활에 대해서는 응답 1순위 기

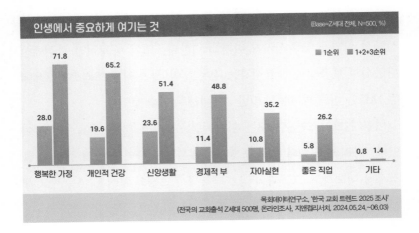

목회데이터연구소, '한국 교회 트렌드 2025 조사'
(전국의 교회출석 Z세대 500명, 온라인조사, 지앤컴리서치, 2024.05.24.~06.03)

준으로 19~24세(15.9%)에 비해 25~29세(28.5%)가 상대적으로 훨씬 더 중요하다고 응답해, 20대 후반으로 갈수록 신앙생활에 대해 더 높게 인식하는 것을 알 수 있었다. 이는 크리스천 Z세대의 인생에 대한 가치관이 올바르고 균형 있게 형성돼 있음을 나타내는 결과로 판단할 수 있다.

가장 큰 고민이 무엇이냐를 물었을 때는 크리스천 Z세대와 목회자의 응답은 다소 상이한 결과를 보여주었다. 목회자들은 진로 취업이 절대 다수를 차지할 것으로 예상하면서(74.4%) 그다음으로 신앙생활(11.0%) 연예 결혼(6.6%) 순으로 예상했으나, 실제 Z세대들은 진로(취업)를 가장 크게 지목하긴 했으나(50.4%) 2순위로 연예 결혼을 상당한 비중으로 응답했다(22.0%). 특히 25~29세는 28.9%를 차지할 정도로 그 비중이 높았다. 이는 최근 비혼과 만혼이 증가하고 있는 시대적 상황 속에서 크리스천 Z세대들이 이성 교제와 결혼에 대한 고민과 관심이 매우 높음을 알 수 있다. 따라서 향후 교회에서 결혼관과

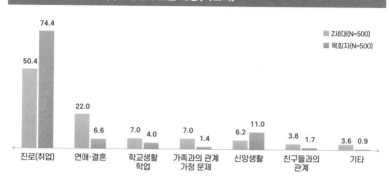

목회데이타연구소, '한국 교회 트렌드 2025 조사'
(전국의 교회출석 Z세대 500명, 전국의 교회 담임목사 500명, 모바일조사, 지앤컴리서치, 2024.05.23.~06.03)

이성 교제에 대한 바른 가치관 교육이 더 많이 제공될 필요가 있으며, 목회자와 장년 세대의 관심과 지원이 필요해보인다.

크리스천 Z세대가 고민이 있을 때 해결하는 방법으로는 '혼자서 해결한다'(25.4%), '기도한다'(23.0%), '친구 선후배와 상의한다'(22.0%), '부모님께 이야기한다'(14.8%), '목회자에게 상담받는다'(5.0%) 순으로 나타났다. 그런데 고민 해결 방법 중에서 신앙적 차원으로 볼 수 있는 '기도한다'와 '목회자에게 상담받는다'는 둘을 합쳐 30% 미만으로 나타났고, 대부분은 혼자서 해결하거나 가족이나 친구들과 상의하는 것으로 나타났다. 이는 크리스천 Z세대가 고민이 있을 때 신앙적 방법으로 해결하기보다는 개인적으로, 혹은 지인이나 부모님을 통해 해결하는 것이 일반적이라는 것을 알 수 있다. 이는 향후 교회 내 다양한 공동체와 관계 속에서 Z세대들이 신앙적으로 문제를 해결하는 비중이 높아질 수 있도록 관심과 지도가 필요하다는 것을 시사하고

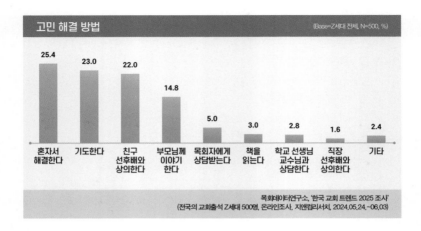

고민 해결 방법
(Base=Z세대 전체, N=500, %)

- 혼자서 해결한다 25.4
- 기도한다 23.0
- 친구 선후배와 상의한다 22.0
- 부모님께 이야기 한다 14.8
- 목회자에게 상담받는다 5.0
- 책을 읽는다 3.0
- 학교 선생님 교수님과 상담한다 2.8
- 직장 선후배와 상의한다 1.6
- 기타 2.4

목회데이터연구소, '한국 교회 트렌드 2025 조사'
(전국의 교회출석 Z세대 500명, 온라인조사, 지앤컴리서치, 2024.05.24.~06.03)

있다.

교회 내 이성 교제에 대해 Z세대들은 '신중하게 해야 한다'(54.6%)가 '자유롭게 해도 된다'(39.4%)보다 높게 나타났다. 하지만 Z세대 남성들은 이 두 가지에 대해 거의 비슷한 비율(신중해야 한다 48.5%, 자유롭게 해도 된다 47.5%)로 응답함으로써 교회 내 이성 교제에 대해 좀 더 관대한 것으로 나타났다.

기독교인의 혼전 순결에 대해서는 '찬성'과 '매우 찬성'을 합쳐 44.0%로 나타났는데 '반대'와 '매우 반대'를 합친 25.0%보다 훨씬 높게 나타났지만, '잘 모르겠다'는 응답도 31.0%나 돼 Z세대들이 이에 대해 분명한 가치관이 정립되지 않았다는 것을 알 수 있다.

기독교인을 대상으로 한국기독교목회자협의회에서 실시한 조사[9]에 따르면, 20대의 혼전 성관계 허용 인식에 대해 (상황에 따라 가능＋해도 된다)가 70.6%로 조사돼 혼전 성관계에 대해 매우 관대한 결과가 나오기도 했다. 따라서 혼전 순결에 대해서는 Z세대들의 생각이 점점

더 관대해지는 경향이 있다고 판단해볼 수 있다.

향후 결혼할 의향을 물었을 때는 '있음'(어느 정도 + 매우) 응답이 86.1%로 절대적으로 높게 나타났는데, 이는 일반국민을 대상으로 한 조사 결과에서[10] 18~29세의 결혼 의향이 있다(59%)고 답한 것과 비교하면 상당히 높은 결과였다. 크리스천 Z세대의 결혼에 대한 긍정적 생각과 적극적 의지를 확인할 수 있었다.

결혼을 한다면 자녀는 몇 명을 계획하느냐는 물음에 대해서는 '2명'이 52.6%로 다수를 차지했고, '1명'(16.2%), '3명 이상'(10.8%), '0명'(4.4%), '아직 모르겠다'(16.2%)로 각각 나타났다. 전반적으로 크리스천 Z세대들의 자녀 계획은 요즘 한국의 출산율 저하 경향을 고려하면 더 적극적인 것으로 보이며, 믿음 안에서 가정을 이루고 자녀를 출산하는 것의 중요성을 대체로 긍정적으로 인식하고 있는 것으로 분석된다.

장래 배우자의 신앙 유무에 대해서는 '기독교 신앙을 가진 사람과

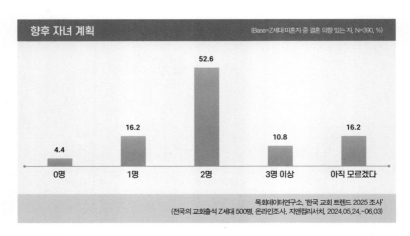

향후 자녀 계획 (Base=Z세대 미혼자 중 결혼 의향 있는 자, N=390, %)

0명	1명	2명	3명 이상	아직 모르겠다
4.4	16.2	52.6	10.8	16.2

목회데이터연구소, '한국 교회 트렌드 2025 조사'
(전국의 교회출석 Z세대 500명, 온라인조사, 지앤컴리서치, 2024.05.24.~06.03)

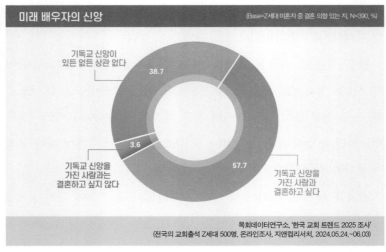

미래 배우자의 신앙 (Base=Z세대 미혼자 중 결혼 의향 있는 자, N=390, %)

기독교 신앙이 있든 없든 상관 없다 38.7

기독교 신앙을 가진 사람과는 결혼하고 싶지 않다 3.6

기독교 신앙을 가진 사람과 결혼하고 싶다 57.7

목회데이터연구소, '한국 교회 트렌드 2025 조사'
(전국의 교회출석 Z세대 500명, 온라인조사, 지앤컴리서치, 2024.05.24.~06.03)

결혼하고 싶다'가 57.7%, '기독교 신앙 유무에 상관 없다'가 38.7%
로 나타나 동일한 신앙관을 가진 사람과의 결혼을 보다 선호하는
것으로 나타났다. 이러한 비중은 특히 25~29세에서 '기독교 신앙인
과 결혼'(65.0%), '신앙과 무관'(31.6%) 등과 더 큰 차이를 보였으나

19~24세에서는 각각 46.8%, 49.4%를 보이며 차이가 거의 없는 것으로 나타나, 20대 전반과 20대 후반 간에 배우자 신앙 유무에 대한 인식차가 존재함을 알 수 있었다.

2. Z세대의 교회에 대한 생각과 신앙관

"부모님 따라 교회에 나왔어요. 엄마의 기도가 큰 힘입니다."

"교회에선 마음 터놓고 얘기할 친구가 없네요."

먼저 만 19~34세 크리스천 청년을 대상으로 한 한국기독교사회문제연구원 조사[11]를 살펴보자. 신앙생활의 이유를 묻는 질문에 대해 '마음의 평안'(28.1%)이 가장 많았고 '구원'(22.2%), '가족 때문'(18.5%) 순으로 집계됐다. 종교 활동의 본질적 이유로 꼽히는 '구원'이 2순위로 선택된 것이 흥미로운데 이는 Z세대가 아직은 신앙의 본질도 중요하지만 개인적 이유로 교회에 출석하는 경우가 많음을 의미한다고 볼 수 있다.

한편 신앙생활의 이유에 대한 답변에서는 교회에 출석하고 있는 청년과 교회를 떠난 청년(소위 가나안 성도) 사이에 유의미한 차이를 보였다. '마음의 평안'을 선택한 경우는 교회에 출석하고 있는 청년이 24.2%인 반면, 교회를 떠난 청년은 40.4%로 집계되었다. 반면 '구원'을 신앙생활의 이유로 선택한 경우는 교회에 출석하고 있는 청년이 25.5%, 교회를 떠난 청년이 11.7%로 나타났다. 이는 청년들이 교회

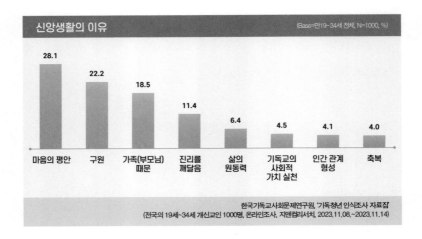

신앙생활의 이유   (Base=만19~34세 전체, N=1000, %)

마음의 평안 28.1
구원 22.2
가족(부모님) 때문 18.5
진리를 깨달음 11.4
삶의 원동력 6.4
기독교의 사회적 가치 실천 4.5
인간 관계 형성 4.1
축복 4.0

한국기독교사회문제연구원, '기독청년 인식조사 자료집'
(전국의 19세~34세 개신교인 1000명, 온라인조사, 지앤컴리서치, 2023.11.08.~2023.11.14)

를 떠나는 이유를 간접적으로 이해할 수 있다. 즉 교회를 떠난 청년들은 신앙보다는 마음의 문제를 더 중요하게 생각하고 있으며 그것이 교회에서 충족되지 않을 때 교회를 떠나게 된다는 것이다.

Z세대가 교회를 처음 나오게 된 시기는 '모태신앙'이 56.0%로 가장 많았으며, '초등학교 이전'을 모두 합하면 84.4%로 나타나 대부분 초등학교 이전에 처음 신앙을 가지게 되는 것으로 나타났다. 또 Z세대가 교회에 나오게 된 계기로는 모태신앙이 가장 많았고(56.0%) 친구/지인의 전도(17.4%), 부모님을 따라서(15.8%) 등의 순으로 나타났다. 결국 부모님의 영향으로 교회에 출석하게 된 것이 신앙을 가지게 된 가장 큰 원인임을 알 수 있다.

신앙생활에 가장 영향을 많이 준 사람도 '어머니'(43.8%)였으며 다음으로 '교회 친구'(15.2%), '아버지'(10.6%), '목회자'(7.4%), '교회 선후배'(7.0%), '교회 선생님'(6.2%) 순이었다. 신앙에 있어서도 부모님, 특히 어머니의 영향이 매우 큼을 다시 한번 확인할 수 있고 교회 친구,

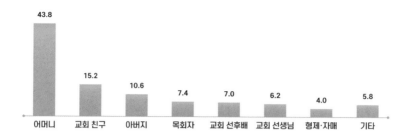

신앙생활에 영향을 준 사람 (Base=Z세대 전체, N=500, %)

43.8 어머니
15.2 교회 친구
10.6 아버지
7.4 목회자
7.0 교회 선후배
6.2 교회 선생님
4.0 형제·자매
5.8 기타

목회데이터연구소, '한국 교회 트렌드 2025 조사'
(전국의 교회출석 Z세대 500명, 온라인조사, 지앤컴리서치, 2024.05.24.~06.03)

목회자, 교회 선생님 등의 영향도 일부 있었다. 이는 가정의 신앙교육
이 얼마나 중요한지를 다시 인식할 수 있는 대목이다. 향후 부모의
자녀에 대한 올바른 신앙교육에 대해 더 많은 교육과 강조가 필요함
을 잘 보여준다.

교회 활동 가운데 신앙 성장에 가장 도움이 되는 것으로는 '예배
와 설교'(35.2%), '교회 친구들과의 관계/교제'(22.8%), '수련회 혹은
MT'(13.8%), '소그룹 성경공부 및 나눔'(13.6%) 순으로 나타났다. 크
리스천 Z세대는 예상보다 훨씬 더 예배와 설교를 중시하고 있음을 확
인할 수 있다. 교회 내 다양한 교제와 소그룹 활동들의 중요성도 확
인할 수 있다. 특히 19~24세에서는 예배와 설교(29.7%)와 함께 수련
회 혹은 MT(20.0%)가 가장 중요했는데, 25~29세에서는 예배와 설교
(38.7%)가 수련회 혹은 MT(9.8%)보다 훨씬 중요한 것으로 나타났다.
이는 향후 교회 내에서 대학부와 청년부 등 연령대별로 공동체를 운영
하는 경우 각 그룹별로 다른 적용과 실천이 필요한 것으로 보인다.

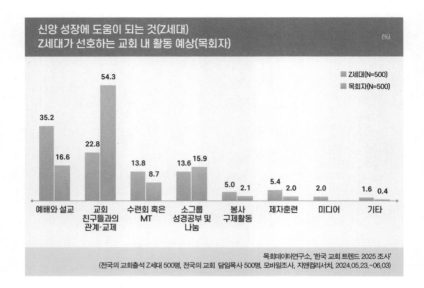

신앙 성장에 도움이 되는 것(Z세대)
Z세대가 선호하는 교회 내 활동 예상(목회자)
(%)

■ Z세대(N=500)
■ 목회자(N=500)

항목	Z세대	목회자
예배와 설교	35.2	16.6
교회 친구들과의 관계·교제	22.8	54.3
수련회 혹은 MT	13.8	8.7
소그룹 성경공부 및 나눔	13.6	15.9
봉사 구제활동	5.0	2.1
제자훈련	5.4	2.0
미디어	2.0	
기타	1.6	0.4

목회데이터연구소, '한국 교회 트렌드 2025 조사'
(전국의 교회출석 Z세대 500명, 전국의 교회 담임목사 500명, 모바일조사, 지앤컴리서치, 2024.05.23.~06.03)

한편 동일한 선택 문항을 가지고 목회자들을 대상으로 Z세대가 선호하는 교회 내 예상 활동을 물었을 때는 '교회 친구들과의 만남과 교제'가 54.3%로 압도적 1위로 나타났고, '예배와 설교'는 16.6%에 그쳤다. 이는 목회자들이 생각하는 Z세대의 선호 교회 활동과 실제 Z세대가 선호하는 활동 사이에 큰 차이가 있음을 의미한다. Z세대는 교회에서의 예배와 설교를 좀 더 진지하고 중요한 것으로 생각하고 있음을 확인할 수 있다. 향후 청년세대의 예배와 설교에 대한 보다 깊이 있는 고민과 개선이 필요할 것으로 보인다.

이번에는 교회에 가기 싫을 때에라도 교회를 가게 만드는 요인을 물었다. '부모/가족'(28.0%), '예배'(22.4%), '교회에서의 위치/역할'(16.8%), '친구들'(12.8%)의 순으로 나타났다. 부모, 가족, 친구들과 같은 개인적인 관계 요인과 함께 예배의 중요성을 재차 확인할 수 있

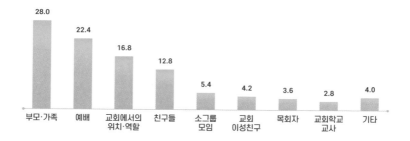

교회 가기 싫을 때 교회 출석하게 하는 요인 (Base=Z세대 전체, N=500, %)

- 부모·가족: 28.0
- 예배: 22.4
- 교회에서의 위치·역할: 16.8
- 친구들: 12.8
- 소그룹 모임: 5.4
- 교회 이성친구: 4.2
- 목회자: 3.6
- 교회학교 교사: 2.8
- 기타: 4.0

목회데이터연구소, '한국 교회 트렌드 2025 조사'
(전국의 교회출석 Z세대 500명, 온라인조사, 지앤컴리서치, 2024.05.24.~06.03)

으며, 동시에 교회에서 맡은 역할이나 지위의 중요성도 확인할 수 있었다. 사실 장년들이 교회 내에서 다양한 직분과 역할을 맡는 것에 비해 Z세대는 책임감이나 소속감을 느낄 수 있는 지위나 역할 부여가 미흡할 수 있다. 따라서 향후 교회 청년부 등에서 다양한 임원과 리더 역할을 신설, 부여함으로써 책임감과 소속감을 높이는 것이 필요하겠다. 단순히 직책만 맡기는 것이 아니라 스스로 능동적이고 주도적으로 사역과 봉사를 할 수 있도록 기회를 부여하는 것이 바람직할 것이다.

기독 청년들은 교회 혹은 기독교 공동체 그리고 사회에 대해 어떻게 생각하고 있을까. 교회와 사회에 대한 인식은 신체적, 정서적 안전, 평등, 정의로움의 정도를 묻고 마지막으로 해당 공동체에 마음을 털어놓을 친구가 있는지 물었다.

조사 결과를 보면 기독 청년들에게 교회와 사회에 대한 인식은 극명한 차이를 보였다. 교회는 전체적으로 안전하고 평등하고 정의로운 공동체로 인식되는 반면, 사회는 상대적으로 그렇지 못한 곳으로

기독청년의 교회와 사회에 대한 인식 비교(각각 '매우+약간 그렇다' 비율)

	교회	사회	교회와 사회의 차이 (교회 - 사회)
신체적으로 안전하다	52.0%	29.6%	22.4%p
정서적으로 안전하다	47.5%	25.0%	22.5%p
평등한 공동체이다	44.5%	15.1%	29.4%p
정의로운 공동체이다	43.1%	12.9%	30.3%p
마음을 털어놓을 친구 있다	36.0%	58.9%	-22.9%p

한국기독교사회문제연구원, '기독청년 인식조사 자료집
(전국의 19세~34세 개신교인 1000명, 온라인조사, 지앤컴리서치, 2023.11.08.~2023.11.14.)

인식하고 있었다. 교회와 세계에 대한 이 같은 대조적 인식은 전통적으로 교회가 갖는 이분법적 시각과도 연결된 것으로 볼 수 있다.

그런데 마음을 터놓을 친구 유무는 정반대 결과가 나왔다. '마음을 털어놓을 친구가 있다'는 응답은 '사회'가 58.9%로 '교회'(36.0%)에 비해 훨씬 높게 나타나 진심으로 교제하는 친구는 교회 밖에 더 많다는 것을 알 수 있었다. 이는 교회는 신앙생활을 위한 곳이지만 경제 정치적 차이를 넘어 사적으로 친밀한 관계와 친교를 나눌 곳으로는 약하다는 인식을 갖고 있음을 보여준다. 교회는 신앙과 개인 구원을 위한 공간이라는 기능적 관점에서 생각하고, 친밀한 관계는 교회가 아닌 사회에서 맺는 것으로 생각한다고 해석할 수 있다.

교회가 사랑의 공동체를 지향하고 있음에도 마음의 친구를 교회 밖에서 찾는다는 현실은 교회가 진실한 공동체로서의 역할을 하지 못한다는 것을 방증한다. Z세대들이 교회 안에서 더 친밀하고 깊이 있는 관계를 맺을 수 있도록 교회의 문화와 분위기를 많이 쇄신해야 할 것이다.

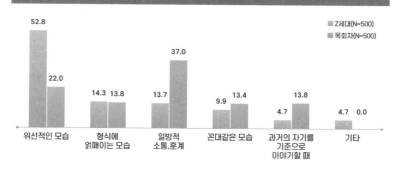

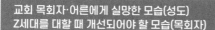
교회 목회자·어른에게 실망한 모습(성도)
Z세대를 대할 때 개선되어야 할 모습(목회자)

(%)

■ Z세대(N=500)
■ 목회자(N=500)

52.8 / 22.0 위선적인 모습
14.3 / 13.8 형식에 얽매이는 모습
37.0 / 13.7 일방적 소통, 훈계
9.9 / 13.4 꼰대같은 모습
4.7 / 13.8 과거의 자기를 기준으로 이야기할 때
4.7 / 0.0 기타

목회데이터연구소, '한국 교회 트렌드 2025 조사'
(전국의 교회출석 Z세대 500명, 전국의 교회 담임목사 500명, 모바일조사, 지앤컴리서치, 2024.05.23.~06.03)

　　교회의 목회자나 어른에게 실망한 경험 유무를 물었을 때 Z세대
는 '있다'(68.6%)를 '없다'(31.4%)보다 2배 이상 높게 응답했다. 교
회 목회자나 어른들의 어떤 모습에서 실망하는지를 물었을 때 '위
선적인 모습'(52.8%)이 가장 높게 나타났으며, '형식에 얽매이는 모
습'(14.3%), '일방적 소통, 훈계'(13.7%), '꼰대 같은 모습'(9.9%) 순으
로 나타났다. Z세대는 겉과 속이 다르고 정직하지 못한 목회자나 어
른의 위선적인 모습에서 가장 실망하고 있음을 알 수 있다. 그런데 동
일한 선택 문항을 가지고 목회자들에게 Z세대를 대하는 교회 내 장
년들과 목회자들이 개선해야 할 모습을 물어보았을 때 '일방적 소통,
훈계'(37.0%)를 1순위로 지적했으며, '위선적인 모습'(22.0%), '형식에
얽매이는 모습'(13.8%), '과거의 자기를 기준으로 이야기함'(13.8%) 순
으로 나타났다.

　　이러한 결과는 목회자, 장년과 Z세대 사이의 인식차를 잘 보여준

다. 즉 Z세대는 교회 목회자나 어른에게 가장 실망한 모습으로 '위선적인 모습'(52.8%)을 가장 많이 언급했는데, 목회자들이 생각하는 교회 내 장년들과 목회자들이 개선해야 할 모습에서 '위선적인 모습'은 22.0%에 그치고 '일방적 소통, 훈계'가 오히려 37.0%나 차지했다. 이는 Z세대가 장년 세대들이 겉으로 보여주는 일방적이고 경직된 모습에 실망하는 것보다는 오히려 겉과 속이 다르고 정직하고 진실하지 못한 것에서 더 실망하고 있음을 잘 보여주고 있다. 즉 향후 세대 차이에서 오는 문화적 격차를 소통 등을 통해서 극복하는 것도 중요하지만, 보다 중요한 것은 한 사람의 크리스천으로서 장년 세대가 정직하고 진실된 삶을 사는 것이 다음 세대에게 더 큰 교훈과 감동을 줄 수 있음을 새길 필요가 있겠다.

현장 예배와 온라인 예배 중 선호하는 유형에 대한 질문에서 Z세대는 '온라인'보다 '오프라인'을 더 선호하는 것으로 나타났다. 오프라인과 온라인 모두 선호하는 비율도 높게 나타났다. 그런데 목회자와 Z세대 간의 선호도에서는 뚜렷한 차이를 보였다. '오프라인 선호' 비율에서 목회자는 36.5%, Z세대는 50.2%로 목회자가 생각하는 것(Z세대가 오프라인 예배를 선호할 것이라는 예상)보다 Z세대의 오프라인 예배 선호가 훨씬 높다는 것을 알 수 있다. 이는 코로나 팬데믹을 거치면서 오프라인 예배에 대한 중요성을 Z세대가 더 강하게 느꼈을 것으로 추측해볼 수 있다. 왜냐하면 실제 Z세대는 코로나 기간 중 고등학교와 대학교 수업을 온라인으로만 수강하는 독특한 경험을 했고 이는 곧 오프라인 수업과 오프라인 모임에 대한 더 강한 선호로 연결되었을 것이기 때문이다. 향후 교회 예배와 모임 등을 점진적으로 오프라

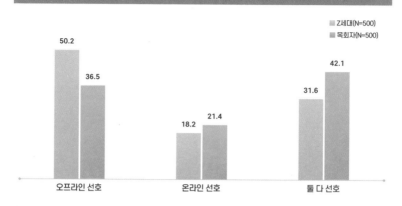

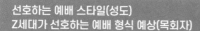

선호하는 예배 스타일(성도)
Z세대가 선호하는 예배 형식 예상(목회자)

(%)

■ Z세대(N=500)
■ 목회자(N=500)

오프라인 선호 50.2 36.5
온라인 선호 18.2 21.4
둘 다 선호 31.6 42.1

목회데이터연구소, '한국 교회 트렌드 2025 조사'
(전국의 교회출석 Z세대 500명, 전국의 교회 담임목사 500명, 모바일조사, 지앤컴리서치, 2024.05.23.~06.03)

인 전환을 추진하되, 온라인과 오프라인을 동시에 활용하는 방법에 대해서도 더 깊은 연구가 필요해보인다.

3. Z세대를 바라보는 목회자와 중장년의 생각

"너무나 자기만을 생각하는 것 같아요. 당황스러울 정도입니다."

"교회의 중요한 결정은 모두 목사님 장로님들이 하시더라고요. 젊은이들의 의견도 들어주시면 좋겠어요."

목회자들은 Z세대의 이해되지 않는 사고 방식이나 행동으로 '자신만을 생각하는 이기적 태도'(38.5%)와 '책임 의식과 신뢰성 부족'(32.6%)을 가장 크게 지적했다. 그 외 '물질주의 소비주의'(16.6%) 성향도 다소 높게 응답했으며 '교회에 대한 부정적 시각'(7.6%)도 일부 나타났다. 그런데 이러한 결과는 목회자들이 일반적인 Z세대의 부정적 측면을 주로 응답한 것으로 보여 실제 교회 내 크리스천 Z세대가 동일한 비중으로 이러한 특성을 보이는지에 대해서는 조금 더 분별이 필요하다. 향후 정확한 분석과 판단을 통해 크리스천 Z세대에 대한 관계 형성을 할 필요가 있으며, 교회 내에서 이러한 Z세대의 부정적 특성들을 어떻게 포용하고 수용할 것인가에 대한 고민이 필요한 대목이다.

Z세대를 더욱 포용하고 수용하기 위해 교회가 가장 중점을 두어야 한다고 생각하는 것은 무엇인지를 Z세대에게 물었을 때 '수평적인 의사소통'(23.0%), 'Z세대 의견 적극 수용'(21.4%), '전통적 예배 형식의 변화'(21.3%)를 가장 많이 응답했고 그 외에 '온라인의 적극적 활용'(13.3%), '소그룹 모임의 확대'(10.8%) 순으로 나타났다.

한편 동일한 질문을 목회자들만 대상으로 했을 경우 '수평적인 의사소통'(42.5%), 'Z세대 의견 수용'(22.6%), '소그룹 모임의 확대'(15.9%) 순으로 응답했다. 목회자는 Z세대를 포용하고 수용하기 위해 '수평적 의사소통'과 'Z세대 의견 수용' 등 관계와 소통 중심으로 보고 있음을 알 수 있다. 하지만 Z세대는 이 두 가지와 함께 '전통적 예배 형식의 변화'를 더 중요하게 생각하고 있다. 따라서 향후 청년 세대와의 소통과 함께 예배 형식의 변화에 더 많은 관심을 기울일 필요가 있겠다.

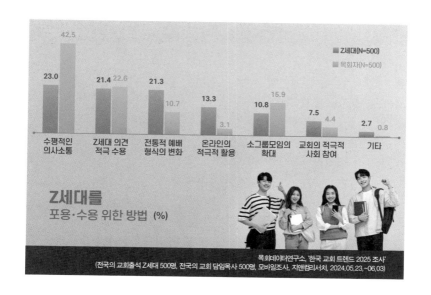

Z세대를
포용·수용 위한 방법 (%)

Z세대(N=500)
목회자(N=500)

수평적인 의사소통	Z세대 의견 적극 수용	전통적 예배 형식의 변화	온라인의 적극적 활용	소그룹모임의 확대	교회의 적극적 사회 참여	기타
23.0 / 42.5	21.4 / 22.6	21.3 / 10.7	13.3 / 3.1	10.8 / 15.9	7.5 / 4.4	2.7 / 0.8

목회데이터연구소, '한국 교회 트렌드 2025 조사'
(전국의 교회출석 Z세대 500명, 전국의 교회 담임목사 500명, 모바일조사, 지앤컴리서치, 2024.05.23.~06.03)

트렌드 전망 및 시사점

이 장에서 크리스천 Z세대들의 신앙생활, 이성교제, 가치관에 대해 알아보았고 이들을 바라보는 목회자와 기성세대의 생각도 함께 살펴보았다. Z세대들은 생각보다 훨씬 더 교회와 신앙에 대해 진지한 마음을 가지고 있고 기성세대에게도 진정성 있는 모습을 원하고 있다.

그렇다면 앞으로 교회 내 기성세대는 Z세대를 어떻게 대하고 받아들여야 하는가? 기성세대가 Z세대를 효과적으로 대하기 위해서는 그들의 독특한 특성과 요구를 이해하고 이에 맞춰 접근할 필요가 있겠다. 다음에서 몇 가지 구체적 방안을 생각해보자.

첫째, 경청과 공감이다. Z세대는 자신의 목소리가 중요하다고 느끼길 원한다. 기성세대는 이들의 소리를 경청하고 공감하는 태도를 보여주어야 한다. Z세대와 열린 대화를 통해 그들의 생각과 감정을 이해하고 피드백을 존중할 줄 알아야 한다. 또한 그들의 경험과 도전에 대해 공감하며 단순히 지시나 조언을 넘어 진정한 관심을 보이는 태도가 필요하다

실제로 서울 마포구에 있는 어느 교회에서는 '청년위원회'라는 회의체를 만들어 청년부 임원과 당회원 간 한 달에 한 번씩 회의를 가졌다. 이 회의에서 청년들은 그들의 의견을 가감 없이 교회의 최고 의사 결정 기구에게 전달할 수 있었고 그 과정에서 경청과 공감이 자연스럽게 형성됐다. 그 결과 몇 년 지나지 않아 청년부 인원이 3배 증가했다. Z세대는 자신들의 이야기를 교회 기성세대들이 얼마나 경청하고 공감하는가에 관심이 있다. 그 의견을 반영하고 하지 않고는 다음 문제인 것이다.

둘째, 디지털 기술의 활용이다. Z세대는 디지털 환경에서 자랐기 때문에 디지털 기술을 활용해 소통하는 것이 중요하다. 교회가 Z세대의 특성과 성장 환경을 고려해 그들을 디지털 기술을 통해 효과적으로 훈련하고 양육할 수 있는 방법을 계속 고민해야 한다.

먼저 Z세대는 디지털 콘텐츠와 매체를 통해 배우는 경향이 강하므로 교회는 맞춤형 온라인 콘텐츠를 제공하고, 성경공부나 기도, 예배 등의 주제를 다양한 형식으로 제공해야 한다. 또 교회는 Z세대가 즐겨 사용하는 SNS를 교육적, 영성적 목적으로 이끌어 갈 수 있는 방법을 강구해야 한다. 온라인 예배나 교육 프로그램에서 인터랙티브한 요소를 도입해 Z세대가 직접 참여하고 경험할 수 있도록 하는 것도 중요하다. 한편 디지털 기술을 통해 온라인과 오프라인을 효과적으

로 통합하는 방법을 모색할 필요가 있다. Z세대는 오프라인을 선호하는 것으로 나타나고 있지만 온라인을 병행할 때 그 효과는 배가될 수 있다. 예를 들어 온라인으로 주중에 콘텐츠 공유 후, 주일예배와 소모임으로 연결함으로써 지속적인 관심과 몰입을 유도할 수 있다.

셋째, 멘토링과 관계 구축이다. Z세대는 멘토링과 개인적인 관계를 중요시한다. 신앙의 선배들이 멘토로서 Z세대와 개인적인 관계를 맺고 지도해줄 수 있는 프로그램을 운영, 확대할 필요가 있으며 소그룹 활동을 통해 개인적인 교류와 지원을 강화해야 한다. Z세대는 선배 세대들의 경험과 지혜를 배우기 원하고 또 도움받기를 원하고 있다. 하지만 '라떼는 말이야'와 같은 꼰대 스타일의 접근과 훈계는 원하지 않는다. 수평적이고 진정성 있는 방식과 태도로 Z세대를 대할 때 비로소 의미 있는 멘토링이 될 수 있다. 또 Z세대는 지나치게 대규모로 진행되는 모임이나 일방적 강의 스타일보다는 소규모, 혹은 일대일로 진행되는 대화와 관계를 선호한다. 교회의 선배 세대와 리더들이 더 많은 시간을 내어 이들과 개인적인 관계를 형성하고 그들을 진정성 있는 태도로 대할 때 Z세대들도 마음 문을 열고 그들의 진가를 더 발휘할 수 있을 것이다.

넷째, 투명성과 진정성이다. 교회는 Z세대를 포용하기 위해 진정성과 투명성을 유지해야 한다. 이는 그들이 교회를 신뢰하고 자리 잡을 수 있도록 돕는 중요한 요소이기 때문이다. 먼저 진정성 있는 리더십과 교회 문화를 구축할 필요가 있다. 리더들이 솔직하고 진정성을 보일 때 Z세대는 교회에서 더 자연스럽게 소통하고 참여할 수 있다. 이번 '한국 교회 트렌드 2025 조사' 결과에서도 Z세대는 장년 세대의 위선적인 모습에서 가장 실망하는 것으로 나타났다. 겉과 속이 다르고 정직하지 못한 사람을 Z세대는 리더로서 인정하지 않는다.

Z세대는 또 교회가 어떻게 운영되는지에 대해 투명성을 요구한다. 교회는 예산 사용, 리더십 임명, 프로그램 방향성 등에 대한 투명성을 유지해야 한다. 개인적이고 진정성 있는 관계 형성도 중요하다. 교회는 개인적 면담, 소그룹 모임 그리고 멘토링 등을 통해 Z세대에게 진정성 있게 접근하고, 그들의 신앙과 삶에 관심을 가지며 지원할 수 있어야 한다. 교회가 Z세대를 포용하고 지원하는 데 있어 진정성과 투명성은 중요한 원칙이며 이는 그들의 신앙 여정에서 깊은 의미를 전달하고 교회와의 관계를 더 강화시킬 수 있는 열쇠가 된다.

다섯째, 다양성과 포용성이다. 교회는 다양한 배경과 경험을 가진 사람들을 포용하고 모든 이들이 환영받는 분위기를 만들어야 한다. 또 모든 사람이 차별 없이 신앙 공동체에 참여할 수 있도록 해야 한다. Z세대는 글로벌화와 다양성을 중시하는 경향이 있다. 교회는 예배와 교육 프로그램에서 다양한 문화적 풍토를 반영하거나 이해하는 프로그램을 도입할 필요가 있다. 또 성평등과 관련해 여성과 남성의 역할을 다양한 시각에서 이해하고 소통하는 기회를 제공하고, 성적 정체성과 성적 지향에 대해서는 성경적 가치관으로 분명한 분별력을 가지도록 도와야 한다. 교회는 장애인들의 접근성을 고려한 시설

과 프로그램을 제공하고 다양한 장애 유형을 이해하고 지원하는 방법도 모색해야 한다. 이러한 방법들은 교회가 Z세대와의 관계를 건강하게 유지하고, 다양성과 포용성을 통해 그들의 신앙생활을 지원하는 데 도움이 될 것이다.

결론적으로 교회의 기성세대는 Z세대의 특성과 요구를 이해하고 이를 반영한 접근 방식을 취해야 한다. 경청과 공감, 디지털 기술 활용, 멘토링과 관계 구축, 다양성과 포용성 존중, 투명성과 진정성을 통해 Z세대가 교회 공동체에서 잘 성장할 수 있도록 도와야 한다. 이러한 노력을 통해 세대 간의 신앙 전승과 교류가 원활하게 이루어질 수 있을 것이며, Z세대는 더 이상 달나라에서 온 외계인이 아니라 지구에 정착해 지구를 더 발전시키는 계승자가 될 수 있을 것이다.

07
Single Friendly Church

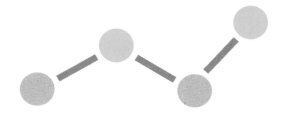

싱글 프렌들리 처치

싱글들을 만나 이야기해보면 공부하고 일하고 교회활동 열심히 하다보니 어느새 30대 중반, 40대에 들어서게 됐다 말한다. 그런데 이들은 교회에서 자신의 삶의 고민이나 어려움에 대해 터놓고 대화할 사람을 만나기 어렵다고 호소한다. 목회자들도 이들을 어떻게 대해야 할지 몰라 어려움을 느낀다. 싱글들이 목회 사각지대에 놓이게 된 것이다.

아직까지 교회에는 싱글들을 '결혼 대기자'로 보는 시각이 존재하고 싱글에 대한 편견도 강한 편이다. 이 상황에서 자발적이든 비자발적이든 싱글로 있는 사람들은 현재 삶에 어떻게 대처할지 당황스러울 때가 많다. 하지만 교회는 이들의 어려움을 깊이 인지하지 못하거나 관심 밖인 것 같다.

그런데 우리 모두가 생각해보아야 할 것이 있다. 싱글라이프는 현재 결혼 상태에 있지 않은 싱글에만 해당하는 삶이 아니라는 것이다. 사람들은 결혼하기 전, 그리고 결혼을 했더라도 이혼하거나 사별하게 되면 다시 싱글 상태로 돌아간다. 모든 사람에게 싱글라이프는 삶의 주기 가운데 상대적으로 길거나 짧거나 하는 차이만 있을 뿐, 모든 사람의 삶의 여정의 일부이다. 따라서 싱글라이프는 나와 상관없는 삶이 아니라 현재 결혼 상태에 있더라도, 언젠가 내가 다시 맞이할 삶임을 기억해야 한다. 이에 따라 싱글들과 함께 삶을 공유하고 이들을 배려하는 교회 분위기와 인식 변화가 필요하다.

현재 싱글 인구의 증가 추세를 볼 때 결혼하지 않고 평생 싱글로 살거나 늦게 결혼하는 사람들이 증가하는 현상은 계속될 것이다. 따라서 교회도 이제 싱글들의 삶을 존중하고 이들을 섬기는 사역에 관심을 가져야 하지 않을까?

이 글에서는 싱글들의 삶과 교회생활, 싱글들이 교회에 기대하는 것, 그리고 교회에서 이들을 어떻게 섬기면 좋을지, 더 나아가 싱글친화적인 교회 공동체를 만들기 위해 어떤 노력을 기울여야 할지 그 방안을 모색해보고자 한다.

청년층 미혼율 증가가 저출산의 한 원인으로 주목되면서 젊은층들의 결혼과 출산 장려를 위한 정책들이 쏟아져 나오고 있다. 하지만 국가의 정책들이 제대로 효과를 보지 못하고 있고, 오히려 결혼하지 않은 사람들이 증가하고 있다. 통계청의 '2023 수도권 미혼인구 분석'에 따르면 20~49세 수도권 인구 2명 중 1명은 결혼하지 않은 상태이다. 수도권 20~49세 인구의 미혼율은 2010년(39.8%), 2015년(44.4%), 2020년(50.4%) 등으로 나타나 만혼 및 비혼 인구는 꾸준히 증가하고 있다. 수도권 20~49세 인구 미혼율(50.4%)은 비수도권(47.4%)보다 약 3.0%p 높게 나타났다.[1]

예전에는 소위 '결혼 적령기' 전후로 많은 사람들이 결혼했으나, 최근에는 결혼 적령기를 넘어도 결혼하지 않고 사는 사람들이 늘어났다. 'KOSTAT 통계플러스'에 따르면 2000년 대비 미혼율은 3배 수준으로 증가했고[2], 청년세대 혼인율은 지속적으로 감소해 2020년에는 81.5%가 미혼이며 남자는 86.1%, 여자는 76.8%가 혼인하지 않은 상태로 나타났다. 이런 추세를 반영하듯 교회에서도 30~40대 결혼하지 않은 싱글들이 많이 증가했는데 이들은 청년부에 소속하기도, 결혼한 사람들의 모임인 장년부 공동체에 편입하기도 하는, 어정쩡한 상태로 마땅히 소속할 교회 공동체를 찾지 못하고 있다.

그렇다면 왜 이렇게 결혼하지 않은 사람들이 증가하는 것일까? 이는 결국 젊은

싱글라이프
(Single Life)

싱글라이프는 현재 결혼 상태에 있지 않은 싱글에만 해당하는 삶이 아니다. 결혼하기 전 그리고 결혼을 했더라도 이혼하거나 사별하게 되면 다시 싱글 상태로 돌아간다. 즉 싱글라이프 기간이 상대적으로 차이만 있을 뿐, 모든 사람의 삶의 여정의 일부이다.

싱글들은 결혼 중심적인 교회 공동체 분위기에서 교회생활을 하는데 편안함을 느끼지 못하고 위축된다. 따라서 미혼, 이혼, 사별 상관없이 싱글들을 포용하고 함께 어울릴 수 있는 교회 공동체로 변화돼야 한다.

층들의 삶이 팍팍하고 경쟁 사회에서 살아남기 위한 나름의 생존 전략일 수 있다. 이화여대 에코과학부 장이권 교수는 "생물학자는 위기종 연구를 진행할 때 위기 요인을 먼저 찾고 스트레스에 관심을 갖는다"고 말했다. 장 교수는 "합계 출산율이 떨어지는 것은 개체군이 조절되고 있다는 뜻"이라고 언급했다. 개인의 관점에서는 스트레스에서 벗어나려는 노력일 수 있다는 것이다. 그는 "사회 전체가 재조정하는 단계가 아닌가 싶다"며 "자원의 한계가 있는데 숫자를 늘려가다가는 모두가 망할 수 있기 때문에 출산율 조절은 개인으로 보면 최선의 선택"이라고 언급했다[3] 이처럼 우리나라 청장년들은 생존 경쟁이 치열한 사회에서 자발적, 비자발적으로 결혼을 늦추거나 아예 결혼하지 않고, 또 결혼을 해도 자녀를 낳지 않거나 1명만 낳으려는 결과를 만들고 있는 것이다.

싱글은 누구인가?

우리나라에서는 1990년대 후반부터 결혼하지 않은 사람들이 늘어나기 시작했고, 결혼하지 않은 사람을 '미혼'이라고 호칭하는 것에 비판이 일기 시작했다. 그러면서 여성주의 공동체를 중심으로 '비혼'(非婚)이라는 용어가 사용되기 시작했다. 요즘에는 '비혼'이라는 용어가 점차 대중화되고 있는데 '결혼에 대한 적극적인 거부나 결혼하지 않기로 선택했다'는 의미로 쓰인다. 이 글에서는 '결혼하지 않은 사람'을 '비혼' 대신 '싱글'(single)이라 지칭한다. 싱글은 영어이긴 하지만 결혼과 상관없는 독립적인 존재를 표현할 수 있고 한국어로도 익숙하게 통용되고 있기 때문이다.

'한국 교회 트렌드 2025 조사'에서는 전국의 만 30~59세까지의 개신교 미혼자 600명을 대상으로 조사했다. 이를 토대로 크리스천 싱글들의 신앙의식과 교회생활 등 전반적인 삶을 조명했다.

먼저 싱글들에게 향후 결혼 의향을 물었다. 그 결과 '매우 있다'가 26.2%, '약간 있다'가 43.7%로 나타나 10명 중 7명(69.8%)은 결혼 의향이 있는 것으로 나타났다. 반면 결혼 의향이 '전혀 없다'는 11%, '별로 없다'가 19.2%로 조사돼 '결혼 의향이 없다'는 응답이 30.2%를 차지했다. 자발적 비혼보다는 비자발적 비혼이 높다는 것을 알 수 있다.

이중에서 결혼 의향이 있는 응답자를 대상으로 배우자 조건을 살펴보니 '결혼 상대자의 성품/성격'이 74%로 가장 높았고, '결혼상대자의 종교'(44.4%), '공통 대화 주제 및 관심사'(29.8%), '결혼할 자의

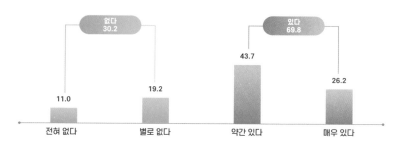

목회데이터연구소, '한국 교회 트렌드 2025 싱글 크리스천의 생활과 신앙에 관한 조사' (전국의 30~59세 개신교인 미혼 남녀 600명, 온라인조사, 지앤컴리서치, 2024.05.17.~05.19)

경제력'(21%) 등의 순으로 조사됐다. 결혼은 혼자 독립적 삶을 사는 것이 아니라 가족을 이루고 함께 살아가는 것이기에 배우자의 조건으로 성품이나 성격을 중요시한다고 볼 수 있다.

현재 싱글들이 결혼하지 않은 이유에 대해서는 '적당한 상대를 아직 못 만나서'(32.5%), '경제적 여유가 없어서'(19.5%), '결혼할 필요성을 못 느껴서'(13.5%), '결혼 시기를 놓쳐서'(9.2%), '독신의 자유와 홀가분함을 잃고 싶지 않아서'(6.2%) 순으로 나타났다. 여기서 '적당한 상대를 아직 못 만나서', '경제적 여유가 없어서', '결혼 시기를 놓쳐서'는 비자발적 비혼 요인에 속한다고 볼 수 있고, '결혼할 필요성을 못 느껴서', '독신의 자유와 홀가분함을 잃고 싶지 않아서', '현재의 일, 학업에 열중하고 싶어서', '현재의 취미, 여가생활을 즐기고 싶어서' 등은 자발적 비혼 요인에 속한다고 볼 수 있다.

결혼을 하지 않은 비자발적 요인에서 남성들은 '경제적 여유가 없어서' 결혼하지 않은 것이 29.0%, 여성은 '적당한 상대를 아직 못 만

구분		사례수 (명)	적당한 상대를 아직 못 만나서	경제적 여유가 없어서	결혼할 필요성을 못 느껴서	결혼 시기를 놓침	독신의 자유와 홀가분함을 잃고 싶지 않아서
전체		(600)	32.5	19.5	13.5	9.2	6.2
성별	남성	(262)	24.8	29.0	10.3	9.5	3.8
	여성	(338)	38.5	12.1	16.0	8.9	8.0

결혼을 하지 않은 이유(성별) (Base=전체, N=600, %)

목회데이터연구소, '한국 교회 트렌드 2025 싱글 크리스천의 생활과 신앙에 관한 조사'
(전국의 30~59세 개신교인 미혼 남녀 600명, 온라인조사, 지앤컴리서치, 2024.05.17.~05.19)

나서'가 38.5%로 성별에 따라 결혼하지 않은 이유의 우선순위가 다르게 나타났다. 이는 남성들이 가부장적 사회에서 가장으로서의 역할과 책임을 더 많이 느끼기 때문인 것으로 보인다.

싱글과 일반생활

"젊은 남녀가 나이가 차면 당연히 결혼해야 하는 것이 하나님의 섭리이지요. 주님이 축복하시는 좋은 가정을 이루세요."

"목사님, 예수님이나 사도 바울도 결혼하지 않았잖아요. 비혼이 성경적으로 문제될 것은 없어 보입니다."

'한국 교회 트렌드 2025 조사'에 따르면 목회자들은 '비혼에 대해 받아들일 수 있다'(52.8%)와 '받아들이기 어렵다'(47.2%)로 응답했

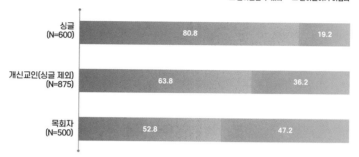

비혼에 대한 생각   (Base=전체, %)

■ 받아들일 수 있다   ■ 받아들이기 어렵다

	받아들일 수 있다	받아들이기 어렵다
싱글 (N=600)	80.8	19.2
개신교인(싱글 제외) (N=875)	63.8	36.2
목회자 (N=500)	52.8	47.2

목회데이터연구소, '한국 교회 트렌드 2025 싱글 크리스천의 생활과 신앙에 관한 조사'
(전국의 30~59세 개신교인 미혼 남녀 600명, 교회출석자 1000명, 담임목사 500명, 온라인·모바일조사, 지앤컴리서치, 2024년 5월)

다. 반면, 싱글을 제외한 개신교인들은 '비혼에 대해 받아들일 수 있다'(63.8%), '받아들이기 어렵다'(36.2%)로 나타났으며, 결혼하지 않은 싱글들은 '비혼에 대해 받아들일 수 있다'(80.8%), '받아들이기 어렵다'(19.2%)로 나타나 목회자들이 '비혼'에 대해 가장 보수적이고, 싱글들이 '비혼'에 대해 가장 긍정적이며 수용성이 높은 것으로 조사됐다.

목회자들의 비혼에 대한 보수적 생각을 뒷받침하듯 목회자 46%는 '반드시 결혼해야 한다'고 응답했다. 45.3%는 '하는 것이 좋다', 8.3%는 '해도 좋고 하지 않아도 좋다'로 답해 결혼을 하지 않아도 된다는 응답은 목회자 10명 중 1명 미만이었다.

아울러 목회자들은 '결혼하여 가정을 이루는 것이 하나님의 섭리이며, 당연한 일이다'(80.6%)가 압도적으로 많았고, '결혼하지 않더라도 성경적으로 문제될 것이 없다'(16.1%)는 소수였다. 반면, 싱글들은 '결혼하여 가정을 이루는 것이 하나님의 섭리이며, 당연한 일이

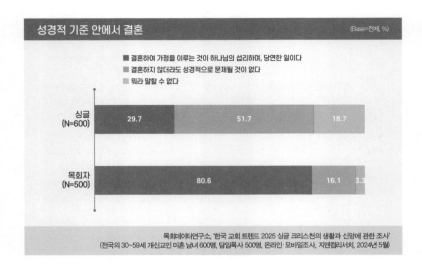

성경적 기준 안에서 결혼 (Base=전체, %)

■ 결혼하여 가정을 이루는 것이 하나님의 섭리하며, 당연한 일이다
■ 결혼하지 않더라도 성경적으로 문제될 것이 없다
■ 뭐라 말할 수 없다

싱글 (N=600)	29.7	51.7	18.7
목회자 (N=500)	80.6	16.1	3.3

목회데이터연구소, '한국 교회 트렌드 2025 싱글 크리스천의 생활과 신앙에 관한 조사'
(전국의 30~59세 개신교인 미혼 남녀 600명, 담임목사 500명, 온라인·모바일조사, 지앤컴리서치, 2024년 5월)

다'(29.7%), '결혼하지 않더라도 성경적으로 문제될 것이 없다'(51.7%)
로 응답해 목회자와 싱글 간에 성경적 기준 안에서 결혼에 대한 이해
차이가 큰 것으로 나타났다. 이러한 결혼 중심적 교회 분위기에서 싱
글들은 과연 편안한 신앙생활을 할 수 있을까?

싱글들이 평가하는 자신의 삶

"결혼생활에 구속되지 않고 혼자 자유롭게 살 수 있어서 행복해요. 제
일에 충실할 수 있고요. 하지만 가끔 외롭기도 해요. 이대로 노인이 되
면 힘들 것 같아요."

'한국 교회 트렌드 2025 조사'에 따르면 싱글생활의 장점으로

는 '자유로운 생활을 할 수 있다'(42.7%)가 가장 많았고 이어 '책임질 가족이 없어서 홀가분하다'(16.5%), '경제적으로 비용을 아낄 수 있다'(12.3%), '현재일/학업에 충실할 수 있다'(9.8%) 순으로 나타났다. 결국 싱글라이프는 다른 사람이나 가족에 구애받지 않고 독립적으로 자기 삶을 살 수 있는 것을 가장 큰 유익으로 보고 있다.

싱글생활의 단점으로는 '외로움'(28.8%), '노후에 대한 걱정'(24.5%), '싱글에 대한 편견'(16.2%), '안전에 대한 걱정'(7.8%), '경제적 어려움'(7.0%) 등으로 나타났다. 싱글생활의 단점으로 '외로움'을 지적한 경우는 남성이 35.1%, 여성 24.0%로 나타나 남성이 여성보다 더 외로움을 경험하는 것으로 보인다. 또 싱글생활에 불만족하는 사람들의 경우 싱글생활의 단점으로 '외로움'(47.4%)을 매우 높은 비율로 꼽았다.

싱글라이프가 독립적이며 자유롭게 자기 삶을 살 수 있는 반면, 싱글이기에 외로움과 노후, 편견, 안전에 관해 결혼한 사람들보다 더 노출되기 쉽다. 성별로 싱글생활의 단점을 살펴보면 남성보다는 여성이 '노후에 대한 걱정', '주변의 편견' 등에 응답률이 상대적으로 높았는데 이는 가부장적 사회에서 여성들이 상대적으로 경제적 어려움과 성차별에 더 반응하고 있다는 것을 확인할 수 있다.

이번에는 현재 누구와 함께 거주하는가를 물었다. 그 결과 '부모'(37.2%), '혼자'(32%), '부모 + 형제/자매/친척'(19.5%), '형제/자매/친척'(5.3%) 순으로 나타나 부모나 가족과 함께 사는 비율이 절반 이상(56.7%)으로 조사됐다. 아직까지 우리나라는 직장이나 공부 등으로 부모를 떠나기 전까지, 그리고 결혼할 때까지 부모와 함께 사

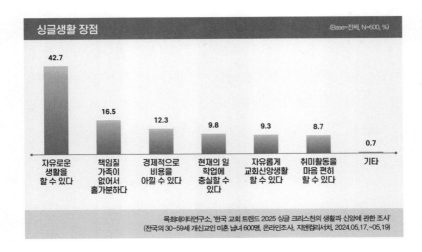

목회데이터연구소, '한국 교회 트렌드 2025 싱글 크리스천의 생활과 신앙에 관한 조사'
(전국의 30~59세 개신교인 미혼 남녀 600명, 온라인조사, 지앤컴리서치, 2024.05.17.~05.19)

는 문화가 있어 싱글들이 가족과 함께 사는 비율이 높게 나타났다.
또 경제적 부담도 가족과 함께 사는 요인 중의 하나로 보인다. 가
족을 중요시하는 문화에서 싱글들은 현재 가장 중요한 인간관계로
'부모'(56.3%)를 언급했고, 그다음으로 '이성 친구'(12.3%), '형제 자
매'(10.8%) 순으로 답했다.

싱글들은 현재 자신에게 가장 중요한 문제를 무엇으로 생각하고
있을까? 싱글들은 '경제적 여유'(43.5%)를 가장 높게 꼽았고 다음으
로 '건강'(27.8%), '신앙/교회생활'(22.8%), '결혼/연애'(21%), '직장/취
업'(19.7%) 순으로 나타났다. 주목할 것은 싱글들에게 가장 중요한
문제는 결혼이 아니라 현재 삶을 영위하기 위해, 그리고 미래 삶을 준
비하기 위한 경제적인 준비와 여유라는 점이다. 아울러 현재 30~40대
싱글들은 직장이 있어야 결혼 시장에서 배우자 선택시 유리한 입장에
설 수 있다. 요즘에는 결혼해도 경제적 필요에 의해 맞벌이를 선호하

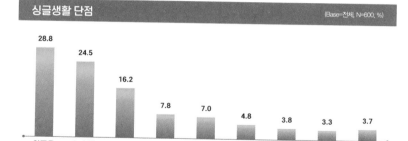

싱글생활 단점 (Base=전체, N=600, %)

- 외로움: 28.8
- 노후에 대한 걱정: 24.5
- 싱글에 대한 주변의 편견 시선: 16.2
- 안전에 대한 걱정: 7.8
- 경제적 어려움: 7.0
- 건강 관리 잘 못함: 4.8
- 식사문제 해결: 3.8
- 주거 문제: 3.3
- 기타: 3.7

목회데이터연구소, '한국 교회 트렌드 2025 싱글 크리스천의 생활과 신앙에 관한 조사'
(전국의 30~59세 개신교인 미혼 남녀 600명, 온라인조사, 지앤컴리서치, 2024.05.17.~05.19)

고 있어, 경제적 여유는 결혼 여부와 상관없이 자신의 생계나 삶의 질과도 직결된다.

싱글과 교회생활

'한국 교회 트렌드 2025 조사'에서는 개신교인(싱글 제외)의 '교회생활 만족도'가 66.3%로 나타난 반면 싱글들은 47.5%로 조사돼 싱글들이 개신교인에 비해 교회생활 만족도가 떨어지고 있는 것으로 나타났다. 하지만 싱글들 가운데서도 교회 봉사를 하고 있는 사람들은 교회생활 만족도가 62.4%, 소그룹에 참여하는 사람들은 67.5%로 나타나, 교회생활에 적극 참여하는 싱글들이 교회생활 만족도도 높다는 것을 알 수 있다. 따라서 싱글들이 교회 예배에 참석하는 것뿐 아니라 소그룹이나 봉사 활동에 적극적으로 참여할 수 있도록 독려

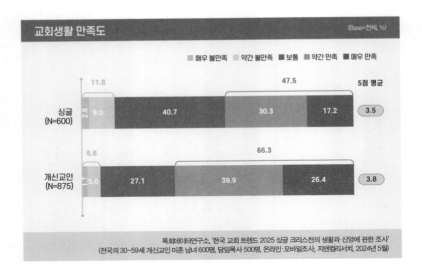

목회데이터연구소, '한국 교회 트렌드 2025 싱글 크리스천의 생활과 신앙에 관한 조사'
(전국의 30~59세 개신교인 미혼 남녀 600명, 담임목사 500명, 온라인·모바일조사, 지앤컴리서치, 2024년 5월)

하고 교회 공동체에 소속해 성도들과 함께 교제하도록 인도하는 것
이 필요하다.

싱글들은 자신들만의 예배(공동체)를 필요로 할까

최근 우리 사회는 결혼하지 않은 싱글들이 점점 늘어나고 있고 교
회도 예외가 아니다. 교회에서 대학 청년부와 별도로 싱글들을 위한
예배(공동체)를 만들어야 할까. 이번 '한국 교회 트렌드 2025 조사'에
서는 싱글 73.1%가 싱글들만을 위한 예배(공동체)가 필요하다고 응
답했고, 목회자들 역시 74.4%가 싱글들만을 위한 예배(공동체)가 필
요하다고 응답해, 싱글 예배(공동체)의 필요성이 매우 높게 나타났다.

아울러 싱글 예배가 필요하다고 응답한 사람들을 대상으로 싱
글 예배(공동체)의 연령 범위를 물어보니 30~40대(38.5%), 30~50대
(29.3%)로 싱글 예배(공동체)를 묶는 것이 좋다고 응답했다. 목회자들

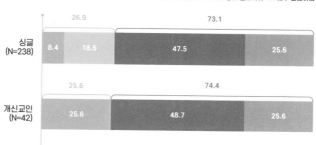

목회데이터연구소, '한국 교회 트렌드 2025 싱글 크리스천의 생활과 신앙에 관한 조사'
(전국의 30~59세 개신교인 미혼 남녀 600명, 담임목사 500명, 온라인·모바일조사, 지앤컴리서치, 2024년 5월)

은 30~40대(51.7%), 30~50대(34.5%)로 싱글 예배(공동체)를 묶는 것이 좋다고 응답했다. 이처럼 30~40대를 싱글 예배(공동체)로 묶는 것이 더 적당하고 안정적으로 보인다. 30~40대는 결혼 가능성에 대해 50대보다 좀 더 열려 있고 50대 싱글들은 싱글라이프에 대해 어느 정도 안정된 나이대이기 때문이다.

싱글 예배의 필요성을 느끼는 응답자를 대상으로 싱글 예배 (공동체)가 포함해야 할 대상 범위에 대해 물었다. '미혼자만 포함시키는 것이 좋다'(34.5%), '미혼자뿐 아니라 이혼자와 사별자까지 포함시키는 것이 좋다'(65.5%)로 응답해 싱글 예배 대상자를 폭넓게 보고 있는 것으로 나타났다.

싱글 예배의 필요성을 느끼는 목회자들은 '미혼자만 포함시키는 것이 좋다'(48.7%), '미혼자뿐 아니라 이혼자와 사별자까지 포함시키는 것이 좋다'(51.7%)고 응답했다. 이는 목회자들이 실제 사역 현장 경험을 통해 동질 집단으로 공동체를 묶는 것이 공동체의 소속감을 높이고 나눔에 있어서 더 좋다는 판단을 하는 것으로 보인다.

싱글들의 교회 내 활동

'한국 교회 트렌드 2025 조사'에서는 싱글부서가 있는 경우 싱글부서에서 예배드리는 사람들에게 '싱글부서 모임 만족도'를 조사했다. 그 결과 '만족한다'(28.9%), '보통이다'(42.1%), '불만족한다'(28.9%) 등으로 응답했다(5점 척도 평균 3.0점). 이런 결과는 싱글들이 싱글 소속 부서에 대해 만족하고 있지 않음을 보여준다. 불만족하는 이유에 대해서는 '관계와 교제가 형식적이다'(36.4%), '나에게 맞지 않는 설교'(36.4%), '지도자의 삶과 신앙 불일치'(36.4%), '여성이 너무 많다/성비가 맞지 않는다'(36.4%) 등으로 나타났다.

반면 소속 부서에 만족한다는 이유를 물으니, '진정성 있는 관계와 교제'(36.4%), '세대간 갈등 없음'(36.4%), '지도자의 삶과 신앙 일치'(36.4%)가 비슷하게 높게 나타났고, 그다음으로 '나에게 적합한 설교'(27.3%), '소그룹 모임 활발함'(27.3%), '서로를 존중하며 소통 잘됨'(18.2%) 등으로 응답했다. 이를 통해 싱글부서에서 싱글들 간의 관계와 소통이 만족과 불만족의 가장 중요한 요인으로 대두되고 있음을 볼 수 있다. 아울러 지도자의 삶과 신앙의 일치도 싱글들의 부서 만족도에 큰 영향을 주고 있음을 확인할 수 있다.

싱글들의 '교회 내 사역/봉사 활동 여부'에 대해서는 43.8%가 '하고 있다', 56.2%가 '하고 있지 않다'고 응답해 교회 내 사역을 하지 않는 싱글들이 절반 이상 되었다. 현재 하고 있는 사역 및 봉사 활동

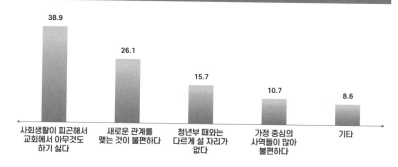

사역·봉사활동 하지 않는 이유

(Base=사역 및 봉사활동 하지 않는 싱글, N=337, %)

38.9 — 사회생활이 피곤해서 교회에서 아무것도 하기 싫다
26.1 — 새로운 관계를 맺는 것이 불편하다
15.7 — 청년부 때와는 다르게 설 자리가 없다
10.7 — 가정 중심의 사역들이 많아 불편하다
8.6 — 기타

목회데이터연구소, '한국 교회 트렌드 2025 싱글 크리스천의 생활과 신앙에 관한 조사'
(전국의 30~59세 개신교인 미혼 남녀 600명, 온라인조사, 지앤컴리서치, 2024.05.17.~05.19)

으로는 '성가대, 교사 등 지속적인 사역'이 63.5%로 가장 높았고, 그 밖에 '교회 사역 외 외부 봉사 활동'(24.7%), '국내외 선교 등 단발성 사역'(22.4%)으로 나타났다.

싱글들이 교회 사역이나 봉사 활동을 하지 않는 이유로는 '사회생활이 피곤해서 교회에서 아무것도 하기 싫다'가 38.9%로 가장 높았는데, 이는 우리 사회에서 30~40대 연령대가 한창 일하는 시기로 육체적, 정신적 여유가 없음을 보여준다. 그다음으로는 '새로운 관계를 맺는 것이 불편하다'(26.1%), '청년부 때와는 다르게 설 자리가 없다'(15.7%), '가정 중심의 사역들이 많아 불편하다'(10.7%) 순으로 나타났다. 결혼 중심의 교회에서 싱글들이 결혼하지 않고 나이가 들어가게 되면 청년부에서 새로운 관계를 맺는 것이 점점 불편하게 되고 설 자리를 찾기 어렵게 된다. 싱글들은 결혼 중심의 교회 공동체에서 소외감과 위축감, 불편함을 느끼기 때문이다.

현재 교회 사역이나 봉사 활동을 하지 않는 싱글들에게 앞으로 교회에서 사역이나 봉사 활동을 할 의향이 있느냐는 질문에는 61.1%가 '의향 있다'는 긍정적인 반응을 보였다. 구체적인 사역 및 봉사 내용으로는 '교회 사역 외 외부 봉사 활동'(22.8%), '성가대, 교사 등 교회 내 사역'(19.6%), '국내외 선교 등 단발성 사역'(16.9%)의 순으로 응답했다. 반면 38.9%의 싱글들은 향후 교회 사역이나 봉사 활동을 할 의향이 없다고 응답했는데, 이는 싱글들이 결혼 중심 교회 공동체에 적응하지 못해 적극적으로 관여하고 싶지 않다는 속내를 드러낸 것이라고 볼 수 있다.

효과적인 싱글친화적 공동체를 위해

'한국 교회 트렌드 2025 조사'에서는 싱글들에게 교회에 바라는 점을 물었다. '싱글에 대한 편견 버림'(38.7%)이 가장 높게 나타났고, 그다음으로 '싱글 대상 프로그램 개발'(25.7%), '싱글을 배려하는 설교 메시지'(15.2%) 등의 순으로 나타났다. 결혼과 가정 중심의 일반적인 교회 분위기에 젖어 있는 기성 교인들은 본인도 알지 못하는 사이에 싱글에 대한 편견을 갖고 있기 마련인데 싱글들은 이 점을 날카롭게 지적하고 있는 것이다. 그들은 교회 내에서 그들을 향한 편견을 느끼고 있고 이번 조사에서 그 편견에서 벗어나고 싶다는 목소리를 내고 있는 셈이다.

이러한 싱글들의 인식을 반영하듯 싱글들은 일반 개신교인의 싱

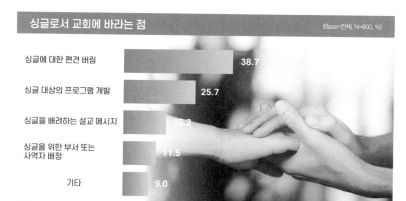

싱글로서 교회에 바라는 점 (Base=전체, N=600, %)

싱글에 대한 편견 버림	38.7
싱글 대상의 프로그램 개발	25.7
싱글을 배려하는 설교 메시지	15.2
싱글을 위한 부서 또는 사역자 배정	11.5
기타	9.0

목회데이터연구소, '한국 교회 트렌드 2025 싱글 크리스천의 생활과 신앙에 관한 조사'
(전국의 30~59세 개신교인 미혼 남녀 600명, 온라인조사, 지앤컴리서치, 2024.05.17.~05.19)

글친화적 인식에 대해 '있다'(매우 + 약간) 45.3%, '없다'(별로 + 전혀) 38.2%로 응답했다. 싱글들은 일반 크리스천들의 싱글친화적 인식이 높은 편이 아니라고 인식하고 있었다. 싱글들에게 자신이 다니는 교회 분위기에 대해 물으니, 67.8%가 '결혼 중심 공동체'라 응답했고 교회 내 싱글에 대한 편견에 대해서는 55.3%가 편견이 '있다'고 답했다.

싱글들은 결혼 중심적인 교회 공동체 분위기와 싱글에 대한 편견이 있는 상태에서 교회생활을 하는 데 편안함을 느끼지 못하고 위축돼 있으며, 교회 사역이나 봉사 활동에도 적극적으로 참여하지 못하고 있었다. 싱글들이 교회생활에 적극적으로 참여하고 소속감과 안정감을 갖고 신앙생활을 하기 위해서는 현재 결혼 상태 여부와 상관없이 다양한 사람들을 포용하고 함께 어울릴 수 있는 교회 공동체로 변화돼야 한다는 것을 시사한다.

그런데 싱글라이프는 결혼 상태에 있지 않은 싱글에만 해당하는 삶

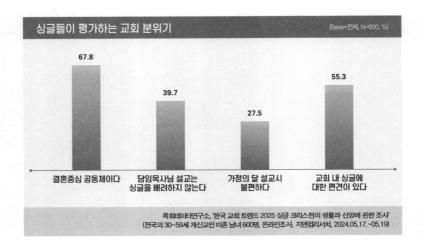

싱글들이 평가하는 교회 분위기   (Base=전체, N=600, %)

- 결혼중심 공동체이다 — 67.8
- 담임목사님 설교는 싱글을 배려하지 않는다 — 39.7
- 가정의 달 설교시 불편하다 — 27.5
- 교회 내 싱글에 대한 편견이 있다 — 55.3

목회데이터연구소, '한국 교회 트렌드 2025 싱글 크리스천의 생활과 신앙에 관한 조사'
(전국의 30~59세 개신교인 미혼 남녀 600명, 온라인조사, 지앤컴리서치, 2024.05.17.~05.19)

이 아니다. 결혼을 했더라도 이혼하거나 사별하면 다시 싱글 상태로 돌아간다. 따라서 모든 사람에게 싱글라이프는 상대적으로 길거나 짧거나 하는 차이만 있을 뿐, 모든 사람의 삶의 여정의 일부이다. 그러므로 싱글라이프는 나와 상관없는 삶이 아니라 현재 결혼 상태에 있더라도 언젠가 내가 맞이할 삶임을 기억하며 싱글들과 함께 삶을 공유하고 싱글들을 배려하는 교회 분위기와 인식 변화가 필요하다.

싱글라이프에 대한 이해와 인식 교육을 할 때 싱글라이프 교육은 고등학교를 졸업하는 10대 후반 때부터 대학부와 청년부를 대상으로 일찍 시작하는 것이 좋다. 젊은 청년들 또한 싱글이기에 싱글라이프에 대한 바른 이해를 가질 때, 안정된 싱글생활을 잘 이어갈 수 있기 때문이다. 아울러 청장년 싱글들을 '결혼 대기자'로만 보는 시각을 버리고 이들을 성인 공동체의 일원으로 받아들이고 그들의 삶을 존중해야 한다. 또한 싱글라이프 교육은 싱글뿐 아니라 결혼한 사람들, 교회 공동체 성도 전체가 함께 참여하는 것이 필요하다. 싱글라이프는 싱글들만의 삶이 아니라 모든 사람들의 삶의 여정의 일부이기 때문이다.

그렇게 할 때 교회 공동체는 싱글라이프에 대한 왜곡된 관념과 편견, 막연한 두려움으로부터 자유로워지고 주변 싱글들을 배려하며 함께 살 수 있다. 이를 위해 목회자들과 교회 리더들은 싱글라이프에 대한 이해와 지식을 가지고 전체 성도를 대상으로 말씀을 전하고 성도들을 교육하는 것이 필요하다. 지속적인 싱글친화적인 의식 교육을 실시한다면 성도들의 의식은 점차 바뀔 것이고 싱글과 싱글의 가족들은 격려받을 수 있을 것이다. 이는 모든 성도들이 서로 존중하고 배려하며 살 수 있는 분위기를 조성하는 계기가 된다.

싱글 대상 프로그램은 없나요

우리는 앞에서 싱글들이 교회에 바라는 점을 살펴보았다. 첫 번째가 '싱글에 대한 편견 버림'이었는데 두 번째 응답이 '싱글 대상 프로그램 개발'(25.7%)이었다. 대부분 교회 프로그램을 살펴보면 결혼예비학교, 임산부학교, 아기학교, 부부학교, 어머니학교, 아버지학교, 교회학교 등 결혼 공동체와 관련된 것이 주류를 이룬다. 또 많은 싱글들이 연애, 결혼에 관한 프로그램은 참여하지만 막상 현재 자신의 삶의 방식인 싱글라이프에 대해서는 모르는 경우가 많고, 한편으로 싱글에 대한 공부나 프로그램에 참여하는 것을 꺼리기도 한다.

더욱이 싱글들은 현재 자신의 삶은 싱글이지만 싱글라이프는 자기 삶에서 잠시 지나가는 과정이라 생각하는 경우가 많아 자신의 현재 삶의 방식인 싱글라이프에 대해 관심이 적은 편이다. 이 또한 싱글라이프에 대한 편견에서 비롯된다. 현재 자신의 삶에 대한 이해와 직면, 존중은 미래의 삶에도 연결된다. 싱글들은 결혼을 중심으로 삶을 분절시키며 무의식적으로 '결혼 대기' 상태로 사는 것이 아니라, 결혼 여부와 상관없이 자기 삶 전체를 놓고 독립적으로 '나는 어떻게 살것인가'에 대한 마스터 플랜과 '나는 누구인가'란 질문을 던지는 자기 성찰의 시간을 필요로 한다.

30~40대 싱글 모임이라면 결혼 이야기뿐 아니라 현재 삶인 싱글라이프를 소중히 여기며 싱글로 지내는 기간을 어떻게 보낼지 솔직히 나누고 필요한 정보를 공유하는 세미나와 소그룹 모임 등이 필요하다.

예를 들면 서울 D교회는 싱글들을 위한 5주간 프로그램을 만들어서 진행했다. 내용은 싱글의 정체성, 싱글의 영혼 탄력성, 싱글의 인간관계, 싱글의 재정 관리, 아름답고 당당한 싱글로 살아가기 위한 예식으로 구성했고, 싱글들이 매주 함께 모여 강의를 듣고 소그룹 토론을 진행하며 삶을 나누는 시간을 가졌다.

인천의 ○교회는 싱글들을 위한 4주간 세미나를 준비해 싱글들이 느끼는 결혼 딜레마, 결혼 스트레스 대처법, 성경이 말하는 결혼과 싱글에 대해 살펴보고, 싱글라이프를 위한 팁으로 인생의 장단기 준비와 계획, 영적 성장과 내공 쌓기, 건강 돌보기, 일자리 점검과 인생의 2막 재정비하기, 가족과 주변 사람들과의 관계, 주거, 노후에 관해 강의를 듣고 소그룹으로 토론하는 시간을 가졌다. 이런 시간을 통해 싱글들은 자신의 현재 삶에 대한 이해, 그리고 앞으로 어떻게 살아갈 것인가에 대해서도 다른 싱글들과 함께 고민하고 이야기를 나누며 정서적, 영적 지원을 받을 수 있었다.

싱글들이 함께 모여 싱글라이프에 대한 책도 읽고 세미나도 함께 하고 서로 심방도 해주고, 봉사 활동이나 여행도 같이 다니고 삶을 함께 나누며 소속감을 키운다. 또 네트워크를 형성해 인간 관계망이 축소되지 않도록 한다. 이러한 시간을 통해 싱글들은 싱글로 계속 살아도 자기 삶을 잘 영위하고 삶의 질을 높일 수 있고, 결혼을 해도 잘 살 수 있으며 교회 공동체에서도 소속감을 갖고 신앙생활을 할 수 있다.

이를 위해 교회에서는 청년부 싱글을 대상으로 말씀을 전하고 싱글들이 함께 시간을 보낼 수 있는 소그룹 공동체를 만들며, 싱글을 배려하는 의식 있는 교역자가 관심을 갖고 돌보는 것이 중요하다. 또한 지역 교회에서 싱글 공동체 모임을 활성화하고 네트워크를 구축해 싱글들을 위한 수련회나 교회 연합 세미나를 여는 것도 좋다. 이런 모임은 교회가 적극적으로 주도하고 격려하는 것이 중요하다. 이렇게 교회는 싱글들과 함께하며 이들을 배려하고 공동체에 소속감을 가질 수 있도록 독려하는 것이 중요하다. 동시에 싱글들이 자신의 삶을 직면하고 실제적으로 삶을 잘 꾸려 갈 수 있도록 적극적으로 지원해야 한다.

싱글을 배려하는 설교를 듣고 싶다

싱글들이 교회에 바라는 세 번째는 '싱글을 배려하는 설교 메시지'(15.2%)이다. 앞서 살펴봤듯 목회자들은 일반 개신교인이나 싱글보다 압도적으로 결혼을 지지하고 있고, 비혼에 대해서는 가장 보수적인 사고를 갖고 있다. 뿐만 아니라 대부분 교회 조직 및 프로그램이 결혼과 가정 중심으로 운영되고 있다. 따라서 설교 메시지도 '하나님께서 사람이 혼자 있는 것이 좋지 않다 하셨다', '돕는 배필을 만들어주셨으니 결혼해야 한다', '생육하고 번성하라 하셨으니 결혼해서 자녀를 낳아야 한다' 등의 메시지가 주로 전달될 수밖에 없다. 자발적이든 비자발적이든 결혼하지 않고 사는 싱글들의 입장에서는 교회에서 자신들의 삶을 존중하지 않는다고 느낀다.

이 같은 메시지들은 성경을 결혼 중심적 관점으로만 해석하는 데서 비롯된다. 구약에는 하나님의 형상으로 아담과 하와가 나오지만 신약에는 예수님이 하나님의 형상이며 온전한 사람으로 언급된다. 예수님은 싱글로 일하셨고 하나님나라를 위한 복음 선포와 섬김을 위해 싱글로 사는 삶을 지지했다(마 19:12). 또한 신약에는 예수님뿐만 아니라 사도 바울, 마리아와 마르다, 빌립의 네 딸, 막달라 마리아도 복음을 전하며 싱글로 살았다. 모든 사람은 결혼 여부와 상관없이 하나님의 형상으로 지음받았으며 그 사람 자체로 온전하다. 결혼을 해야 성인이 되고 온전한 삶을 살 수 있는 것은 아니다.

인천의 Y교회는 5월 가정의 달을 맞이해 한 달 동안 '모든 가정은 아름답다'라는 주제로 매주 수요일 저녁 예배에서 성도들에게 다양한 삶의 방식을 안내하고, 나와 다른 삶을 사는 사람들에 대한 이해의 폭을 넓히는 시간을 가졌다. 그 교회는 싱글라이프, 자녀 독립 프로젝트, 이혼 가정, 중년과 노년을 위한 새로운 인생에 대한 소개 등의 교육 프로그램을 개설했는데 매우 인상적이었다.

미국의 M한인교회는 성도 70%가 싱글 성도이다. 그래서 제직으로 임명받은 자들을 위해 온라인으로 싱글라이프에 대한 제직 세미나를 진행, 싱글라이프에 대한 강의와 질의 응답이 이어졌다. 세미나 참석자 중에는 기혼자가 많았다. 그들은 싱글라이프 강의를 통해 교회 내 싱글 성도의 상황에 대한 이해가 넓어지는 계기가 됐다고 전했다. 아울러 자신들이 싱글로 지낼 때 어려웠던 시간도 되돌아보며, 현재는 결혼 상태이지만 언젠가는 다시 싱글로 돌아가게 됨을 깨닫고 자기 삶을 성찰하는 시간을 가졌다고 한다. 교회는 이후 싱글에 관한 성서 이해, 교회 전체 성도들의 싱글친화적인 인식 변화를 위해 주일에 배에서 말씀을 전하는 시간도 마련했다.

이처럼 교회에서 성도들의 삶의 변화를 인식하고 싱글 성도들을 배려하고 교회 공동체가 싱글친화적인 인식 변화를 위한 시도들을 하고 있다는 것은 매우 고무적인 현상이다. 우리나라만 싱글들이 증가하는 것이 아니라 전 세계적으로 사회, 문화, 경제적 구조가 변하고 결혼하지 않아도 살아갈 수 있는 삶의 여건들이 조성되면서 싱글들이 증가하고 있는 것이다. 따라서 싱글들이 처해 있는 상황과 환경에 대한 이해를 넓히고 그들의 현재 삶을 있는 그대로 존중하고 함께하는 메시지 전달이 필요하다 하겠다.

싱글을 위한 사역자도 필요해요

싱글로서 교회에 바라는 점 네 번째는 '싱글을 위한 부서 또는 사역자 배정 필요성'(11.5%)이다. 목회자들에게 시무 교회에 싱글들을 위한 싱글부서가 있는가를 물으니 93.5%가 '없다'고 답했다. 현 시점에서 대부분 교회가 싱글을 위한 공동체가 없으며 싱글 목회자나 리더들도 많지 않다. 교회 내 싱글 직분자 상황을 살펴보면 '싱글 목회자'(19.1%), '싱글 장로'(1.7%), '싱글 안수집사/권사'(22.6%) 정도로 나타났으며, 싱글 목회자들이 일하는 부서(중복응답)는 '영유아/유치부'(33.1%), '유년부/초등부/중고등부'(59.4%), '청년부'(17.9%), '장년부'(34.8%)로 나타나 교회학교나 청년부에서 일하는 싱글 사역자들이 많은 것으로 조사됐다. 싱글을 위한 공동체도 없고 기혼자 대부분 교회 목회자와 리더로 참여하고 있는 상황에서 싱글들은 교회에서 자신들의 자리와 역할 모델을 찾기가 쉽지 않다.

대부분 교회에서는 '결혼한 남자 목회자와 평신도'가 교역자나 리더의 모델로 대두되는데, 싱글 사역자에게도 장점과 유익이 있다. 예수님과 사도 바울, 마리아와 마르다, 빌립의 네 딸, 막달라 마리아는 싱글이란 이유로 교회 리더십에서 배제되지 않았다. 오히려 그들은 싱글이기에 가족에 매이지 않고 전적으로 하나님의 일을 감당할 수 있었다. 현재 한국 교회에서 싱글 목회자를 성인 공동체 리더십으로 세우는 것을 불편해하거나 배제하는 분위기와는 사뭇 다르다.

또 싱글부서 사역자의 혼인 여부를 알아보았는데 싱글부서 사역자 중 71.6%가 결혼한 사역자이고, 싱글 사역자는 28.4%뿐이었다. 청장년 싱글 입장에서는 자신의 입장을 이해할 수 있는 싱글 사역자에게 더 동질감과 편안함을 가질 수 있을 것이다. 따라서 싱글을 이해하고 배려할 수 있는 싱글 사역자, 그리고 싱글친화적 의식을 갖춘 리더들을 양성하고 세우는 것이 필요하다 하겠다.

싱글들은 30대에 들어서면서, 특히 30대 중후반을 지나면서 교회 공동체에서 편견과 소외감을 느끼며 설 자리를 잃어버리고 인간 관계망도 좁아짐을 경험한다. 이에 따라 싱글들이 자신의 삶을 공유하고 소속감을 갖고 지지를 받을 수 있는 싱글 모임이 필요하다. 동시에 결혼한 사람들과도 함께 교류하며 소통할 수 있는 모임과 접촉점이 필요하다. 이를 위해서는 청장년 싱글들이 결혼한 사람들과 교회 공동체 구성원으로서 함께 존중을 받으며, 다양한 사람들이 함께 삶을 공유하며 섬기며 나누는 교회 공동체가 되어야 할 것이다. 아울러 싱글들이 소외되지 않도록 교회 공동체 조직을 재구성해 싱글들을 배려하는 목회적 돌봄이 필요하다.

트렌드 전망 및 시사점

현재의 싱글 증가 추세를 볼 때 결혼하지 않고 평생 싱글로 살거나 만혼이 증가하는 현상은 계속될 것이다. 그렇다면 더 이상 교회는 이들을 '결혼 대기자'로 보는 시각을 버리고 싱글들이 미래 결혼 여부와 상관없이 현재 삶을 받아들이고 충실하게 잘 살 수 있도록 돕는 것이 중요하다. 싱글들이 현재 삶을 충실하게 즐기며 자신을 사랑하고 잘 살아갈 때, 삶의 질이 향상되고 미래에 결혼을 하거나 결혼하지 않더라도 그들의 삶이 결혼 여부에 의해 흔들리지 않고 자기 삶을 살 수 있을 것이다.

교회에서 싱글들을 '결혼 대기자'라는 관심 밖 그룹으로 두고 돌보지 않는다면 열심히 교회생활을 하던 싱글들이 소극적으로 예배에 참석하게 되고 공동체에 소속하지 않거나 아니면 다니던 교회를 이탈해 싱글 예배나 모임이 있는 큰 교회로 갈 수 있다. 게다가 자칫 가나안 교인이 될 수도 있다. 이는 싱글들이 결혼 중심 교회 공동체에서 어느 순간 싱글로 있는 자신의 존재가 사람들의 눈에 부각되는 것이 불편하고 설 자리가 없어짐을 발견하고 싱글에 대한 편견을 부담스럽게 여기기 때문이다.

이를 막기 위해서 교회 차원에서는 결혼 중심으로 움직이는 교회 조직과 공동체의 변화가 필요하다. 결혼 여부와 상관없이 싱글들이 결혼한 사람들과 함께 교회 공동체와 조직에 자연스레 참여할 수 있도록 해야 한다. 현재 대부분의 교회는 교회학교, 대학부, 청년부 이후 결혼하면 장년부로 편입되는 구조를 가지고 있는데, 이런 교회 조직과 공동체에서 결혼하지 않은 청장년 싱글들은 그 어디에도 설 자리가 없고 어정쩡한 것이 현실이다. 따라서 싱글들을 위한 예배를 신설하거나 싱글 공동체, 싱글 소그룹을 활성화시켜 싱글들이 자신의 삶을 잘 관리하며, 교회 공동체에서는 소속감을 갖고 사람들과 소통하고 교제할 수 있도록 다양한 프로그램과 정서적 지원을 아끼지 말아야 한다.

그리고 싱글라이프에 대한 강좌 및 싱글로 살아가는 데 필요한 유익한 정보 및 함께 모일 수 있는 여건도 조성해야 한다. 예를 들면 건강, 재정관리, 자기관리, 취미 활동 등에 대한 강좌 및 모임, 싱글들이 함께 모여 자신의 삶을 진솔하게 나누고 다른 싱글들의 이야기도 듣는 시간 만들기, 식탁 교제, 여행, 수련회 등을 기획하고 시도해보는 것도 좋을 것이다. 이런 모임들은 교회에서 싱글을 배려하는 의식을 가지게 하고 이들이 현재와 미래의 삶을 잘 꾸려갈 수 있도록 하게 될 것이다.

아울러 싱글들이 교회 활동에 적극적으로 참여할 수 있도록 교회 리더로 양성하여 세우는 것이 필요하다. 싱글들이 교회 활동에 적극적으로 참여하도록 하기 위해서는 교회 공동체에서 자신의 존재 가치를 발견하고 현재 싱글의 삶을 있는 그대로 존중받도록 해야 한다.

앞서 언급한 사안들이 원만하게 잘 진행되기 위해서는 교회 안에 팽배해 있는 싱글들에 대한 편견을 버리는 일이 핵심이다. 싱글에 대한 편견을 제거하고 싱글친화적인 의식이 교회에 널리 퍼져 있지 않다면, 싱글들이 교회 공동체에 적극적으로 참여하고 소속감을 갖기는 쉽지 않을 것이다. 이를 위해서는 목회자와 교인들을 대상으로 한 교육이 절실하다.

What's Next?

교회 조직과 공동체에서 결혼하지 않은 청장년 싱글들은 그 어디에도 설 자리가 없다. 따라서 싱글들을 위한 예배를 신설하거나 싱글 공동체, 싱글 소그룹을 활성화시켜 싱글들이 자신의 삶을 잘 관리하며, 교회 공동체에서는 소속감을 갖고 사람들과 소통하고 교제할 수 있도록 다양한 프로그램과 정서적 지원을 아끼지 말아야 한다.

또 하나 심각하게 고민해봐야 할 것은 바로 목회자 인식의 변화가 중요하다는 것이다. 목회자들은 결혼을 지지하고 비혼에 대해 가장 보수적인 그룹 중 하나이다. 이들은 한국 교회 목회 상황이 급격하게 변화되고 있음에도 아직 제대로 감지하지 못하거나 자신의 생각을 고수하고 있는 것으로 보인다.

목회자가 말씀을 전하고 성도를 교육하는 데 있어서 싱글과 결혼에 대한 의식이 변화되지 않고 싱글친화적이지 않다면 성도들 안에 내재해 있는 싱글에 대한 편견 해소, 싱글을 배려하는 교회 공동체 조직 변화, 이들을 리더로 세우고 싱글들의 입장에서 싱글들을 이해하고 배려할 수 있는 싱글 목회자를 세우는 일 등은 요원할 것이다.

08

Senior
Ministry

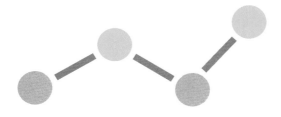

시니어 미니스트리

우리나라는 세계에서 그 유래를 찾기 어려울 만큼 빠른 고령화를 경험하고 있다. 2025년 초고령사회 진입 후에는 더 빠른 고령화로 경제협력개발기구(OECD) 국가 중 고령화율이 가장 높은 일본을 30년 내에 추월해 OECD 최고령 국가로 전환될 것으로 예상된다.

그런데 초고령사회와 같이 고령자가 다수를 차지하는 시대는 고령화 문제를 개인이나 가족 차원에서 해결하기에는 한계가 있다. 따라서 고령화 문제를 활동적 노화(active aging), 즉 적극적 노화의 개념으로 전적인 방향 전환을 하지 않고서는 해결되기 힘들다는 것이 국제 사회의 결론이다.

이러한 배경에서 국제 사회는 고령화 시대에 최적화된 대안 패러다임으로 '고령친화성'(age-friendliness)을 선택했다. 이에 따라 세계보건기구(WHO)는 '고령친화도시와 지역 사회'(age-friendly cities and communities) 운동을 전개하고 있으며, '고령친화대학 국제네트워크'(age-friendly university global network)가 연령 통합을 추구하는 새로운 대학으로 그 역할을 주도하고 있다.

이러한 시대적 흐름 속에서 초고령화 시대를 맞이해 심각한 고령화 현실에 직면하고 있는 교회는 지속가능한 성장 및 고령화에 대한 사회적 책임과 역할을 위해 본격적으로 '고령친화성'에 대한 관심을 가져야 할 것이다. 한국 교회는 초고령사회의 새로운 선교적 교회 모델로서 '고령친화교회'(age-friendly church)의 토대를 갖추어야 하는 과제를 안고 있다.

향후 10년 내에 고령자의 다수를 차지하게 될 활동적 노화를 추구하는 액티브 시니어(Active Senior)의 강점과 노인의 취약성 모두를 포용할 수 있는 고령친화교회로의 전환을 성공적으로 이룬다면 초고령사회는 한국 교회의 기회가 될 것이다. 그렇지 못할 경우 고령화는 한국 교회의 위기가 될 것이다. 이런 점에서 고령친화교회는 초고령사회에 활동적 노화를 위해 교회가 선택할 수 있는 최선이 될 것이다.

초고령화 시대, 교회의 새로운 도전 과제

오늘날 우리 사회는 의료 및 과학 기술의 발달과 생활 여건 개선 등으로 노인의 사망률 저하와 함께 평균 수명은 물론 건강 수명이 지속적으로 증가하고 있다. 2024년 7월 10일 기준 통계청 주민등록 인구 등록 자료에 의하면, 우리나라는 노인 인구가 1,062만 명으로 19.5%의 고령화율을 나타내고 있으며 노인 인구 1,000만 명 시대를 열게 되었다. 그리고 2025년이면 고령화율이 20%가 넘는 초고령사회를 맞이하게 된다. 최근 통계에서 고령화율이 매월 0.1%씩 증가하는 추세를 감안한다면 올해가 지나가기 전에 초고령사회로 진입할 가능성도 배제할 수 없다. 또한 중위 연령에서도 2022년 44.9세에서 2072년에는 63.4세로 약 48년 후에는 우리나라 인구 절반이 노인이 될 것이다.

이러한 급격한 고령화는 이미 오래 전부터 예견된 일이지만 정부가 추계한 속도보다 고령화 속도는 점점 더 빨라지고 있는 추세이다. UN의 세계 인구 전망(World Population Prospects 2022)과 통계청 '장래인구추계 : 2022-2072년'의 OECD 주요 국가의 고령사회 및 초고령사회 소요 연수를 살펴보면 고령사회 도달 소요 연수(7%→14%)는 OECD 평균 52년이 소요되었으나, 우리나라는 18년이 소요되었고 초고령사회 도달 소요 연수(14%→20%)는 OECD 평균이 26년인 것에 비해 우리나라는 7년으로, 독보적으로 빠른 고령화 속도를 나타내고 있다. 인구 변화 속도가 빠르다는 것은 모든 사회와 세대에 영향을 미친다는 뜻이기도 하다.

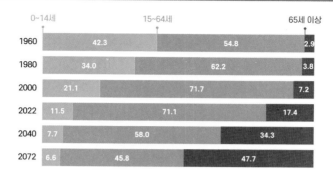

연령별 인구구성비 변화 추이 (%)

	0~14세	15~64세	65세 이상
1960	42.3	54.8	2.9
1980	34.0	62.2	3.8
2000	21.1	71.7	7.2
2022	11.5	71.1	17.4
2040	7.7	58.0	34.3
2072	6.6	45.8	47.7

통계청, '장래인구추계: 2022-2072년'

"어쩌면 한국 교회 고령화는 이미 2050년도에 와 있는지도 모릅니다."

"오랜만에 부모님 다니시는 교회에서 주일예배를 드렸는데 젊은 사람이 없어서 놀랐습니다."

한국 교회 역시 고령화 문제가 심각하다. 여론조사 전문기관인 한국리서치가 최근 2023년 종교 인구 현황을 발표했다.[1] 60세 이상 종교인 중 개신교와 불교 고령자 비율이 각각 24%와 23%로 가장 높았으며, 그다음으로 천주교(16%), 기타(1%) 순으로 나타났다. 종교인 고령자 비율보다 더 관심 있게 볼 수 있는 조사 결과는 종교 활동 참여 빈도이다. 개신교는 '매주 종교 활동 참여' 응답이 54%인데, 천주교는 27%, 불교는 2%로 개신교인의 종교 활동이 매우 적극적인 것으로 나타났다.

따라서 한국 교회는 교회를 중심으로 한 사역 활동 참여와 같은 활동적 노화에 큰 강점을 갖고 있음을 유추할 수 있다. 그런데 종교 인구에 있어서는 일반적인 표본조사보다 실제 출석 교인의 고령화가 더 중요하다. 이번 '한국 교회 트렌드 2025 조사'에 의하면 목회자가 응답한 시무 교회의 고령화율(65세 이상 교인 비율)은 평균 41.0%로 나타났는데, 이는 통계청(2023) '장래인구추계 : 2022-2072년'에서 2050년 예측 고령화율인 40.1% 수준에 준한다고 볼 수 있다. 따라서 한국 교회는 이미 2050년 수준의 고령화율을 보이고 있다고 할 수 있다. 이 조사가 확률 표집을 적용하지는 않았지만 시무 교회 목회자의 평가이므로 실제적인 교회 현실을 반영한 결과로 볼 수 있을 것이다.

이러한 전망에 따라 고령화율이 높은 교회의 지속가능성을 위해서는 교회가 고령친화적인 목회 사역을 마련함으로써 교회 성장과 활력 유지에 주력해야 할 뿐만 아니라, 지역 특성과 고령화 정도에 따른 시니어 목회 사역 전략을 마련할 필요가 있다. 우리 사회는 머지않은 시기에 활동적 욕구를 가진 1,2차 베이비붐 세대가 가장 큰 분포를 이루는 신노년 시대를 맞이함과 동시에, 소위 '100세 시대'로 불리는 장수 시대를 맞이하게 된다. 그러나 100세 시대가 축복이기만 한 것은 아니다. 준비되지 못한 장수는 오히려 긴 징벌처럼 다가올 수도 있다. 교회는 하나님이 인간에게 장수를 축복으로 주셨음을 기억하며, 장수가 징벌이 아닌 축복이 되

시니어 사역
(Senior Ministry)

초고령화 시대로 심각한 고령화 현실에 직면하고 있는 교회는 지속가능한 성장 및 고령화에 대한 사회적 책임과 역할을 위해 본격적으로 '고령친화성'에 대한 관심을 가져야 하며 새로운 선교적 교회 모델, '고령친화교회'의 토대를 갖추어야 하는 과제를 안고 있다.

고령친화교회란 아무리 나이가 들더라도 소외되거나 배제됨 없이 시니어들이 자신의 역량을 최대한 발휘해 남은 삶을 활력과 소명으로 살아갈 수 있는 여건과 지원 체계를 갖춘 교회를 말한다.

도록 시니어를 교회 사역의 중심에 두어야 할 것이다. 이것이 초고령 사회의 교회를 향한 하나님의 부르심이며 교회의 사명이요, 나아가 교회의 새로운 도전적 기회가 될 것이다.

이전의 노인은 잊어라

"우리는 70세가 청장년처럼 살아가는 시대를 살고 있다."

오늘날의 시니어들은 어떻게 달라졌을까? '한국 교회 트렌드 2025 조사'에 의하면, 65세 이상 시니어 교인의 변화를 잘 확인할 수 있다. 주관적 건강 수준에서 '건강하다'는 응답 비율이 65~69세는 46.9%, 70~79세는 41.1%로 고령임에도 불구하고 주관적 건강 수준이 비교

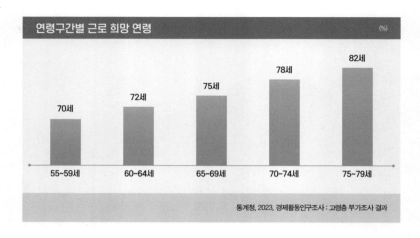

연령구간별 근로 희망 연령 (%)

70세 55~59세
72세 60~64세
75세 65~69세
78세 70~74세
82세 75~79세

통계청, 2023, 경제활동인구조사 : 고령층 부가조사 결과

적 높은 것으로 나타났다. 경제활동 상한 연령은 평균 74.6세였다. 통계청(2023) 조사에 따르면 '앞으로 계속 일할 생각이 있다'는 질문에 '65~69세'는 75세까지, '70~74세'는 78세, '75~79세'는 82세까지 일하고 싶다고 응답했다.[2] 이는 시니어의 활동적이고 생산적인 욕구가 높아지고 있음을 보여준다. 따라서 한국 교회도 시니어에 대한 인식을 사회적 기여와 역할에 대한 역량을 가진 존재로 인식하고 시니어를 교회 사역의 중심에 두어야 할 것이다.

액티브 시니어(Active Senior)는 특정 연령집단이라기보다 활동적 노화를 영위하는 노년 세대를 총칭하는 용어이다. 액티브 시니어를 대표하는 집단으로 베이비붐 세대를 꼽을 수 있다.

우리나라는 2028년까지 1차 베이비붐 세대(1955~1963년생)가 노년기 진입을 완료하게 되고, 그 뒤를 이어 약 954만 명의 후기 베이비붐 세대(1964-1974년생)가 노년기에 진입하게 된다. 1차 베이비붐 세대가 약 705만 명인 것과 비교할 때 코호트 세대 중 가장 큰 집단인 후기

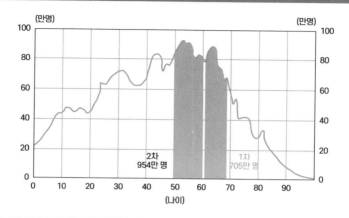

베이비붐 세대 인구수 분포

(만명) / (만명)

2차
954만 명

1차
705만 명

(나이)

행정안전부, 주민등록 인구통계, 2023년 12월 기준

베이비붐 세대의 노년층 진입은 엄청난 사회 변화를 가져올 것으로 보인다. 이 때문에 베이비붐 세대가 노년기에 접어들 시기에 그 세대의 특징에 대한 조사들이 쏟아졌다. 세계적인 시장조사기업 유로모니터(Euromonitor International)는 2017년 라이프스타일 보고서에서 베이비붐 세대에 대해 '내 선택과 행동으로 세상을 변화시킬 수 있다'는 신념을 가진 '나이에 구애받지 않는 세대'로 묘사했다.[3] 즉 액티브 시니어는 자신의 나이에 구속되지 않고 자신과 세상을 변화시킬 수 있다는 신념을 가진 세대라는 것이다. 또 다른 특징은 고졸 이상 학력자 비율이 1차 베이비붐 세대가 88%, 2차 베이비붐 세대가 99%로 우리나라는 세계에서 최고 학력을 가진 시니어를 보유하고 있다.

그동안 우리 사회는 시대착오적 고정관념에 기반한 연령주의

(ageism)로 인해 노인의 생산성과 사회적 역량을 평가절하해왔다. 연령주의의 대표적 오해 중 하나는 노인은 생산적이지 않다는 것이다. 그런데 생산성을 좌우하는 지능, 기억력, 학습 능력은 나이가 들수록 떨어진다는 주장은 사실과 다르다.

성인 지능의 중요한 부분인 결정성 지능(crystallized intelligence)은 교육, 훈련 및 경험을 통해 후천적으로 얻어지는 것으로, 나이가 들수록, 그리고 학습 경험이 축적될수록 향상된다는 것이다. 교회가 시니어에 대한 연령주의의 편견을 극복하지 못하고 교회 사역의 중심에 시니어를 두지 못한다면 초고령사회 속에서의 성장과 부흥은 기대하기 어려울 것이다. 교회가 시니어 교인들의 역량과 가능성을 믿고 그들의 활동적 노화를 지지하고, 사역 참여 기회를 제공한다면 기대 이상으로 교회의 큰 자산이 될 것이다.

고령화의 새로운 대안, '고령친화'가 뜬다

노화 혹은 고령화와 관련된 트렌드를 관통하는 키워드는 '활동적 노화'(active aging)이다. 최근 대두되는 고령화 대책은 대부분 활동적 노화를 보장하기 위한 것이다. 활동적 노화 운동의 모범 사례는 바로 세계보건기구(WHO)가 주관하는 '고령친화도시와 지역 사회'(Age-Friendly Cites and Communities : AFCC)와 대학이 고령화 문제에 주도적으로 참여하는 '고령친화대학'(Age-Friendly Universities : AFU)이다.

고령친화도시와 지역 사회

"고령친화적 사회로의 전환 없이 고령화 쇼크를 해결할 수 없다."

　국제 사회는 고령 인구가 8%인 고령화사회(aging society)를 맞이하면서부터 고령화를 '쇼크'라고 표현할 정도로, 가속화되는 고령화의 사회적 영향의 심각성을 경고해왔다. 이 가운데 WHO는 고령화로 인해 동반되는 각종 사회문제 해결을 위해 새로운 노년기 삶의 패러다임으로 '활동적 노화'(active aging)에 초점을 둔 '고령친화도시와 지역 사회'를 그 대안 모델로 삼아 전 세계 도시와 지역 사회에 보급하는 운동을 전개하고 있다. WHO는 '고령친화도시와 지역 사회' 운동 확산을 위해 2010년 '고령친화도시와 지역 사회 글로벌 네트워크

(Global Network for Age-Friendly Cities and Communities : GNAFCC)를 출범했다. 2024년 6월 기준 53개국 1,606개 지자체가 가입돼 있다.

우리나라는 2016년 서울시를 시작으로 2024년 6월 기준 59개 지자체가 글로벌 네트워크에 가입돼 있다. 주목할 점은 2023년 12월 국회 본회의를 통과한 '노인복지법' 일부 개정법률안에 지방자치단체 단위로 고령화에 체계적으로 대응하기 위한 '고령친화도시'를 지정하는 제도를 도입하는 조항이 포함됐다는 것이다. 이 개정법률안을 통해 지자체를 중심으로 고령친화 환경 조성이 본격적으로 추진될 예정이다. 즉, 이제는 고령친화가 시대적 대세라는 것이다.

고령친화교회란

고령친화교회(Age-Friendly Churches)란 아무리 나이가 들더라도 소외되거나 배제됨 없이 시니어들이 자신의 역량을 최대한 발휘해 남은 삶을 활력과 소명으로 살아갈 수 있는 여건과 지원 체계를 갖춘 교회를 말한다. 고령친화교회로서의 요건을 갖추기 위해서는 다음과 같은 노력을 기울여야 할 것이다.

- 시니어의 다양한 능력과 자원을 인정하고 그들을 교회 핵심 멤버로서 힘을 실어준다.
- 시니어의 의견 수렴 통로를 마련해 시니어의 실태와 필요를 파악해 대응한다.
- 시니어들에게 필요한 정보를 다양한 방식으로 제공한다.
- 누구도 연령으로 인해 교회 의사 결정 및 사역 참여 제한 혹은 차별을

받지 않도록 한다.

- 교회 직분자를 비롯한 교인들을 대상으로 연령 차별 및 노화 인식 개선을 위해 노력한다.
- 교회 시설 및 공간 이용의 접근성과 편의성을 보장한다.
- 시니어들의 영육간의 성장과 발달을 위해 노력한다.
- 활동적 시니어와 취약한 시니어 모두를 위한 개별화된 사역을 마련한다.
- 시니어의 특성과 욕구를 고려한 예배, 여가, 평생교육 프로그램을 제공한다.
- 시니어들의 자발적인 소그룹을 격려하고 지원한다.
- 취약한 시니어에 대한 지속가능한 돌봄 및 보호 체계를 마련한다.
- 세대 간 상호작용을 이끄는 다양한 연령이 함께하는 모임이나 활동을 마련한다.
- 시니어들이 교회와 지역 사회의 사역 및 다양한 봉사 활동에 참여하도록 격려한다.
- 시니어 사역을 위한 조직을 구성하고 경험 장단기 사역 계획을 수립한다.
- 시니어들을 효과적으로 지원하기 위한 지역 교회 및 지역 사회와의 협력 체계를 마련한다.

교회의 고령친화성 평가

'한국 교회 트렌드 2025 조사'에서 시니어 교인과 교회 시무 담임 목회자를 대상으로 출석 및 시무 교회의 고령친화 항목을 평가한 결과는 다음과 같다. 시니어 교인들은 전체 긍정 응답 비율(5점 척도 질문, 매우 + 약간 그렇다) 평균이 49.9%로 절반 수준이었으며, '고령자

(시니어=945, 목회자=239)

고령친화교회 평가

번호	고령친화교회 평가 문항	긍정응답(%) 시니어	긍정응답(%) 목회자
1	고령자에 대한 관심과 배려	65.2	-
2	교회의 의사결정 및 사역 참여	59.9	-
3	고령자 대변 혹은 대표하는 조직	45.9	61.8
4	설교·교육에서 노년기 문제 다룸	48.1	57.9
5	교회 시설 및 공간 이용 편의성	61.0	60.7
6	다양한 여가, 교육 및 활동 제공	64.0	-
7	고령자의 특성을 배려한 예배	47.8	-
8	고령자 영적 성장 지원	45.2	-
9	취약한 고령자 돌봄 및 지원	37.5	49.7
10	활동적 노년을 위한 정보 제공	38.6	-
11	고령자 방문 및 비대면 영적 지원	37.0	48.8
12	다양한 연령 참여 모임 및 활동	51.5	-
13	다양한 고령자 소그룹 제공	47.5	-
14	고령자 의견수렴 통로	-	58.6
15	고령자 사역 인력 배치	-	41.5
16	고령자 중심 조직 구성	-	73.0
17	고령자 예산 배정	-	65.1
18	고령자 사역계획 수립	-	55.6
19	취약한 고령자 위해 지역 사회협력	-	48.5
	전체 평균	49.9	58.6

5점 척도 질문(매우+약간 그렇다 비율임)

미래목회연구원·아드폰테스·목회데이터연구소, '한국 교회 트렌드2025 조사'
(전국 만 65세 이상 교회출석 노인, 1500명, 전국 담임목사 500명, 모바일 또는 자기기입식, 2024년 5월)

에 대한 관심과 배려'(65.2%), '교회 시설 및 공간 이용 편의성'(61.0%), '다양한 여가, 교육 및 활동 제공'(64.0%) 등은 긍정적 응답 비율이 상대적으로 높게 나타났다. 반면 '취약한 고령자 돌봄 및 지원'(37.5%), '활동적 노년을 위한 정보 제공'(38.6%), '고령자 방문 및 비대면 영적 지원'(37.0%) 등의 항목은 상대적으로 긍정 응답 비율이 낮았다.

목회자의 경우 전체 긍정 응답 비율 평균이 58.6%로 시니어 교인 (49.9%)에 비해 높았다. 시니어 교인과 목회자의 고령친화교회 평가 설문에서 상이한 문항이 다수 있어서 모든 문항을 비교할 수는 없지만, 공통 문항 중에서는 '교회 시설 및 공간 이용 편의성'은 두 집단 모두 긍정 응답 비율이 높았으며, '취약한 고령자 돌봄 및 지원'과 '고령자 방문 및 비대면 영적 지원'에서는 공통적으로 긍정 응답 비율이 낮았다.

이러한 조사 결과에서 일부 문항을 제외하고는 대체적으로 목회자에 비해 시니어 교인들이 교회의 고령친화성을 덜 긍정적으로 평가하고 있어, 시니어 교인들이 피부로 느낄 수 있는 실질적인 교회의 노력이 요구된다. 특히 '고령자를 대변하거나 대표하는 조직'에 대해 목회자에 비해 시니어 교인의 긍정 응답 비율이 크게 낮은 것은 시니어 교인들의 입장에서 자신들의 의견이 잘 반영되지 못하는 것으로 볼 수 있다. 따라서 교회는 시니어 교인들의 의견을 소홀히 하지 말아야 한다.

그리고 시니어 교인의 긍정 응답 비율이 가장 낮게 나타난 문항과 관련해 몇 가지 방안을 고려할 수 있다. 먼저 노인 돌봄 코디네이터와 같은 돌봄 사역자를 양성해 '사각지대의 취약 노인'을 지원하는 것이다. 이 경우 개교회 차원의 사역이 교회 여건상 어려울 경우 여러 교회나 지역 사회복지기관과 연계할 수도 있다. 노후에 필요한 정보 제공에 있어서는 인근 노인복지관과 협력해 정기적으로 그 기관이 보유한 노후 관련 정보를 입수해 시니어 교인들에게 제공하고, 교회 신앙생활과 관련된 정보들은 교회 게시판이나 문자 메시지, 카카오톡과 같은 SNS를 통해 정기적으로 제공할 수 있다.

인터넷이나 핸드폰을 사용하지 않는 경우 시니어 부서나 각종 모임을 통해 제공할 수 있다. 또 거동이 불편해 교회 출석이 힘든 시니어들을 위해서는 온라인 예배 및 성경공부를 마련할 수도 있다. 여기에는 미국 애리조나의 팜웨스트커뮤니티교회(Palm West Community Church) 소속 은퇴 목회자들이 미니 성찬기를 소지하고 교회 출석이 힘든 시니어 가정을 방문해 성찬식을 거행한 사례를 적용해볼 수 있다.[4]

고령친화교회의 조건

1. 시니어의 필요를 잘 살피는 교회

과연 고령친화교회는 시니어 교인이 만족할 수 있는 사역 모델일까? 그리고 시니어 교인이 만족할 만한 고령친화교회로 가기 위해 무엇을 고려해야 할까? 그 해답은 시니어의 목소리에 귀를 기울이고 그들의 필요를 잘 살피는 데 있다.

'한국 교회 트렌드 2025 조사'에서 시니어 교인을 대상으로 출석교회에 대한 고령친화교회의 적합성 수준을 100점 만점으로 평가했을 때 평균 74점으로 나타났다. 아주 낮은 점수는 아니지만 초고령사회에 걸맞은 교회의 고령친화성을 갖추기 위해서는 분발해야 할 수준으로 평가된다. 그리고 '교회에 만족한다'고 응답한 시니어 교인의 출석 교회에 대한 고령친화교회에 대한 평가는 77.4점으로 전체 평균인 74점에 비해 높았지만, 교회 만족도를 '보통'과 '불만족'으로 응답한 시니어 교인의 점수는 모두 70점 이하로 낮았다. 특히 '불만족'이 62.3점으로 나타나 '만족'으로 응답한 시니어 교인의 고령친화교회 적합도 평가 점수에 비해 15점 정도로 큰 차이를 보이는 것으로 나타났다.

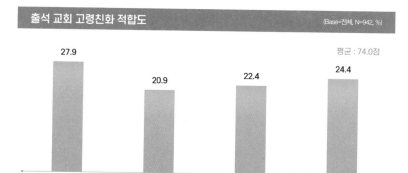

미래목회연구원·아드폰테스·목회데이터연구소, '한국 교회 트렌드 2025 조사'
(전국 만 65세 이상 교회출석 노인, 1500명, 모바일 또는 자기기입식, 2024년 5월)

이러한 결과는 교회가 고령친화성이 향상될 때 시니어 교인들의 교회 만족도도 향상된다고 추정할 수 있다. 그런데 60대와 70대의 교회 고령친화 적합도는 각각 73.0점과 72.7점인 반면, 80세 이상은 78.2점으로, 후기 노인에 비해 전기 노인의 고령친화성 평가가 낮게 나타났다. 이는 교회의 고령친화성과 교회 만족도 향상을 위해 베이비붐 세대가 포함된 전기 노인의 요구를 반영할 필요가 있다는 것을 말하고 있다.

2. 활동적 노화 플랫폼이 되는 교회

"고령에도 꺾이지 않는 봉사 욕구, 최고의 봉사 자원이다."

'한국 교회 트렌드 2025 조사' 결과, 시니어 교인의 교회 안팎에서의 봉사 활동 실태를 보면 교회 안에서의 봉사 활동 참여율이 2022년 44.4%에서 2024년에는 50.8%로 약간 증가했다. 또 교회 밖 봉사 활동 참여율도 26.7%에서 35.5%로 증가했다. 2022년은 코로나19 팬데믹이 아직 끝나지 않은 시기라 활동 수준이 낮은 편이라고 볼 수 있으나, 이번 조사 결과 시니어 교인들의 자원봉사 활동력은 코로나가 종식되면서 더 커졌음을 보여주고 있다.

특히 보건복지부의 '노인실태조사'에서 2017년 3.9%, 2020년 2.9% 그리고 서울시 '노인실태조사'에서는 5.6%의 시니어들만 자원봉사 활동에 참여하고 있는 것과 비교할 때, 한국 교회 시니어 교인들의 자원봉사 활동 참여율은 일반 시니어에 비해 월등히 높다는 것을 알 수 있다.

시니어 교인의 교회 밖 자원봉사 활동 참여율을 연령별로 살펴보면 65~69세가 39.2%, 70~79세 38.7%, 80세 이상은 25.1%로 나타났다. 이는 70대까지는 자원봉사 활동 참여율이 큰 차이를 보이지 않고, 80대에서도 여전히 높은 자원봉사 활동 참여율을 보이고 있다는 점에서 매우 고무적이다.

심지어 자신의 건강 수준을 병약하다고 평가한 시니어 교인들조차도 교회 사역에 필요한 신체적, 정신적 능력은 부족하지만(25.5%) 교회의 정책 결정에 참여하는 것과(49.9%) 건강이 허락하는 한 교회 사역에 참여하고자 하는 의향(44.8%)에서 높은 비율을 보인다는 점에서 한국 교회의 시니어는 봉사를 즐기는 헌신적이고 활동적인 '액티브 시니어'로 규정할 수 있다. 따라서 교회는 이들을 위한 활동적 노화 플랫폼을 구축해야 할 것이다.

3. 연령 통합을 지향하는 교회

그런데 고령친화교회로 향하는 길을 가장 먼저 가로막는 것이 바로 '연령주의'(ageism)다. '연령차별'로도 불리는 연령주의는 단지 나이 때문에 차별과 불이익을 당하는 것을 말한다. WHO는 연령주의를 고정관념, 편견, 차별의 가장 보편적인 형태로 보고 활동적 노화의 치명적 위협으로 보았다.[5] 연령주의는 시니어로 하여금 독립된 주체로서의 사회 참여와 세대 간 소통을 막을 뿐 아니라, 사회 제도나 정책적 차원에서 노인을 기피하고 배제함으로써 시니어들이 사회적 고립을 경험하게 되는 것이다. '연령통합'(세대통합, age integration)은 연령에 의해 분리되거나 제한되지 않기 때문에 다양한 연령 간 소통과 교류가 활발해지고, 그로 인해 세대 간 장벽이 무너지고 협력적 연대가 형성됨으로써 연령에 따른 불이익을 경험하지 않게 되는 것이다.

'한국 교회 트렌드 2025 조사' 결과 일반 개신교인에 비해 시니어 개신교인이 느끼는 출석 교회의 연령통합 수준은 적게는 8.5%에서 많게는 20.9%까지 큰 차이로 보였다. 이러한 결과로 볼 때, 시니어 개신교인들이 일반 개신교인보다 출석 교회의 연령통합 수준을 낮게 평가한다는 것은 일반 교인들에 비해 그만큼 연령차별을 더 많이 경험한다고 볼 수 있다. 따라서 교회는 고령친화교회를 추진함에 있어서 연령주의 극복과 연령통합 지향을 위해 노력해야 할 것이다.

연령통합 문항 중에 낮은 평가를 받은 것은 '고령자와 젊은 세대 간의 이해를 위한 노력 정도'와 '다양한 세대와 연령의 의견 청취 정도'에 관한 문항이었다. 즉, 세대 간 이해와 소통의 부족이 교회의 연령통합에 큰 장애물이 되고 있음을 알 수 있다. 그리고 연령통합 모든

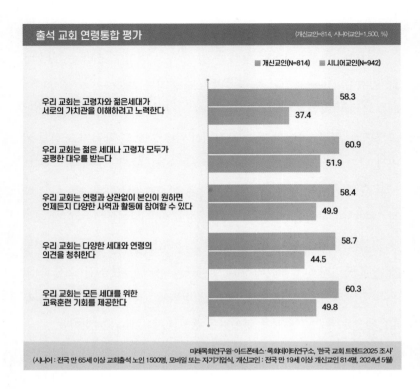

출석 교회 연령통합 평가 (개신교인=814, 시니어교인=1,500, %)

■ 개신교인(N=814)   ■ 시니어교인(N=942)

우리 교회는 고령자와 젊은세대가
서로의 가치관을 이해하려고 노력한다
58.3
37.4

우리 교회는 젊은 세대나 고령자 모두가
공평한 대우를 받는다
60.9
51.9

우리 교회는 연령과 상관없이 본인이 원하면
언제든지 다양한 사역과 활동에 참여할 수 있다
58.4
49.9

우리 교회는 다양한 세대와 연령의
의견을 청취한다
58.7
44.5

우리 교회는 모든 세대를 위한
교육훈련 기회를 제공한다
60.3
49.8

미래목회연구원·아드폰테스·목회데이터연구소, '한국 교회 트렌드2025 조사'
(시니어 : 전국 만 65세 이상 교회출석 노인 1500명, 모바일 또는 자기기입식, 개신교인 : 전국 만 19세 이상 개신교인 814명, 2024년 5월)

문항에서 교회가 '서로 다른 세대에 대해 이해하려는 노력' 정도를 평가함에 있어서 시니어 교인의 평가가 다른 연령통합 항목들에 비해 가장 낮고, 일반 교인에 비해서도 20% 이상 차이를 보여 세대 간 가치관이나 문화에 대한 이해가 시급하게 요구된다 하겠다.

4. 시니어 소그룹을 활성화하는 교회

"소그룹은 시니어 사역의 최고 전략적 선택이다."

교회 안에 작은 교회로서 소그룹은 시니어 사역의 핵심 열쇠가 될 수 있다. '한국 교회 트렌드 2025 조사'에서 65~70세의 시니어들에게 은퇴 후 교회 사역을 계속 하고 싶은지 물었다. 그 결과 '사역을 계속 하고 싶다'는 응답이 33.5%로 나타났는데 이를 소그룹 활동별로 살펴보면 소그룹 참여자(40.2%), 미참여자(29.4%)로 큰 차이를 보였다. 또 출석 교회 만족도를 소그룹 참여별로 보면 정기적 참여자(69.2%), 미참여자(57.5%)로 나타나 소그룹 참여자 그룹이 그렇지 않은 그룹보다 교회 만족도가 높았다. 이런 결과는 시니어 교인의 소그룹 참여가 교회 사역 참여 의향과 교회 만족에 중요한 영향을 끼치는 요인임을 알 수 있게 한다.

고령친화교회에 대한 평가에서도 시니어 전체 응답자와 소그룹 정기 참여자를 비교해보면, 교회의 고령친화성 평가 문항 중 거의 대부분 항목에서 소그룹 정기 참여자 그룹에서 긍정 응답이 높았다. 이는 소그룹 참여가 고령친화교회의 핵심 요인임을 말해주고 있다. 그런데 시니어 교인의 소그룹은 교회 주도로 톱다운(Top-down) 형식으로 운영되기보다는, 시니어 교인들의 자발성에 기반한 소그룹을 성장시켜 나가는 것이 바람직하다.

처음에는 자발적 소그룹의 정착이 쉽지 않겠지만 시행착오는 성장의 밑거름이 되어 지속가능한 소그룹이 될 것이다. 또 시니어 소그룹은 다양할수록 유리하다. 어떤 시니어들이라 할지라도 교회에서는 그들이 관심 있는 소그룹을 반드시 마련할 필요가 있다. 시니어 교회로 출발한 미국 팜웨스트커뮤니티교회의 경우, 2년 만에 수십 명에서 200여 명의 교회로 성장했다. 이 교회 안에는 50개가 넘는 다양한 자

고령친화교회 평가와 소그룹 정기참여자 긍정응답 비율

(시니어 교인=1500, %)

번호	고령친화교회 평가 항목	시니어 전체 긍정응답 비율	소그룹 정기참여자 긍정응답 비율
1	경로대학 등 다양한 여가, 교육 및 활동 제공	64.0	74.2
2	고령자에 대한 관심과 배려	65.2	73.2
3	교회 시설 및 공간 이용 편의성	61.0	67.0
4	교회의 의사결정 및 사역 참여	59.9	66.3
5	다양한 연령 참여 모임 및 활동	51.5	62.7
6	설교·교육에서 노년기 문제 다룸	48.1	62.0
7	다양한 고령자 소그룹 제공	47.5	57.8
8	고령자 영적 성장 지원	45.2	57.6
9	고령자의 특성을 배려한 예배	47.8	55.4
10	고령자 대변 혹은 대표하는 조직	45.9	55.1
11	활동적 노년을 위한 정보 제공	38.6	49.5
12	취약한 고령자 돌봄 및 지원	37.5	46.1
13	고령자 방문 및 비대면 영적 지원	37.0	42.2

미래목회연구원·아드폰테스·목회데이터연구소, '한국 교회 트렌드2025 조사'
(전국 만 65세 이상 교회출석 노인 1500명, 모바일 또는 자기기입식, 2024년 5월)

발적 시니어 소그룹이 있는데, 이 소그룹이 시니어 교회 성장의 핵심 요인으로 평가되고 있다.

고령친화교회를 지향한다면 자발적인 시니어 소그룹에 힘을 실어 줘야 할 것이다. 그동안 주로 진행되어온 대그룹 중심의 시니어 모임 과 소그룹 중심의 시니어 모임이 균형을 가질 수 있도록 시니어 소그 룹 사역을 확장시켜야 할 것이다. 이로 인해 다양한 욕구를 가진 시니 어들을 만족시킬 수 있는 다원화된 사역 체계가 필요하다 하겠다.

5. 작은 자를 포용하는 교회

"약함이 약점이 되지 않는 교회"

교회는 복음으로 출발했고 복음은 포용을 상징한다. 포용과 밀접한 사회적 용어는 '사회통합'(social integration)이다. 사회통합이란 개인의 취약성으로 인해 사회로부터 배제되거나 권리가 제한된 사회구성원이 연령, 성별, 인종, 사회 경제적 배경에 의해 차별받지 않고 사회 속에서 함께 살아가는 것을 말한다. 사회통합이란 용어 대신 고령친화란 용어를 대체해도 별 문제가 없다. 사회통합의 핵심이 포용이듯 고령친화의 핵심도 포용이다.

마태복음 25장에 언급된 작은 자 중에는 시니어도 포함된다. 시니어들은 질병, 빈곤, 사별, 퇴직, 역할 상실, 고독 등 다양한 문제를 가진 자들이다. 교회는 이들을 품고 이들의 필요를 효과적으로 채울 수 있는 포용성을 가져야 할 것이다. 교회는 취약한 시니어들에게 힘을 실어줄 수 있는 다양한 자원을 개발하고, 교회 소그룹 및 지역 사회 모임 및 활동 등과 같은 관계망을 제공하고, 취약한 상황에서도 시니어들이 가진 달란트를 통해 역량을 발휘하도록 지원해야 할 것이다.

"실수하고 느려도 괜찮은 아름다운 공간"

일본 센가와에는 한 달에 한 번 팝업스토어(pop-up store) 형태의 아주 특별한 카페가 점심시간에 문을 연다. 12석 규모의 작은 카페이다.

이 카페는 치매 노인이 참여하는 소위 '치매 카페'(Dementia Cafe)로, 카페 상호명은 '주문 착오의 카페'(Cafe of Mistaken Orders)이다. 치매 환자들이 서빙을 하다보니 실수가 잦다. 특히 주문 실수를 많은데 주문 중 약 3분의 1 정도가 실수에 의한 잘못된 주문이다. 그런데 신기한 것은 고객 중 99%가 이러한 주문 실수에도 만족한다는 것이다.[6] 이런 성격의 치매 카페는 일본에 굉장히 많다. '주문 착오의 카페' 외에도 일본 최초의 치매 카페인 '이시쿠라 카페'를 비롯해, 스타벅스 'D-카페' 등 일본 전역에 걸쳐 수많은 치매 카페가 운영되고 있다. 일본의 치매 케어 정보 네트워크에 따르면 2023년 12월 기준 8,000개에 달하는 치매 카페가 등록돼 있다. 대부분 팝업 형태의 비상설 카페이지만 치매 노인과 가족들에게는 매우 소중한 포용의 공간이 된다.

'한국 교회 트렌드 2025 조사'에서 시니어 교인들에게 필요한 노년기 교육을 질문했는데 제시한 15개 주제 중 '질병과 건강 관련 주제'(79.9%)의 수요가 가장 높았으며 그다음은 '치매예방과 관리에 대한 주제'(65.7%)였다. 이는 시니어 교인들에게 치매 문제가 다양한 삶의 주제 중에서 매우 중요한 관심사임을 알 수 있다. 따라서 포용적인 고령친화교회가 되기 위해서는 시니어의 질병과 건강 문제뿐 아니라 치매 문제에 대한 관심을 가져야 할 것이다. 이를 위해 치매친화교회 모델이나 치매 카페와 같은 사역도 고려할 수 있을 것이다. 또 죽음에 대한 대화와 죽음 준비 정보 공유 및 사별 적응과 관련한 '데스 카페'(Death Cafe)나 '추모 카페', 치매 환자와 가족을 위한 '메모리 카페'(Memory Cafe) 등 시니어들을 위한 다양한 테마 카페 운동을 적용해볼 수 있을 것이다.

(Base=전체, N=942, %)

교육 주제	노년기 질병 예방과 건강관리	치매 예방과 관리	노년기 건강식 생활	우울증 예방과 극복	여가시간 및 여가생활 설계	대인관계 및 의사소통 기술	건강한 가족(부부) 관계	IT 기기 활용
(942)	79.9	65.7	61.1	54.7	47.4	38.0	33.7	33.5
사례수 (명)	평생학습 (교육) 설계	사기 및 범죄 예방	노년기 재정관리	성공적 노화 전략 방안	노년기 취업·창업	사회적 역할 탐색	소비지출 전략	
(942)	33.2	31.1	28.0	27.7	19.2	17.0	16.9	

미래목회연구원·아드폰테스·목회데이터연구소, '한국 교회 트렌드2025 조사'
(전국 만 65세 이상 교회출석 노인 1500명, 모바일 또는 자기기입식, 2024년 5월)

치매 사역 관련한 또 다른 사례는 '치매친화교회'(Dementia-Churches)이다. 영국 성공회 리치필드 교구(Diocese of Lichfield)는 수백 개의 소속 교회들을 대상으로 치매친화적인 예배 모델을 전파하고 고령친화교회 네트워크를 통해 다양한 치매 환자들을 위한 사역과 고령친화예배 경험을 공유하고 있다. 고령친화교회를 고려하는 교회라면 점점 증가하고 있는 치매 노인과 그 가족을 위한 치매친화적 예배를 준비하는 것이 좋다. 치매친화적 예배의 핵심은 여유를 갖고 치매 환자들의 속도에 맞춰 천천히 나아가는 것이다.

현재 우리나라 65세 이상 고령 인구 중 치매 환자는 10% 정도 차지하고 있다. 지난 10년 사이 두 배나 증가한 수치이다. 연령대별로 보면 65~69세(1%), 70~74세(4%), 75~79세(12%), 80~84세(20%), 85세 이상(38%)으로, 연령이 높아지면서 치매 환자 비율이 급속도로 올라간다. 앞서 언급했듯이 시니어들은 필요한 노년기 교육으로 '치매 관련 교육'을 두 번째로 꼽았는데 그만큼 치매가 이들에게 큰 관심사이다. 한국 교회가 치매 카페나 치매친화예배 등의 사례를 접목해 치매친화교회로 나아가야 할 시점인 것 같다.

트렌드 전망 및 시사점

"지금은 새 술을 새 부대에 담을 것인가, 그대로 둘 것인가를 선택할 시점이다!"

이제 우리는 이웃에게 나이를 묻는 것이 아니라 얼마나 활동적으로 사느냐를 물어야 할 시대를 살고 있다. 법적 기준에 따라 65세를 노년기가 시작되는 시기라고 하지만, 더 이상 65세를 노년기가 시작되는 기준으로 보지 않는 시니어들이 다수를 차지하고 있다. 오늘날 시니어들은 기대 수명이 아닌 건강 수명을 더 중요하게 여기고, 오래 사는 것보다 즐겁고 행복하고 보람있게 사는 것을 우선시하는 '노화 유전자'로 교체되었다고 해도 과언이 아니다.

이러한 변화 속에서 오늘날 시니어는 건강 수명과 사회 참여 욕구의 증가로 평생현역, 평생교육, 연령초월에 대한 욕구가 증가되고 있고, 이러한 사회 활동과 참여 욕구를 가진 시니어들은 한국 사회는 물론 한국 교회를 향해 자신들의 욕구와 바람에 대한 요구와 기대를 많이 갖게 될 것이다. 특히 베이비붐 세대를 포함한 현재의 시니어 세대는 그동안 교회 성장과 부흥의 주역을 담당해왔다. 이들은 교회 예배 참석, 선교 및 봉사 활동 참여, 헌금과 각종 기부 활동 등 어떤 젊은 세대와 비교해도 손색이 없는 헌신적인 세대이다. 이들은 은퇴 후에도, 노년이 되어서도 여전히 그 열정과 역량과 소명 의식을 유지하면서 의미 있는 일에 참여하기를 원하는 액티브 시니어들이다. 생계를 위해 살아온 삶이 아닌, 진정 자기 삶의 목적과 소명을 위해 열정을 집중할 수 있는 생애 주기에 도달한 것이다.

이러한 새로운 시니어들에 대해 교회는 무엇을 새롭게 준비해야 할 것인가? 이미 세계는 활동적 노화의 시대 속에서 '고령친화성'이라는 답안을 선택했다. 고령화가 사회의 주류 현상이 된 상황에서는 특정 고령화 문제에 국한해 부분적 해법만을 내놓는 것이 아닌, 근본적인 체질 변화, 즉 노화에 대한 패러다임을 새롭게 바꾸어야 한다는 것이다.

What's Next?

오늘날의 시니어가 활동적인 노년을 추구하는 액티브 시니어로 부상하고 있다는 것은 한국 교회에게 초고령사회의 새로운 가능성을 보여주고 있다. 초고령사회의 과제 속에서 한국 교회는 '고령친화교회'라고 하는 새 부대에 시니어 사역을 담아야 할 것이다.

만약 '새 술을 새 부대에' 담지 못하고 노년이나 시니어에 대해 여전히 병약하고 빈곤하며, 할 일 없이 소일하며, 편안한 여생을 보내며, 그리 오래지 않은 죽음을 잘 준비하는 도움만을 필요로 하며, 잘 대접하는 것으로 교회의 역할이 충분하다고 여기는 과거 사고방식에 머문다면 '새 술'을 쏟아버리게 되고 심각한 상황에 직면할 수도 있을 것이다.

오늘의 시대는 노년기의 신체적 질병이나 기능 약화, 빈곤이나 고립, 역할 상실 등의 현실적 문제를 갖고 있으면서도 이 사회가 가진 기술과 인적, 물적, 정보 자원과 사회적 돌봄과 복지 시스템을 통해 활동적 노후를 영위할 수 있는 여건들이 갖춰져 있다. 문제는 교회의 인식과 의지이다. 오늘날 시니어들이 가진 활동적이고 참여적인 욕구와 역량을 인정하지 못하고 전통적인 몇 개의 시니어 사역만으로 만족하고 새로운 변화에 대응하지 못한다면 교회는 시니어들을 품지 못하고 점점 그들로부터 외면받는 상황을 맞이할 수 있을 것이다.

오늘날의 시니어가 활동적인 노년을 추구하는 액티브 시니어로 부상하고 있다는 것은 한국 교회에게 초고령사회의 새로운 가능성을 보여주고 있다. 초고령사회의 과제 속에서 한국 교회는 '고령친화교회'라고 하는 새 부대에 시니어 사역을 담아야 할 것이다. 초고령사회를 맞이하는 한국 교회는 고령화가 교회의 존립과 성장, 사회적 책임의 핵심 열쇠임을 깨달아야 한다. 고령친화교회와 관련해 나타날 변화에 대해 다음과 같이 전망할 수 있을 것이다.

- 고령친화성이 교회 성장의 열쇠가 될 것이다.
- 액티브 시니어가 교회의 핵심 사역자로 부상할 것이다.
- 다양한 연령과 세대를 품는 연령 포용성이 높은 교회가 성장할 것이다.
- 세대 간 경험과 지식 공유와 교류가 연령통합적인 교회의 토대가 될 것이다.
- 시니어가 주도하는 자발적 소그룹이 시니어 사역의 새로운 성장 비결이 될 것이다.
- 시니어로 구성된 시니어 교회가 증가할 것이다.
- 시니어 사역을 위한 협력교회 네트워크가 생겨날 것이다(WHO의 고령친화도시와 지역).
- 고령친화교회 사역 관련 다양한 교회 네트워크가 생겨날 것이다.
- 시니어의 활동적 욕구를 충족시키는 다양한 플랫폼이 등장할 것이다.
- 코로나 팬데믹의 경험을 통해 활동적 노화를 위한 사이버 공동체가 구축될 것이다.

- 대부분 신학교에서 노화 신학과 시니어 목회 사역 교육 과정이 개설될 것이다.
- 시니어 전문 사역자들이 교회 사역자로 환영받게 될 것이다.
- 시니어 리더를 양성하는 기관(단체)과 교육과정이 증가할 것이다.

이러한 초고령사회의 한국 교회에 대한 전망과 그에 따른 변화의 요구 앞에 교회가 보다 근본적인 고령화 해법을 제시하지 못한다면 한국 교회는 초고령사회 속에서 사회적 책임을 충실히 감당하기 어려울 뿐만 아니라, 교회의 지속가능성 또한 기대하기 어려울 수 있을 것이다. 마지막으로 다음 세 가지는 꼭 기억하자.

첫째, 교회의 고령친화성은 초고령사회 교회의 지속가능한 성장의 필요조건이며 가장 핵심적인 사회적 책임을 위한 공적 사역이다.

둘째, 교회의 고령친화성은 액티브 시니어들에게 힘을 실어줄 수 있는 핵심 토양이다.

셋째, 노년은 새로운 시작과 기회이며 하나님과 교회와 사회로부터 새로운 삶의 출발을 위한 앙코르, 즉 격려와 축하 및 축복의 시기이므로 교회는 시니어로 하여금 노후에 새로운 꿈과 비전을 갖도록 돕고 다양한 참여의 기회를 제공해야 한다.

09
Saltless Church

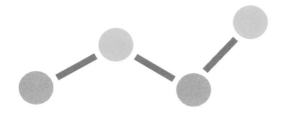

솔트리스 처치

"교회가 세상을 걱정하는 것이 아니라, 세상이 교회를 걱정한다"는 우스갯소리 같은 이야기가 자주 들린다. 이러한 말이 나오는 이유 중 하나는 목회자를 포함한 성도와 교회를 둘러싸고 언론에 오르내리는 불미스러운 일들 때문일 것이다. 한마디로 그리스도인과 교회가 제 역할을 감당하지 못한 채 세속화되고 있기 때문이다. 이는 맛을 잃은(Saltless) 교회와 같다. 한국 교회 일련의 세속화 현상은 심화하고 있으며 더 강화되고 있음을 부정하기 어렵다.

세속화란 사회와 문화의 여러 영역에서 종교의 영향력이 감소하는 현상이다. 세속화는 제도적 측면 외에도 개인적 측면이 존재한다. 즉 개인의 종교적 신념과 실천이 약화되는 현상을 말한다. 그리스도인으로서 기준점을 잃어버리고 세상이 제시하는 기준이 중심이 되어 살아가고 있음을 의미한다고 할 수 있다.

교회 공동체가 거룩성을 지녀야 할 대안 공동체로서 기능하지 못하고 세상과 구별되지 못한 채, 세상과 닮아가고 있다는 것을 의미한다. 이런 점에서 세속화란 성도와 교회가 세상의 영향을 받아 그 본연의 비전을 상실해가는 현상인 동시에 세상이 더 이상 그리스도인의 삶과 교회의 가르침에 귀기울이지 않는 것이라고 할 수 있다.

오히려 사회와 그 구성원들이 직면한 세속화 환경(다원주의, 물질주의, 이성주의 등의 환경)이 강해질수록 개신교 역시 세상의 가치관과 문화에 영향을 받게 되었고 이제는 개신교 신앙 고유의 정체성이 약화될 뿐만 아니라 사회와의 구별이 점점 사라지는 '교회 세속화' 현상이 나타나게 되었다.

'교회 세속화'란 신앙인의 믿음이 약화되고 선한 삶의 열매가 사라지는 것, 교회가 세상에 목소리를 발신하지만 세상이 듣지 않으며, 사회에 미치는 긍정적 영향력이 감소하는 것, 교회의 교회됨을 상실하고 세상과 같아지는 것 등을 의미한다.

등장 배경

"고리타분한 기독교 교리는 오늘의 시대와 맞지 않습니다. 교회는 꽉 막힌 집단 같아요. 성경 내용은 너무나 비과학적입니다."

"툭하면 터지는 교회와 목회자들의 비리는 이제 식상할 정도입니다. 주변 기독교인들도 이기적인 데가 있어요. 자기들 신앙밖에는 몰라요. 무례하기도 하지요."

서구 사회 세속화의 등장 배경으로는 여러 가지 요인이 꼽힌다. 첫째는 과학과 이성의 발달이다. 근대 과학은 우주와 자연 현상을 설명하면서 그 원인을 더 이상 종교적인 것, 초월적인 데서 찾지 않고 물리적 세계 안에서 찾기 시작했다. 종교가 자연 현상을 설명하는 최종 권위자의 자리에서 내려왔다. 당연히 믿음보다는 이성이 중시되며 신앙심은 약화된다. 둘째로는 이성 중심의 사고이다. 이는 과학 발달과 맞물리는데, 인간과 사회 현상을 인식하고 판단할 때 신앙이 아니라 이성에 근거하는 것을 말한다. 이는 인간과 사회 영역에서 종교의 권위가 실추되는 결과를 낳았다. 셋째는 산업화와 도시화의 영향이다. 산업화가 촉진되면서 농촌에서 도시로 몰려든 사람들은 도시에서 다양한 종교와 문화에 둘러

교회 세속화
(Secularization)

사회와 문화의 여러 영역에서 종교의 영향력이 감소하는 현상으로 제도적 측면 외에도 개인적 측면이 존재한다. 즉 개인의 종교적 신념과 실천이 약화되는 현상으로 세상이 제시하는 기준이 중심이 되어 살아가고 있다.

교회 세속화란 교회가 세상에 목소리를 발신하지만 세상이 듣지 않으며, 사회에 미치는 긍정적 영향력이 감소하는 것, 교회의 교회됨을 상실하고 세상과 같아지는 것 등을 의미한다.

싸이게 되면서 전통적인 종교생활로부터 멀어져 세속적인 가치와 생활 방식을 수용하게 되었다.

이외에도 개신교 토대 위에서 발달한 서구 국가들이 정치가 종교로부터 분리되면서 종교의 사회 정치적 영향력이 크게 위축되었으며, 또한 근대 교육이 종교적 교리교육에서 벗어나 과학과 세속적 내용을 중심으로 이루어지면서 새로운 세대들이 세속적인 가치를 내면화하게 되었다.

그런데 이런 요인만으로는 한국 교회의 세속화를 설명하기 어렵다. 한국 교회의 세속화는 이런 요인 외에 한국적 상황에서 오는 요인이 있기 때문이다. 첫째로 경제적 발전과 중산층의 형성을 들 수 있다. 산업화 시기 농촌에서 도시로 온 사람들은 극심한 가난과 열악한 노동에 시달리면서도 돈을 벌고 성공해야겠다는 절박감에 종교에 의지했다. 하지만 이들은 중산층이 되면서 삶의 여유가 생겼고 더 이상 종교의 필요성을 느끼지 않게 되었다.

둘째로는 개인주의적 가치관의 확산이다. 사람들은 공동체 속에서 공동체의 규범을 따르기보다는 개인의 자유와 권리를 추구하게 되었다. 이들은 계명 준수를 요구하고 개인보다는 공동체의 유익을 강조하는 교회로부터 멀어졌다. 또 개인주의적 가치관은 믿음에 대한 헌신보다는 개인의 성공과 행복을 추구하게 되었다. 신앙은 '나의 이익'을 초월하는 것이므로 자기중심적인 사람들에게 교회는 고려의 대상이 되지 않는 것이다.

셋째로는 사회적 다원주의이다. 한국 사회에 여성 인권의 확대, 성소수자 인권의 부각 등 다양한 사회적 변화가 일어나면서 전통적인 종교적 가치관에 균열이 나타나게 되었다. 넷째로는 교회 내부의 부조리가 나타났다. 교회의 부패와 교회 지도자들의 타락은 교회 구성원들로 하여금 교회에 대한 회의를 불러일으키고 교회 외부의 사람들에게는 교회에 대한 신뢰를 갖지 못하게 만들었다.

교회 세속화에 대한 현실 인식

현재의 한국 교회 세속화는 목회자와 교인 모두가 공감하는 현실이다. 이번 '한국 교회 트렌드 2025 조사'를 보면 개신교인 응답자의 81.1%, 목회자 응답자의 90.7%가 교회 세속화 현상에 동의했다. 앞으로의 전망에 관해서도 교인 70.1%, 목회자 82.9%가 한국 교회 세

'한국 교회가 세속화되었다'는 주장에 대한 동의 여부 (개신교인·목회자, %)

■ 전혀 동의하지 않음 ■ 동의하지 않는 편이다 ■ 동의하는 편이다 ■ 매우 동의한다

개신교인 (N=1000)	2.8 / 12.8	57.4	23.7
목회자 (N=500)	7.8	57.2	33.6

81.1 / 90.7

목회데이터연구소, '한국 교회 트렌드 2025 조사'
(전국의 만 19세 이상 개신교인 교회출석자 1000명, 담임목회자 500명, 온라인·모바일조사, 지앤컴리서치, 2024년 5월)
다음과 같은 세속화 문장을 제시하고 응답받음
'세속화란 성도 개인적으로는 기본 교리(천국과 지옥, 기독교 구원의 유일성 등)에 대한 확신이 약화되고,
성도가 지녀야 할 윤리적 모습 등이 상실되어가는 것을 의미하며, 교회적으로는 교회가 사회에 미치는 긍정적인 영향력이
감소하는 현상을 의미한다. 한국 교회에서는 교회가 세상을 닮아가는 현상을 말하기도 한다'

속화가 더 심해질 것으로 보았다. 교회 세속화에 대한 현재적 인식도, 미래에 대한 전망도 어두운 상황이다.

이러한 조사 결과는 교회가 거룩하게 구별된 공동체라는 정체성과 특별성을 잃어버리고 사회 속 빛과 소금의 역할을 제대로 수행하지 못하는 현실을 보여준다고 할 수 있다. 그리고 이는 많은 이들이 교회를 떠나는 결과로 이어지고 있다. 교회 이탈자가 늘어나는 이유에 관해 교인들은 '교회 세속화'(30.9%)를 1순위로 꼽았고, 일반국민 역시 무종교인의 확산 이유로 '세속화의 심화'(37.3%)를 첫 번째로 꼽았다.

즉 교회의 세속화는 교회의 존재 가치를 흔들면서 교인들의 교회 이탈 현실, SBNR(Spiritual But Not Religious, 영적이지만 종교적이지 않은)[1]과 가나안 성도의 증가 현상의 원인이 되고 있다. 교회가 그 교회됨을 잃어버리고 세속화의 물결에 휩쓸린다면 그 존재의 이유는 사라질 수밖에 없다.

교회 세속화의 거시적 현상들

1. 종교에 대한 무관심과 종교인 감소

교회 세속화의 결과는 교세의 약화에서 단적으로 발견할 수 있다. 목회데이터연구소가 2023년 10월 우리나라 만 19세 이상 성인 남녀 5,000명을 조사한 결과에 따르면, 우리나라 종교인의 비율이 2022년 기준으로 37.1%였다. 2012년 55.1%였던 것과 비교하면 불과 10년 사이에 거의 20%p에 가깝게 줄어들어 한국 사회의 세속화가 얼마나 빠르게 진행되었는지 알 수 있다. 더욱이 앞으로 종교 인구의 감소 또한 지속될 것으로 보인다.

이번 '한국 교회 트렌드 2025 조사' 결과에 따르면 현재 종교가 없는 사람 가운데 과거에 종교를 믿었던 사람은 40.3%였다. 즉 현재 무종교인 절반에 가까운 사람은 과거에 종교를 믿었던 사람으로서 탈종교 현상이 얼마나 심각한지를 알 수 있다. 현재 무종교인으로서 과거에 종교를 믿었던 사람의 경우 개신교를 믿었던 비율은 48.8%, 가톨릭 33.2%, 불교 17.4%로 나타나 개신교 신자의 이탈률이 특히 높았다.

왜 종교가 없는 사람들은 종교를 믿지 않는 것일까? 가장 큰 이유는 종교에 대한 무관심이다. 이번 '한국 교회 트렌드 2025 조사'에서 현재 종교를 믿지 않는 사람들에게 왜 종교를 믿지 않는지 질문했을 때 '신앙심이 생기지 않아서'가 38.5%로서 종교에 대한 무관심을 가장 큰 이유로 응답했다. 실제 일반국민들은 종교에 대해 관심이 '있다'(48.8%), '없다'(51.2%)로 거의 반반이었다. 하지만 주변에서 종교

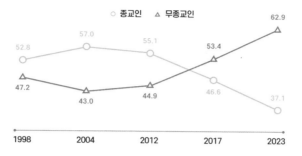

종교인 비율 (만 19세 이상 국민, N=9,182, %)

○ 종교인　△ 무종교인

62.9

57.0　　　55.1

52.8　　　　　　　　　53.4

47.2　　　　　　　44.9　　　　46.6　　　37.1
　　43.0

1998　2004　2012　2017　2023

1998~2017 : 한국기독교목회자협의회, '한국 교회분석리포트 : 2023 한국인의 종교생활과 의식조사'
(전국의 만 19세 이상 국민, 각 조사마다 5000명 이상)
2023 : 목회데이터연구소, '한국인의 종교분포조사'(전국의 만 19세 이상 국민 4751명, 전화조사, 2023.10.18.~11.01)

에 대한 사회적 관심이 줄어드는지 늘어나는지 물어본 결과, 관심이 '줄어드는 것 같다'(48.5%), '관심이 늘어나는 것 같다'(7.4%)로 나타나 관심이 약화되고 있다는 인식을 드러냈다.

　종교에 대한 무관심은 종교가 현대인의 생활과 문화와 맞지 않는다는 생각 때문에 형성되었다고 할 수 있다. 현재 무종교인들이 종교를 믿지 않는 두 번째 이유로 '종교의 틀에 얽매이기 싫어서'(25.0%), '종교가 왜 필요한지 회의가 들어서'(10.9%), 그리고 '종교가 과학과 맞지 않아서'(4.8%)를 응답했는데, 이 이유들은 종교가 현대인의 생활과 사고방식에 부합하지 않는다는 것이었다.

　종교에 대한 사회적 무관심은 종교가 미치는 사회적 영향력이 줄어드는 것과 연결이 된다. 일반국민들 가운데 한국 사회에서 종교가 긍정적 영향력이 '있다'는 응답이 61.5%, '없다'는 응답이 38.5%로 종교의 긍정적 영향력을 인정하는 비율이 다행히 과반은 넘었다. 하지만 앞

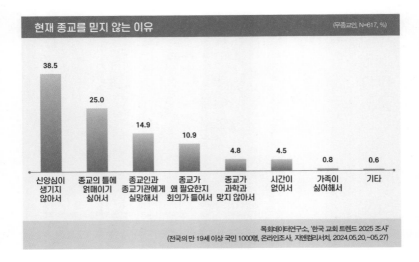

현재 종교를 믿지 않는 이유 (무종교인, N=617, %)

38.5 신앙심이 생기지 않아서
25.0 종교의 틀에 얽매이기 싫어서
14.9 종교인과 종교기관에게 실망해서
10.9 종교가 왜 필요한지 회의가 들어서
4.8 종교가 과학과 맞지 않아서
4.5 시간이 없어서
0.8 가족이 싫어해서
0.6 기타

목회데이터연구소, '한국 교회 트렌드 2025 조사'
(전국의 만 19세 이상 국민 1000명, 온라인조사, 지앤컴리서치, 2024.05.20.~05.27)

으로의 상황에 대해서는 11.2%만이 긍정적 영향력이 '늘어날 것'으로 전망했고 31.7%는 '줄어들 것'이라고 응답해 영향력 축소가 예상된다.

2. 교회에 대한 실망과 개신교 인구의 감소

종교 인구 가운데 개신교 인구도 10년 사이 많이 줄었다. 한국기독교목회자협의회의 추적조사 결과를 살펴보면, 만 19세 이상 우리나라 인구 가운데 개신교 인구는 2012년 22.5%를 정점으로 점차 감소해 2023년에는 16.6%를 기록했다. 그런데 2012년 대비 2017년에는 2.2%p 감소했는데, 2017년 대비 2023년에는 3.7%p 감소해 코로나의 영향일 수 있겠지만 최근 더 가파른 감소세를 보였다. 이는 앞으로 교세 약화 속도가 빠르게 진행될 수 있다는 것을 짐작하게 한다. 2012년과 2023년 10년 사이 개신교 인구 증감을 연령별로 살펴보면, 20대와 30대 그리고 심지어 40대까지 거의 절반 가까이 감소한

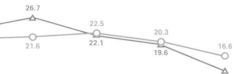

종교별 인구 변화 추이

(만 19세 이상 국민, N=9182, %)

○ 개신교 △ 불교 □ 가톨릭

26.7

23.5

22.5

20.3

16.6

20.7   21.6   22.1   19.6   12.4

7.5   8.2   10.1   6.4   7.8

1998   2004   2012   2017   2023

1998~2017 : 한국기독교목회자협의회, '한국 교회분석리포트 : 2023 한국인의 종교생활과 의식조사'
(전국의 만 19세 이상 국민, 각 조사마다 5000명 이상)
2023 : 목회데이터연구소, '한국인의 종교분포조사'(전국의 만 19세 이상 국민 4751명, 전화조사, 2023.10.18.~11.01)

것으로 나타났다. 이는 교세 감소뿐 아니라 교회 세대 계승이라는 측면에서 심각성을 보인다.

개신교 인구의 향후 전망도 밝지는 않다. '한국 교회 트렌드 2025 조사'에서 향후 종교를 갖고 싶거나(무종교인) 개종 의향이 있는(종교인) 국민들에게 향후 믿고 싶은 종교를 질문했는데, '불교'가 40.5%, '가톨릭'이 34.9%로 두 종교가 1, 2위를 차지했다. 반면 '개신교'는 3위인데 두 종교의 거의 절반 수준인 19.1%로 낮았다. 즉 개신교로의 유입 인구가 유력 종교 가운데 가장 낮아서 향후 교세 증가를 가장 기대하기 어려운 종교가 되었다.

개신교 인구의 감소는 종교 일반의 감소 원인과 다른 원인이 또 있다. 그것은 개신교에 대해 사회적으로 실망이 크다는 점이다. 향후에 갖고 싶은 종교 혹은 개종하고 싶은 종교로 개신교를 선택하지 않은 사람들에게 그 이유를 두 가지 선택하게 했을 때 '개신교인이 비도덕

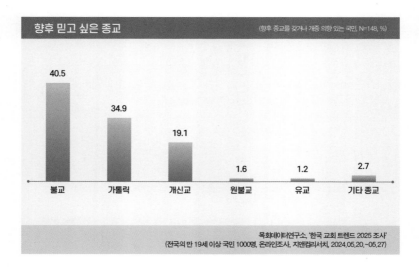

목회데이터연구소, '한국 교회 트렌드 2025 조사'
(전국의 만 19세 이상 국민 1000명, 온라인조사, 지앤컴리서치, 2024.05.20.~05.27)

적인 모습을 보여서'(46.4%), '개신교인은 이기적이라서'(24.3%), '개신교인은 배타적이라서'(22.6%) 등의 부정적 이유가 높았다.

또한 한국 교회를 얼마나 신뢰하는지 질문했는데 19.4%만이 신뢰한다고 응답했다. 한국 교회 신뢰도는 2020년 1월 31.8%였다가 코로나를 겪으면서 2022년 8월 18.1%, 2023년 1월에는 21.0%였다.[2] 코로나 발생 이후 한국 교회 신뢰도는 20% 내외 수준에서 고착된 것으로 보인다. 더욱 우려스러운 것은 개신교인과 비개신교인 사이의 인식 차이가 확연하게 차이를 보인다는 점이다.

이번 '한국 교회 트렌드 2025 조사'에서 개신교인은 59.6%가 한국 교회를 신뢰할 수 있다고 응답한 반면, 비개신교인은 11.4%만 한국 교회에 대한 신뢰를 표현했다. 교회에 대한 교회 밖 사람들의 시선은 심각한 상황인 것이다. 교회는 자신의 존재로 사회에 선한 영향을 주기 원하지만, 사회는 도리어 교회 자체의 문제를 손가락질하는 상황이 되어버렸다. 즉 교회는 이중의 문제를 맞닥뜨리고 있다. 자기 내부의 건강성과 윤리성을 회복하고 확증해야 하는 동시에, 변화하는 사회 속에서 어떻게 선한 영향력을 발휘하는 공동체로 존재할 것인지를 고민해야 하는 것이다.

정리하면, 사회는 교회를 특별하고 고유한 가치를 지닌, 신뢰할 수 있는 집단으로 여기지 않게 되었다는 것이다. 때론 영리하고 고집스러우며, 사회 속 다른 집단들의 빛과 어둠을 동일하게 가진 평범한 세속 집단으로 여기는 추세가 점점 강해지고 있다.

3. 개신교인의 기존 교리에 대한 믿음 약화와 윤리적 기준의 변화

"성경에는 이혼이 죄라고 말하지만 싫은 사람과 어떻게 계속 살 수 있겠어요?"

"술 담배는 기호품 아닌가요? 안 그러면 회사생활에 어려움이 있어요."

교회 세속화 현상이 문제가 되는 가장 큰 이유는 세속화가 개신교 고유의 신앙과 삶의 방식을 약화시키는 것으로 나타나고 있기 때문이다. 이를 확인하기 위해서는 시간에 따른 통계적 변화를 살펴보는 것이 도움이 된다. 한국기독교목회자협의회가 1998년부터 2023년까지 5회에 걸쳐 시행한 개신교인 추적 조사 결과를 보면 유일신 신앙, 예수 재림, 종말론, 생명복제 반대 등 개신교의 기본적 교리에 대한 교인들의 믿음이 꾸준히 약화되는 추세를 보이고 있다.

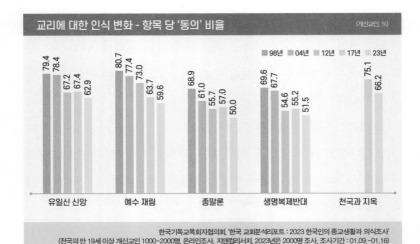

교리에 대한 인식 변화 - 항목 당 '동의' 비율 (개신교인, %)

■98년 ■04년 ■12년 ■17년 □23년

유일신 신앙: 79.4 / 78.4 / 67.2 / 67.4 / 62.9
예수 재림: 80.7 / 77.4 / 73.0 / 63.7 / 59.6
종말론: 68.9 / 61.0 / 55.7 / 57.0 / 50.0
생명복제반대: 69.6 / 67.7 / 54.6 / 55.2 / 51.5
천국과 지옥: 75.1 / 66.2

한국기독교목회자협의회, '한국 교회분석리포트 : 2023 한국인의 종교생활과 의식조사'
(전국의 만 19세 이상 개신교인 1000~2000명, 온라인조사, 지앤컴리서치, 2023년은 2000명 조사, 조사기간 : 01.09.~01.16)

그리고 타 종교에도 비교적 관대한 태도를 보이는데, 교회 출석 개신교인들을 대상으로 한 '한국 교회 트렌드 2025 조사'에서도 '타 종교에도 진리가 존재한다'에 55.7%가 동의하였고, '타 종교에도 구원이 존재한다'에도 10명 가운데 3명 가까이(28.9%)가 동의했다.

이런 교리적 차원의 믿음과 함께 신앙인의 윤리적 기준과 실천도 변화를 겪고 있다. 이번 조사에서 개신교인이 비개신교인보다 더 윤리적이어야 한다는데 67.8%가 동의했는데, 실제 생활에서는 '개신교인이 더 윤리적이다'라는 데에는 45.6%만 인정했다. 당위성과 현실에서의 차이가 상당히 달랐던 것이다.

구체적인 윤리 이슈에 대한 태도를 보면 이혼, 인공유산, 음주, 흡연, 혼전 및 혼외 성관계, 동성애 등 이슈에 관해 '상황에 따라 할 수 있다'거나 '해도 무방하다'라는 응답이 25년간 계속해서 증가해왔다. 예를 들어 '이혼이 가능하다'는 응답은 1998년 35.9%에서 2023

| | 98년 | 04년 | 12년 | 17년 | 23년 |

현대 사회의
윤리문제 인식 변화
- '긍정' 비율
(상황따라 가능 + 해도무방), %)

이혼
35.9
49.5
60.8
69.9
78.3

인공유산
36.0
36.9
41.5
57.7
61.3

음주
54.0
65.0
72.5
75.0
80.7

흡연
46.1
48.7
62.3
40.1
51.4

혼전 성관계
29.5
37.0
51.3
60.1
70.6

혼외 성관계
8.7
9.9
15.1
16.1
21.7

뇌물 제공
15.4
16.3
30.2
17.4
20.5

동성애
17.5
22.8
29.0

한국기독교목회자협의회, '한국 교회분석리포트 : 2023 한국인의 종교생활과 의식조사'
(전국의 만 19세 이상 국민 각 조사시 1000~2000명, 온라인조사, 지앤컴리서치, 2023년은 2000명 조사, 조사기간 : 01.09.~01.16)

년 78.3%로, '혼전 성관계가 가능하다'는 29.5%에서 70.6%로 증가
했다. 심지어 '혼외 성관계'도 8.7%에서 21.7%로 3배 가까이 증가했
다. 사안마다 증가 폭의 차이는 있지만, 거의 모든 이슈에서 개신교인
들은 허용적인 태도로 바뀌고 있다. 사회적 맥락과 국민들의 인식이
변화되고 특히 개인의 권리를 존중하는 것이 중요해지고 있기 때문
에, 이러한 추세가 다시 회귀하기는 쉽지 않은 일이다.

이러한 상황에서 그리스도인으로서 여전히 빛과 소금의 역할을 하기 원하는 우리는 어떻게 응답해야 할까? 양극단에 서는 것이 가장 쉬울 수 있다. 어떤 이들은 무조건적으로 변화를 반대하고 기존의 전통적 실천을 고집한다. 또는 무조건적으로 변화를 긍정하고 타인의 의견과 생각을 인정하는 이들도 있다. 그러나 어느 쪽이든 극단에 서는 것은 좋은 방법이 아니다.

실제로 개신교 전통 역시 시대를 겪으며 변화해왔고 세속화에 깃든 합리적 사고나 인간의 권리를 중시하는 가치들은 성서와 개신교 전통 역시 중요하게 여긴다. 그러나 그 안에는 우리의 신앙과 양립하기 어려운 문제들이 분명히 있고 때로는 신앙인의 믿음과 삶을 흔드는 것들도 있다. 그러므로 이러한 두 가지 극단의 입장보다는 변화하는 상황과 사회적 맥락을 깊이 성찰하고 개신교 신앙 위에서 적절한 응답이 무엇인지를 지속적으로 논의하고 실천을 다듬는 일이 필요할 것이다.

4. 젊은 연령대일수록 확연하게 나타나는 세속화

"교회 어른들은 너무 율법주의가 강한 것 같습니다. 주일성수 잘하고 술 담배만 안 하면 신앙이 좋은 걸까요?"

"요즘 교회 젊은이들은 너무 자유로운 것 같아요. 술 담배는 다 하는 것 같고 문신한 청년도 눈에 띕니다. 과연 신앙이 있는 사람들인지 모르겠어요."

교리에 대한 인식 변화 - 항목 당 '동의' 비율

(개신교인, N=2000, %)

구분		사례수 (명)	유일신앙	예수 재림	종말론	생명복제 반대	천국·지옥 실존
전체		(2000)	62.9	59.6	50.0	51.5	66.2
연령	19~29세	(253)	50.5	48.4	43.3	39.0	59.9
	30대	(297)	61.4	53.3	51.8	43.9	64.8
	40대	(421)	61.2	58.8	50.8	51.1	64.2
	50대	(417)	65.1	59.8	50.2	56.0	65.8
	60세 이상	(612)	68.4	67.8	51.1	57.6	71.0

한국기독교목회자협의회, '한국 교회분석리포트 : 2023 한국인의 종교생활과 의식조사'
(전국의 만 19세 이상 개신교인 2000명, 온라인조사, 지앤컴리서치, 2023.01.09.~01.16)

현대 사회의 윤리문제 인식 변화 - 항목당 '긍정' 비율 (상황따라 가능 + 해도무방)

(개신교인, N=2000, %)

구분		사례수 (명)	이혼	인공유산	음주	흡연	혼전 성관계	혼외 성관계	뇌물 제공	동성애
전체		(2000)	78.3	61.3	80.7	51.4	70.6	21.7	20.5	29.0
연령	19~29세	(253)	84.4	72.2	80.0	64.6	74.5	28.0	30.6	48.6
	30대	(297)	80.0	62.4	78.5	56.9	77.2	21.5	29.7	33.8
	40대	(421)	82.4	62.9	85.6	57.5	72.9	22.3	21.1	29.0
	50대	(417)	78.7	63.3	82.6	52.8	71.3	20.0	16.6	26.6
	60세 이상	(612)	71.8	53.9	77.2	38.0	63.7	20.1	14.1	20.3

한국기독교목회자협의회, '한국 교회분석리포트 : 2023 한국인의 종교생활과 의식조사'
(전국의 만 19세 이상 개신교인 2000명, 온라인조사, 지앤컴리서치, 2023.01.09.~01.16)

위에서 살펴본 교회 세속화 현상은 특히 젊은 연령대에서 두드러지게 나타난다. 천국과 지옥, 종교적 기적 등 전통 교리에 대한 동의는 19~29세 집단에서 확연하게 낮은 비율을 보이고 있다. 인공유산, 혼전 및 혼외 성관계, 뇌물, 동성애 등 현대의 사회문제에 대한 윤리의식은 사안별로 차이가 있으나, 대체로 젊은 연령대에서 기준의 엄격함이 완화되는 것으로 나타난다. 특히 20대와 60대는 응답 결과의 차이가 확연하게 나타나는데, 이는 두 집단 모두가 신앙을 가지고 있지만 서로의 신앙을 이해하기 어렵게 만들고 때로는 서로의 신앙을 평가절하하는 원인이 되기도 한다. 20대는 60대의 신앙을 합리적이지 못하다고 느낄 수 있고, 60대는 20대를 신앙심이 부족한 이들로 여길 수 있다.

단순히 교회 세속화, 신앙 세속화라는 측면에서만 보자면 장년 세대는 젊은 연령대의 신앙에 문제를 제기할 수도 있다. 그러나 변화하는 사회의 흐름과 그것을 가장 최전선에서 몸으로 맞닥뜨리며 그 속에서 살아가는 젊은 세대의 현실을 고려할 때, 이들의 신앙을 단순히 세속화된 신앙으로만 여기는 방식은 적절한 방식으로 보이지 않는다. 도리어 이렇게 세속화된 사회 속에서 어떠한 방식으로 신앙적 고민을 해나가고, 그리스도인으로서 어떻게 살아갈 것인가에 대한 건설적인 대화와 신앙적, 신학적 제언과 도움이 더 필요하다.

이런 측면에서 교회 내 젊은 세대의 존재는 교회 전체의 희망이다. 특히 세속화라는 국면에서는 더더욱 그렇다고 볼 필요가 있다. 통계에서 나타나듯 젊은 세대는 가장 세속화된 사회에서 태어나 인본주의적 가치와 합리적 사고의 틀 위에서 자라났다. 이들은 세속화된 사회 속에서 신앙인으로 살아간다는 것이 무엇인지, 다시 말해 개신교 고유의 전통과 윤리적 기준을 가지고 세속화된 사회를 살아낸다는 것이 무엇인지를 고민하고 체득하지 않으면 신앙을 지켜낼 수 없는 세대이기도 하다.

교회 공동체는 이런 젊은 세대들의 고민에 동참하면서 그들이 처한 삶의 자리에서 신앙의 열매를 맺을 수 있도록 도울 수 있어야 한다. 이러한 현실의 열매가 있어야만 세속화된 사회 속에서도 정체성을 지킬 수 있고 선한 영향력을 발휘할 수 있는 건설적인 미래 성도와 교회의 밑그림을 그려갈 수 있을 것이다.

세속화에 관한 교회의 대응, 더 깊이 돌여다볼 점들

한국 교회 세속화에 대한 문제 제기는 20년이 넘는 기간 동안 계속되어 왔다. 처음에는 양적 성장과 번영에만 초점을 맞추고 기업과 같이 운영되는 교회의 방향성 혹은 건강하지 못한 기업지배구조 방식을 반영한 교회의 거버넌스에 대한 비판으로 시작되었다. 그 후에는 더욱더 교회와 사회 간의 경계가 허물어지고 사회의 여러 세속적 문화적 가치들이 교회 안으로 유입되면서 이러한 현상에 대한 총체적인 성찰을 위해 '교회의 세속화'를 말하기 시작했다. 논의가 오래된 만큼 다양한 대응책들도 제시되었는데 그 핵심은 결국 교회와 신앙의 본질적 가치를 회복하고 신앙과 삶을 일치시키는 데에 집중되었다.

20년이 넘는 논의의 결과는 어떠한가. 조사 결과로 볼 때 세속화에 대한 교회의 대응은 성공적이지 못했다. 목회자 89.6%가 한국 교회의 세속화 대응은 효과적이지 못했다고 평가했다. 논의는 지속되었고 교회와 신앙인의 정체성을 지키기 위한 노력도 계속되었지만 교회의 세속화라는 큰 흐름은 막지 못한 것 같다. 오랜 시간의 논의와 대응을 돌아보면서 이제는 보다 긴 안목을 가지고 세속화된 사회를 살아가는 그리스도인의 존재 방식을 다시금 성찰할 필요가 있다.

1. 물질중심주의, 성공과 번영의 신앙을 넘어서

그중에서도 물질중심주의와 성공중심주의의 문제는 교회 세속화 논의를 시작하게 된 가장 주요한 원인이었다. 그만큼 오래된 문제이지만, 우리는 여전히 돈과 관련된 문제나 교회 사유화의 문제가 여러 교회에서 나타나는 것을 보고 있다. 이번 조사 결과에서 나타나듯이 대부분 교인들과 목회자들이 여전히 물질주의를 세속화의 가장 중요한 요인으로 본다는 것은(1순위 기준 개신교인 45.6%, 목회자 56.8%) 이에 대한 교회의 비판적 관점을 잘 보여주는 것이다.

이와 함께 개신교 신앙은 본질적으로 이를 넘어설 수 있고 넘어서야 한다는 믿음도 여기에 담겨 있다. 그러나 이를 잘 수행하지 못하고 세속화된 사회와 같은 목표를 추구함으로써 교회는 자신의 특별한 존재 가치를 잃어버리고 교회 밖 사회와 같은 존재로 세속화되고 있는 것이다.

물질주의를 넘어서기 위해서는 다양한 차원의 접근이 필요하다. 대부분의 교인들은 이미 물질주의가 문제이고 신앙은 이를 뛰어넘는 하나님, 생명, 사랑 등의 개신교 가치를 추구하는 것이라는 데에 동의한다. 문제는 구체성과 실천에 있다. 신앙인의 삶과 교회 현장에서, 그리고 사회 속에서 물질주의를 넘어설 수 있는 길을 구체적으로 고민하고 함께 찾아갈 수 있는 배움과 나눔의 공간들이 필요한 것이다.

개인의 삶에서 나눔을 실천하고 물질보다 신앙적 가치를 우선하는 길, 교회 공동체의 운영에 물질과 번영이 중심이 되지 않도록 하는 길들을 함께 모색하고 만들어가야 한다. 사회적으로 물질주의를 넘어설 수 있는 길들을 나누고, 이를 위한 운동을 해나가는 것도 꼭 필요

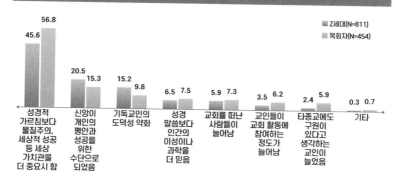

(교회 세속화에 대한 동의자, %)

- Z세대(N=811)
- 목회자(N=454)

	Z세대	목회자
성경적 가르침보다 물질주의, 세상적 성공 등 세상 가치관을 더 중요시 함	45.6	56.8
신앙이 개인의 평안과 성공을 위한 수단으로 되었음	20.5	15.3
기독교인의 도덕성 약화	15.2	9.8
성경 말씀보다 인간의 이성이나 과학을 더 믿음	6.5	7.5
교회를 떠난 사람들이 늘어남	5.9	7.3
교인들이 교회 활동에 참여하는 정도가 늘어남	3.5	6.2
타종교에도 구원이 있다고 생각하는 교인이 늘었음	2.4	5.9
기타	0.3	0.7

목회데이터연구소, '한국 교회 트렌드 2025 조사'
(전국의 만 19세 이상 개신교인 교회출석자 1000명, 담임목사 500명, 온라인·모바일조사, 지앤컴리서치, 2024년 5월)

하며 의미 있는 실천이 될 것이다. 실제로 몇 년 전, 경북 포항 지역의 한 교회는 "돈보다 생명입니다"라는 구호로 지역 사회 속에서 생명문화 캠페인을 벌이기도 했다.

이러한 교회의 캠페인은 이상적이기도 하지만 매우 필요한 일인데, 우리 사회와 교회가 물질주의의 영향을 받기에 더욱 그러하다고 할 수 있다. 여기에는 교회 자체가 물질주의를 넘어서는 방식으로 존재할 수 있어야 하며 이러한 교회의 존재 가치는 교회가 사회 속에서 신뢰도를 회복하는 데 도움이 될 것이다.

물질주의라는 것은 자본주의 사회의 근간을 이루고 있고 우리 삶의 방식에 자연스럽게 녹아 있다. '돈이 가장 중요한 것'이라고 국민 80%가 인식하고 있으며 '돈만 있으면 안 되는 일이 없다'는 인식도 88%나 된다. 심지어 돈이 인간을 평가하는 척도라고 인정할 정도로 돈은 우리 사회를 완전히 지배하고 있다고 해도 과언이 아니다.

돈이 우리를 사로잡고 있기에 단순히 이에 대한 문제의식을 갖고 있는 것만으로는 극복하기 쉽지 않은 일이다. 이를 위해 보다 구체적으로는 교회 공동체의 헌금 훈련 등을 더욱 확대할 필요가 있다. 하나님의 것을 하나님께 드리는 십일조와 각종 헌금의 본질적 의미 외에도 물질주의를 극복하고 넘어설 수 있는 방식으로 물질과 재정을 다루는 훈련은 더욱 중요하리라 여겨진다.

아울러 진정으로 물질주의를 넘어서는 삶의 방식과 교회 공동체를 꿈꾼다면 새로운 방식의 개신교적 삶의 방식을 제안하고 실천할 수 있어야 할 것이다. 한 예로 이 시대의 지배적 삶의 습관과 방식이 되어버린 물질주의적 소비문화의 문제점을 인식하고 그리스도인으로서 보여주어야 할 절제와 나눔의 삶을 영위할 수 있는 인식과 교육의 장을 마련해야 할 것이다.

2. 신앙과 과학의 대화를 모색하며

교회의 세속화에서 또 다른 이슈가 되는 것은 과학 시대에서의 개신교 신앙의 문제와 사회 속에서 개신교 윤리적 실천의 문제이다. 앞서 말한 것처럼 이러한 세속화된 사회에서의 세계관과 가치관의 문제는 개신교 신앙과 배치되는 것들도 있지만, 도리어 개신교 신앙으로부터 파생된 것들도 많다. 그렇기에 개신교인의 삶의 방식과 가치관이 변화되는 것을 단순히 '세속화'라는 이름으로 묶어서 부정적으로만 보는 것은 적절하지 못하다. 사실 지난 20년간 이렇게 부정적 관점으로만 대응하는 방식이 주를 이루었을 뿐, 진지하게 세속화된 사회의 변화에 대해 고민하고 성찰하며 대화를 시도하는 움직임은 그리

돈에 대한 인식 　　　　　　　　　　　　　(만 19~59세 일반국민, N=1000, %)

대부분의 일은
돈으로 해결할 수 있다

88%

인간은 무엇을 하든지 간에
우선적으로 중요한 것은 돈이다

80%

돈은 인간을 평가하는
척도이다

68%

엠브레인 트렌드모니터, '경험과 시간 소비 관련 인식', 2023.07.14
(전국의 만 19~59세 남녀 1000명, 온라인 조사, 2023.07.12~07.14)

많지 않았다.

　특히 이러한 세계관과 가치관 변화는 앞서 언급한 것처럼 교회 내 연령대별로 두드러진 차이를 보인다. 20대 집단은 과학 시대에서 태어나 그 교육을 충실히 이수해 합리적 사고가 익숙한 이들이다. 그렇기에 이들의 사고방식과 삶의 지향점을 존중하면서 과학 시대 속에서 신앙인으로 산다는 것은 무엇인지를 함께 고민하고 교육하며 연구할 수 있는 모임과 공간을 많이 만들어낼 필요가 있다.

　물론 현대과학의 세계관에는 개신교 신앙으로 받아들이기 어려운 부분들도 있다. 과학이라는 이름으로 신앙의 영역을 침범하고 과학을 절대화하는 부분들이 적지 않게 발생한다. 그러나 그렇다고 해서 무조건적으로 배척하고 젊은 세대들에게 친숙한 과학 시대의 세계관을 모두 부정하기보다는, 과학과 신앙의 건강한 대화를 모색할 수 있도록 하는 것이 무엇보다 필요할 것이다. 이 점에서 교회에서의 교회학교 교육과 청년 세대 그리고 더 나아가 장년 세대 교육의 변화가 필요하다. 신앙과 과학의 바람직한 관계를 배우고 이해할 수 있도록 돕는 것이 중요하다.

3. 교회에 대한 사회의 기대 : 영적이고 정신적인 가치를 제공해야

현대 사회에서 SBNR(Spiritual But Not Religious, 영적이지만 종교적이지 않은) 그룹이 늘어난다는 것은 이미 서구의 세속화 논의에서 시작되고 밝혀진 내용들이다. 영적이고 정신적인 것을 추구하지만 제도종교에 대해 염증을 느낀 사람들이, 제도종교나 교회 밖 공간에서 다른 방식의 영적인 경험을 만들어가는 것을 말한다. 어떤 이들은 우리나라의 '가나안 성도'를 이러한 SBNR의 한 형태로 보기도 한다. SBNR과 가나안 성도가 늘어나고 종교에 대한 사람들의 기대가 점점 작아지고 있지만, 그렇다고 해서 종교가 고유의 영적인 역할과 궁극적 가치의 원천으로서의 역할을 포기할 수는 없다.

이번 조사에서 개신교인은 교인이 교회를 떠나는 이유로, '교회 밖 영적 욕구 충족 가능성'(24.5%)을 매우 높게 보았다. 교회가 고유의 영적인 역할을 하지 못한다는 것이다. 그러나 일반국민은 이러한 '종교 밖 영적 욕구 충족 가능성'(3.6%)을 종교 이탈의 큰 이유로 보지 않았다.

즉 종교가 영적인 차원의 역할을 더 이상 못하기 때문에 무종교인이 늘어나는 것이 아니라, 도리어 사회와 같은 방식으로 살아가고 때로는 사회보다 못한 모습을 보이는 일부 종교와 종교인의 모습 때문에 사람들이 종교를 떠나는 것으로 본 것이다. 다르게 이해하면, 아직 일반국민들은 영적인 차원에서의 종교의 역할을 여전히 인정하고 기대하고 있는 것으로 볼 수 있다.

개신교인으로 '미디어와 종교' 연구를 꾸준히 수행해 온 서울여대

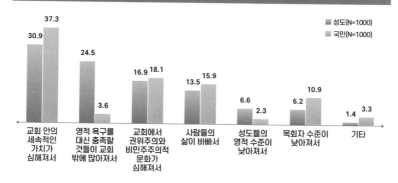

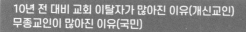

목회데이터연구소, '한국 교회 트렌드 2025 조사'
(전국의 만 19세 이상 개신교인 교회출석자 1000명, 일반국민 1000명, 온라인조사, 지앤컴리서치, 2024년 5월)

박진규 교수는 미디어 연구를 통해 종교에 대한 사회의 기대를 읽어
낸다. 그에 따르면 물질만능주의에 대한 문제 제기와 함께 대안적이
면서 궁극적인 가치, 정신적이고 영적인 가치를 드러내는 것은 여전
히 종교가 담당하는 영역이다. 그리고 사회 역시 여전히 이러한 기대
를 종교에 걸고 있다.[3] 신앙인들과 종교 공동체가 그러한 대안적 가
치들, 물질주의를 벗어난 정신적 가치들을 실천할 때는 환영받지만,
그러지 못할 때 종교는 외면받으며 사회에서 제대로 된 기능을 수행
할 수 없게 된다. 이러한 통찰은 세속화로 인해 그 영향력을 급속하게
상실하고 있는 한국 교회에 시사하는 바가 크다.

교회 공동체는 개신교 전통이 가진 고유한 영성과 삶의 방식을 긍
정하면서 교회에 기대하는 사회의 바람에 부응하고, 이를 위해 필요
한 것들을 성도와 교회 공동체가 갖출 수 있도록 해야 한다. 이는 인

지적 차원의 교리교육에 국한하거나, 이른바 교회와 세상과의 대립을 강조하는 '문화전쟁'의 차원으로 전개되어서는 안 될 것이다. 바쁜 삶의 패턴 속에서도 잠시 멈추어 내 삶의 방식과 교회 공동체의 방향성을 하나님 앞에 성찰하고 만들어 가는 것, 물질주의와 양적 성장에 대한 강박에서 벗어나 우리가 믿는 궁극적 가치를 위해 우리 삶과 교회 공동체의 모습을 건강하게 형성해 가는 것을 의미한다.

최근 몇 년 동안 개신교 안에서도 이러한 '삶의 영성'에 대한 관심이 뜨거워져 수많은 책과 훈련 방법이 소개되었다. 이러한 영성생활에 대한 관심에서 제시되고 있는 대안은 성경과 복음이 말하고 있는 영적 가치에 대한 강조이다. 그리고 궁극적으로 우리의 신앙이 하나님에 대한 충성과 헌신으로 단순해지고, 물질에 대한 집착에서 벗어남으로써 성도와 교회 공동체가 다시금 사회 속에서 영적인 가치의 원천으로, 세속화된 사회를 넘어서는 대안 공동체로 세워지는 것이다. 영성 훈련을 통해 세속화를 극복할 수 있는 방식을 찾아야 할 것이다.

4. 공공성을 실천하는 교회

마지막으로 신앙의 세속화를 넘어서는 길은 교회가 사적 공동체로 기능하는 것이 아니라, 공적인 교회 됨을 실천하는 데서 가능할 것이다. 오늘날 세속화된 사회에서도 종교의 재소환을 경험하고 있는 서구 사회에서 볼 수 있는 것은 종교가 현대인들에게 일종의 '자아 정체성' 형성을 위한 토대를 제공해주고 있다는 것이다. 이것은 삶의 방향성에 대한 '초월적 감각'을 제공한다는 말이다. 종교가 초월적 감각을 제공한다는 것은 물질주의, 불안, 위험에 처한 이들에게 삶의 의미를 제시하는 것이며 이것은 찰스 테일러(C. Taylor)의 주장대로 정체성 혼란을 겪고 있는 이들에게 종교는 공동체에 근거한 삶의 방향을 제시하는 것을 의미한다.[4] 그런 점에서 종교가 제공하는 초월적 감각은 궁극적으로 사회를 안정시키고 발전시키는 공적 자원의 역할을 하게 된다. 그러한 초월적 지평은 포스트모던 사회에서 개인과 공동체가 상실해버린 '좋은 삶'과 '좋은 공동체'에 대한 비전을 회복하는 것이기도 하다.

구체적으로 이것은 종교가 제공하는 것이 개인적 차원의 영혼 구원에만 매몰되지 않아야 함을 의미한다. 달리 표현하면, 일종의 공공성을 실천하는 공적 교회 됨의 기획이어야 한다.[5] 이미 세속화와 관련한 서구 사회에 대한 연구에서 밝혀졌듯이 교회 공동체가 자신만을 위한 공동체로 머무는 것이 아니라 소외된 이들, 자신의 목소리를 제대로 내지 못하는 이들의 목소리가 되어주고, 지역과 사회를 위한 대안 공동체로 기능할 때, 교회 공동체는 사람들로 하여금 세상과 다르다는 인식을 강화시키면서 교회 공동체의 재부흥을 가능하게 할 것이다. 결과적으로 교회가 공적인 교회로서 지역과 공동체를 위해 헌신하고 선을 실천함으로 이기적 공동체가 아닌 이타적 공동체로서 사회에 자리매김하게 될 것이고 현대인들이 세속화 시대 속에서 다시 주목하게 되는 신앙 공동체로 여겨지게 될 것이다.

트렌드 전망 및 시사점

세속에서 하나님나라를 이루어가는 교회

성도와 교회는 기본적으로 선교적 공동체이다. 세상 속에서 하나님의 뜻을 드러내고 이 땅 위에 하나님나라를 구현하기 위해 부름받은 존재이다. 이를 현재의 세속화 맥락에서 구체적으로 생각해본다면 교회는 '경계에 서는 공동체' 또는 세상과 하나님나라 '사이에서 살아가는 공동체'라고 할 수 있을 것이다. 모든 교인들은 교회 안에서만 살아갈 수 없으며 세속화된 사회를 살아가면서 그 안에서 수많은 관계성을 형성하고 영향을 주고받으며 살아간다. 결국 교회와 그리스도인은 필연적으로 개신교 전통과 세속화된 사회라는 삶의 공간을 살아가게 마련이다. 그래서 개신교인의 삶은 단순히 살아진다기보다는 살아내야 하는 것이며, 수많은 고민과 선택으로 채워지게 된다. 이러한 상황은 신앙인과 한국 교회가 직면한 실존적 현실이며 더욱 강화될 수밖에 없는 미래이다.

이러한 상황 속에서 경계에 선다는 것, 사이에서 살아간다는 것은 양쪽 모두에서 하나님의 뜻을 이루며 존재해야만 하는 그리스도인의 필연적 사명이라고 할 수 있다. 결국은 신앙의 가치를 가지고 세상을 살아가는 것, 세속의 가치에 함몰되지 않으면서도 겸손한 태도로 소통하며, 기독 신앙에 대한 굳은 심지와 견고한 믿음으로 세상 속에서 하나님나라를 이루며 살아가는 여정이야말로 오늘의 그리스도인이 실현해야 할 과제라고 할 수 있을 것이다.

세속화 현상은 엄연한 현실이며 신앙과 교회의 위기이지만 현대 사회를 살아가는 신앙인과 교회 공동체가 필연적으로 처하게 될 조건으로 받아들여야 한다. 동시에 세상과 소통이 가능하면서도 세속화를 극복 가능하게 하는 탈세속적 그리스도인과 실천적 교회 공동체를 모색해야 할 것이다. "개혁된 교회는 계속 개혁되어야 한다"(Ecclesia reformata, est semper reformanda)는 개혁교회의 정신처럼, 하나님에 의해 창조된 교회 공동체는 세속화된 오늘의 세상 속에서도 그 본질적 정체성을 상실하지 않으면서 새롭게 만들어져야 할 것이다.

What's Next?

"개혁된 교회는 계속 개혁되어야 한다"(Ecclesia reformata, est semper reformanda)는 개혁교회의 정신처럼, 하나님에 의해 창조된 교회 공동체는 세속화된 오늘의 세상 속에서도 그 본질적 정체성을 상실하지 않으면서 새롭게 만들어져야 할 것이다.

10

Mission Beyond Tradition

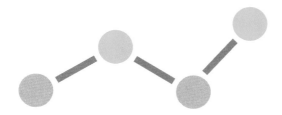

미션 비욘드 트래디션

선교는 시대와 환경에 따라 다양한 모습으로 나타난다. 최근 30년간 국제 사회 전반에 일어난 변화의 정도와 범위는 그 유래를 찾기 어렵다. 선교도 예외일 수 없다. 세계화, 도시화, 인구이동, 기술발전 그리고 세계 기독교 시대 등의 다양한 영향, 그리고 코로나19 팬데믹이 변화의 가속 페달을 밟으면서 세계 선교 상황도 급변하고 있다.

한국 교회는 세계 선교에서 중요한 역할을 감당해 왔다. 하지만 빠르게 변하는 환경은 한국 교회 선교에 변화를 요구하고 있다. 뜨거운 열정의 한국 교회였지만 지금은 적절한 변화와 선택이 필요한 시대를 맞고 있다. 이를 위해 한국 교회는 오늘의 환경을 이해하고, 마주한 상황을 적절하게 판단하고 반응해야 한다. 무엇보다 시대적 필요와 요청 가운데 부상하는 선교의 영역들을 준비하고 수행해 나가야 한다. 한국 교회 선교가 과거의 빛나는 유산으로 그치지 않기 위해서는 변화를 기꺼이 감내할 용기와 함께 미래를 맞을 준비를 해야 한다. 미션 비욘드 트래디션(Mission Beyond Tradition)이 시급하다.

이번 '한국 교회 트렌드 2025 조사'에서 선교사들은 한국 선교의 향후 전망에 대해 낙관보다는 비관적인 전망을 내놓았다. 또 젊은 선교사일수록 한국 선교의 미래를 우려하는 목소리도 컸다. 한국 교회는 어떻게 어두운 미래 선교 전망을 다시 희망으로 바꾸어 갈 수 있을까? 성도와 목회자 그리고 현장 선교사들을 대상으로 이루어진 광범위한 설문조사 결과를 바탕으로 우리가 속한 시대 환경을 살펴보고 지역 교회가 참여하고 준비할 사역을 구체적으로 살펴보고자 한다.

선교를 바꾸는 주요 환경 요인

선교는 복음과 세상의 만남 가운데 일어나는 하나님의 역사다. 복음에 담긴 하나님의 계획은 변함없지만 그 계획을 이루어 가기 위해 변화하는 시대와 상황 속의 개인과 교회의 선교 활동은 다양할 수밖에 없다. 더욱이 최근 30년간 전 세계가 경험한 변화의 정도와 범위는 역사상 그 유래를 찾기 어렵다. 이는 교회의 선교도 유래없는 변화를 요구받고 있다는 의미이기도 하다. 환경 변화의 주된 요인들로는 세계화, 도시화, 인구이동, 기술발전, 그리고 세계 기독교 등이 있다.

1990년 냉전시대가 끝나며 부상한 '세계화'(Globalization)는 국가 간 경계를 넘어선 교류와 협력을 증대시켜 세계 경제 성장을 견인했다. 하지만 세계화의 화려한 이면에는 불평등과 양극화가 심화돼 갔다. 세계화의 흐름 속에 복음도 힘차게 땅끝을 향했지만 교회는 차원이 다른 생존을 위협하는 가난, 기아, 분쟁, 자연재해, 질병, 폭력 등 사회적 도전들을 마주하게 되었다.

세계화는 '도시화'(Urbanization)를 가속화시켰다. 세계 곳곳에 다양한 문화적 배경을 가진 이들이 더 나은 삶의 기회를 바라며 도시로 몰려 들었다. UN은 2050년까지 세계 인구의 약 68%가 도시에 거주할 것이며 인구 1,000만 명 이상 거주하는 메가시티가 2018년 33개에서 2030년까지 43개로 늘어날 것이라고 예측했다. 아프리카에서도 7개의 메가시티가 앞으로 30년 이내 탄생할 것으로 전망했다.[2]

도시는 선교의 기회와 도전의 현장이자 미래 선교의 중심지로 부상하고 있다. 이와 관련해 이번 '한국 교회 트렌드 2025 조사'에서는 먼저 현장 선교사들에게 새로운 사역지를 선택할 수 있다면 어떤 지역을 선택할지 물었다. 응답자 63%가 '도시'를 선택한 반면(대도시 24.3%, 중소도시 38.7%) '농어촌 산간지역'은 11%였다. 미래 선교를 위해 교회는 도시 사역자 양성과 필요시 기존 사역자의 도시 사역을 위한 재교육에 힘써야 한다는 것을 알 수 있다.

세계화와 도시화의 중심에는 '인구이동'(Migration)이 있다. 현대 사회의 인구이동은 보다 나은 삶을 바라며 스스로 거주지를 옮기는 사람들과 전쟁, 가난, 정치적 이유 등 타의에 의해 거주지를 옮기는 사람들이 있는데 모두 급증하고 있다. 그러나 인구이동은 단지 이동 자체에 그치지 않고 한 사회의 구성과 성격을 완전히 바꾸고 있다. 최근 퓨포럼(Pew forum) 보고서에 의하면 2000년부터 20년 동안 이주민 유입으로 인구가 2배 증가한 국가는 14개국에 이른다.

기술의 발전 특히 IT의 생활화와 인공지능(AI)의 급격한 확산은 전혀 다른 세상으로 우리를 이끌고 있다. 사람들의 삶의 방식이 빠르게 바뀌고 있다. 여기에 전 세계가 함께 경험한 코로나19는 살아남기 위해 서로를 분리하고 다시 살아남기 위해 서로를 연결해야 하는 현실에서 IT 기술과 미디어 활용의 속도와 범위를 크게 증가시켰다.

국제로잔 서울대회를 준비하기 위한 모임에서 매튜 니어만 교수는 미래와 관련한 두 가지 질문을 던졌다. 첫째, 2050년까지 세계 선교 환경에 있어 지배적인 요소는 무엇일까? 둘째, 2050년까지 세계 복음화에 가장 중심 역할을 하게 될 것은 무엇일까? 첫 질문에 대해 리더들의 압도적인 선택은 기술발전과 AI였고, 두 번째 질문에 대한 리더들의 선택은 '기도'였다. 그리고 '기술발전'이 그 뒤를 따랐다. 미래 선

교 사역을 위해 반드시 준비해야 할 영역인 것이다.[3]

한국 교회가 기억해야 할 중요한 선교 환경 요인은 '세계 기독교'(World Christianity)이다. 사도행전 1장 8절에 담긴 약속 '너희는 땅 끝까지 이르러 내 증인이 되리라'의 성취를 오늘 우리는 마주하고 있다. 여전히 세계 인구 3분의 2는 예수를 받아들이지 않았지만 성도의 모임인 교회가 세워지지 않은 나라는 없다. 기독교는 더 이상 서양 종교가 아닌 각 나라와 문화의 고유한 신앙고백으로 세계 곳곳에 자리 잡았다.

'한국 교회 트렌드 2025 조사'에서는 실제 현장 선교사들 가운데 무려 93.2%가 세계 기독교 환경에 맞춘 선교 방식의 변화가 필요하다고 응답했다. 변화가 필요하다고 응답한 선교사들에게 어떤 방향으로의 변화가 필요한지 물었더니 '현지 교회 중심의 사역 개발'이 44.5%로 압도적으로 높았고, 다음으로 '서구권과 비서구권의 전략적 선교협력'(20.0%), '성경적 복음수호'(14.8%), '새로운 전도개발'(8.8%) 등의 순으로 이어졌다. 세계화, 도시화, 인구이동, 기술발전, 세계 기독교 외에도 기후 환경 변화, 세대 간 인식 차이 등도 개인과 교회가 수행할 선교 활동에 큰 영향을 끼치고 있으며, 결과적으로 다양하고 새로운 선교 유형이 부상하는 배경이 되고 있다.

세계 선교의 흐름

"모든 곳이 선교지다. 가는 선교, 보내는 선교는 없다."

"땅끝은 지리적 구분 아닌 다음 세대, 직장, 캠퍼스일 수 있다."

19세기 말부터 오늘에 이르는 현대 선교 흐름은 크게 세 부분으로 나눌 수 있다. 환경 변화에 따른 이러한 선교의 변화 흐름을 이해할 때 지역 교회는 시대가 요청하는 선교적 역할을 발견하고 구체적 사역을 계획하여 미래 선교를 준비할 수 있다.

지리적 관점(19세기 말~20세기 초)

20세기에 들어오면서 사람들이 선교를 이해하고 판단하는 관점은 다분히 지리적이었다. 당시 서구에는 90% 이상의 세계 기독교인들이 분포해 있었고, 선교사들은 예수 그리스도의 복음을 증거하기 위해 비서구로 지리적 이동을 시작했다. 당시 선교는 낙후되고 열악한 환경을 향해 기약도 없이 떠나는 여정이며 위대한 헌신과 순종의 영웅 이야기로 가득했던 시기였다. 아프리카는 선교 대상 지역이며 유럽은 선교 수행 지역이었다. 남미는 도움을 받는 지역이고 북미는 도움을 주는 지역이었다.

이렇듯 선교지와 피선교지는 지리적으로 구분됐다. 이 시대는 숨겨진 나라들을 찾고 또 찾아가던 시대였다. 이 시기 선교에서 교회의 주된 역할은 무엇이었을까? '후원과 지원'이었다. 선교사를 파송한 교회는 기도와 물질로 후원하고 혹여나 선교사가 본국을 방문하면 환대하고 돌봤다. 선교지 상황은 선교사가 보낸 편지를 통해 전달되어 이에 따라 후원하고 지원하는 것이 교회의 주된 역할이었다.

종족적 관점(20세기 중반)

하지만 불과 한 세기 만에 세계 복음의 지형도는 완전히 바뀌었다. 이제 비서구 지역에 전 세계 70%의 기독교 인구가 살게 된 것이다. 아프리카를 선교 대상 지역으로 단정하기에는 유럽보다 많은 기독교인들이 있었다. 더욱이 서구 중심의 선교가 '제국주의적' 확장 활동으로 평가되기도 했는데 실제 소설 '대지'로 노벨 문학상을 수상했던 펄벅(Pearl S. Buck)은 선교사 자녀로 중국 생활 가운데 남긴 일상 기록에서 서구 선교사들의 정복적인 사역과 우월성을 앞세운 태도를 강하게 비판하기도 했다.[4]

세계 선교는 혼돈의 시기를 지나 1974년 국제로잔대회에서 랄프 윈터(Ralph Winter)가 오늘날 널리 알려진 '미전도 종족'(Unreached People)을 공론화하면서 다시 역동성을 회복하기 시작했다. 전 세계 1만 7,000여 종족 가운데 미전도 종족은 6,000여 종족으로 선교사를 전략적으로 이들에게 파송해 마태복음 24장 14절의 '모든 종족에게 복음이 증거될 때 끝이 온다'는 말씀을 성취하자는 목소리가 세계를 움직였다. 숨겨진 종족을 찾고 찾아가 만나는 시대가 열렸다.

이 시기에 부상한 주요 선교 전략은 '전문인 선교'다. 공식적으로 교회 개척과 신학교 설립 등이 불가능한 미전도 종족 지역에 체류하며 지속적인 관계를 맺음으로 제자 양육이 가능한 이들은 전문직 그리스도인들이었다. 의사, 교수, 사업가, 기술자, 노동자, 주재원 등 모습은 다양해도 선교사의 심장을 가진 이들을 통해 창의적이고 현지화된 다양한 사역 모델들이 출현하게 되었다.

이 시기 교회는 기존 '후원과 지원'에 '참여'의 역할이 더해졌다. 교회는 여전히 기도와 재정의 신실한 후원자이지만 교통 통신의 발달로 단기선교가 활성화되면서 선교지 방문이 가능해지고 현장 사역에 직접 참여할 기회와 영역이 늘어났다. 종족 입양, 현지 방문 등으로 전략적이고 지속적인 기도가 일어났다. 전문인 사역의 부상은 청년들과 성도들의 참여 영역을 크게 확장했다. 다양한 직군의 성도들이 선교지를 섬기며 오가는 과정에서 교회는 전문인 선교 자원이 자라는 모판이 되었다.

문화적 관점(20세기 말~현재)

안타깝게도 한국 교회 성도와 목회자 다수는 여전히 세계 선교를 지리적, 종족적 관점만으로 이해하고 있다. 하지만 1990년대 냉전 시대가 끝나며 급증한 인구이동은 세계 선교의 기존 질서를 뒤바꿔 놓았다. 선교의 출발지와 도착지가 따로 없는 시대가 된 것이다. 문화적 관점은 특정 지역이나 종족을 선교지로 단정하지 않는다. 어느 곳이든 예수 그리스도의 복음에 대한 태도로 선교 현장을 판단한다.

과거 지리적, 종족적 관점만으로 한국 사회를 바라보면 우리는 선교 수행 국가이지만 문화적 관점으로 볼 때는 다음 세대, 캠퍼스, 직장 등 아직도 복음이 전해져야 할 선교 현장들이 수없이 많다. 지리적 관점의 시대를 지나며 숨겨진 나라를 찾고 종족적 관점을 통해 숨겨진 종족을 찾았다면 문화적 관점을 통해 숨겨진 영역을 발견해야 한다. 급부상하는 총체적 선교, 비즈니스 선교, 문화 예술 및 미디어 선교 등이 다양한 분야에서 움직이고 있다.

문화적 관점 시대에 교회는 선교의 '키 플레이어'다. 전 세계 선교사는 약 45만 명으로 추산하는데 세계 인구는 80억 명이 훌쩍 넘었다. 세계 복음화를 선교사에게만 의존한다면 미래 선교는 희망적이지 않다. 각 지역에 세워진 교회들이 선교적으로 각성해야 한다. 교회의 주변 환경을 적절한 관점으로 보면 교회가 감당해야 할 선교적 활동은 너무도 다양하다.

기술발전으로 선교 현장과 실시간 연결돼 사역에 참여한다. 이주민 사역, 영역별 사역 개발, 선교 현지 교회와 협력, 선교단체와 협력 등 모든 분야에서 교회는 이제 응원단도 지원단도 아닌 선수단으로서 선교 현장에 나서야 한다.

이제는 한 사람 영웅의 시대가 아니라 위대한 공동체의 시대이다. 교회는 상황에 따라 다양한 형태로 선교에 동참한다. 특정 교회가 정답일 필요도, 특정 교회와 비교할 필요도 없다. 1998년 《미셔널 처치》의 출간과 함께 확산된 선교적 교회 운동 또한 결코 우연도, 단순한 누군가의 목회 아이디어도 아니었다. 시대적 부름이었다.

세계 선교의 마지막 무대를 위해 하나님은 지역 교회를 깨우신다. 개인이 구원에 머물지 않고 부르심 앞에 삶의 목적을 발견하듯, 교회도 구원에 머물지 않고 성경적이며 시대적인 부르심 앞에 존재 목적을 발견해야 할 시기이다.

선교 트렌드
(Mission Trend)

선교는 시대와 환경에 따라 다양한 모습으로 나타난다. 세계화, 도시화, 인구이동, 기술발전 그리고 세계 기독교 시대 등의 다양한 영향, 그리고 코로나19 팬데믹이 변화의 가속 페달을 밟으면서 세계 선교 상황도 급변하고 있다.

한국 교회와 선교단체는 성도들이 시대에 적절한 관점으로 선교를 이해하고 반응할 수 있도록 도와야 한다. 앞으로 한국 선교는 이주민 선교, 총체적 선교, 미디어 선교가 부상할 것으로 예상된다.

부상하는 선교의 양상들

급변하는 선교의 큰 흐름 위에서 부상하는 선교 사역에는 어떤 것들이 있을까? 최근의 선교 트렌드는 무엇인가? 이에 대한 결론은 다양하다. 그 가운데 주목할 세 가지 사역들을 생각해보려고 한다. 이 세 가지는 '이주민 선교', '총체적 선교', '미디어 선교'이다.

이주민 선교(디아스포라)

"한국의 교회에서 예배드리면 우리가 마치 손님 같습니다. 독립된 예배 공간과 우리나라 출신 목사님이 설교를 하면 좋겠습니다. 그러면 마음 편하게 친구들도 데려올 수 있을 것 같아요."

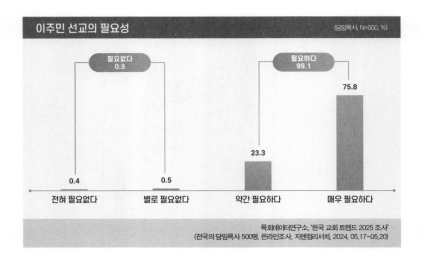

이주민 선교의 필요성 (담임목사, N=500, %)

필요없다
0.9

필요하다
99.1

전혀 필요없다 0.4
별로 필요없다 0.5
약간 필요하다 23.3
매우 필요하다 75.8

목회데이터연구소, '한국 교회 트렌드 2025 조사'
(전국의 담임목사 500명, 온라인조사, 지앤컴리서치, 2024. 05.17~05.20)

　'타문화 선교는 곧 해외선교다'라는 명제는 이제 과거가 되었다. 급증하는 인구이동은 다양한 문화를 공존케 하며 도시를 형성하고 국가를 변화시키고 있다. 단일 민족으로 수천 년 살아온 한국도 예외는 아니다. 경제와 문화의 세계적 위상에 비해 세계 최저인 출산율은 한국 사회가 머지 않아 다문화, 다민족 사회로 이동할 것을 의미한다. 한국에는 이미 250만 명이 넘는 외국인들이 우리와 함께 살아가고 있다.

　'한국 교회 트렌드 2025 조사'에서 목회자들에게 '이주민 선교'의 필요성을 질문했다. 99.1%가 이주민 선교가 필요하다고 답변했다. 압도적인 수치다. 81.2%는 향후 이주민 대상 사역을 할 의향이 있다고 답했다. 하지만 실제 사역이 진행 중이라고 답변한 비율은 15.5%에 그쳤다.

　이번에는 목회자들에게 해외선교와 이주민 선교 중 어느 쪽에 더

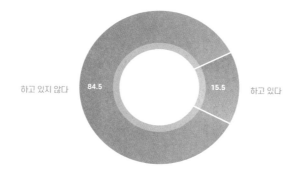

현재 이주민 선교 여부 (담임목사, N=500, %)

하고 있지 않다 84.5 15.5 하고 있다

목회데이터연구소, '한국 교회 트렌드 2025 조사'
(전국의 담임목사 500명, 온라인조사, 지앤컴리서치, 2024, 05,17~05,20)

관심이 가는지 물었다. 이주민 선교를 어느 정도 비중으로 생각하는
지 파악하기 위한 질문이었다. 조사 결과 '해외선교'(21.8%), '이주민
선교'(22.5%), '둘 다 비슷'(55.5%)으로 응답했다. 해외선교와 이주민
선교 응답률이 엇비슷하게 나타났다. 한국 교회 목회자들은 적어도
이주민 선교를 해외선교와 맞먹는 비중으로 인식하고 있었다

　한 가지 긍정적인 사실은 한국 교회가 파송한 해외선교사들 중
81.5%가 현지 사역을 마치고 귀국한다면 이주민 사역에 참여할 의향
을 가지고 있다는 것이다. 다만 선교사들은 본인이 이주민 사역자로
전환 시 필요한 지원에 대해 '파송 단체나 교회의 후원 지속'(40.7%)을
가장 우선으로 답했고, 다음으로 '지역 교회와 협력'(20.3%) '이주민
사역자로서 재교육 과정'(19.3%) 등을 꼽았다. 간단한 문제는 아니지
만 선교사 은퇴 이후 대안 중 하나로 검토할 수 있는 사안이다.

　이미 '이주민 사역'을 활발하게 진행하고 있는 교회들이 있다. 다만

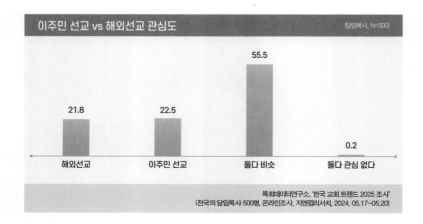

이주민 선교 vs 해외선교 관심도 (담임목사, N=500)

- 해외선교 21.8
- 이주민 선교 22.5
- 둘다 비슷 55.5
- 둘다 관심 없다 0.2

목회데이터연구소, '한국 교회 트렌드 2025 조사'
(전국의 담임목사 500명, 온라인조사, 지앤컴리서치, 2024, 05,17~05,20)

일반적인 '이주민 사역'에서 더 나은 사역이 되기 위해 그들이 강조하는 두 가지가 있었다.

첫째, 이주민(유학생, 노동자, 단기체류) 공동체가 보다 독립적인 공동체성을 가지도록 해야 한다는 점이다. 이번 조사에서 여전히 목회자들은 이주민의 별도 예배나 독립보다는(38.9%) 한국인과 함께 드리는 통합 예배와 공간 공유(61.1%)를 선호했다. 하지만 이는 실제 현장의 목소리와는 반대였다. 이주민 사역의 최대 고민은 회심의 부재다. 사랑과 정성으로 섬겨도 본국에 돌아간 후 이전 종교로 돌아간다. 그래서 무력감을 호소하는 분들도 많다.

교회가 베푸는 배려와 섬김이 오히려 그들 신앙을 주체적으로 자라지 못하게 하기도 한다. 실제 부산의 한 교회는 나라별 이주민 사역을 감당하고 있다. 토요일이면 봉사자들이 승합차로 그들을 데려오고 공간과 다양한 서비스를 제공해 이주민 공동체가 증가했다. 하지만 이들이 본국으로 돌아간 후에도 신앙을 이어간 사례는 소수라고

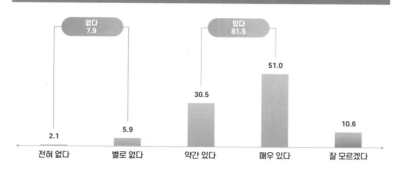

한국 귀국 후 '이주민 사역' 전환 의향   (해외선교사, N=600, %)

없다 7.9		있다 81.5		
2.1	5.9	30.5	51.0	10.6
전혀 없다	별로 없다	약간 있다	매우 있다	잘 모르겠다

목회데이터연구소, '한국 교회 트렌드 2025 조사'
(해외선교사 600명, 온라인조사, 지앤컴리서치, 2024. 05.17~05.29.)

한다. 어쩌면 당연한 결과일지도 모른다. 돌아간 고향에는 데리러 올 승합차도, 철마다 제공되는 다양한 섬김도 없다. 홀로 던져진 채 신앙을 유지하기란 쉽지 않다. 그래서 이런 경험을 바탕으로 이 교회는 외부 컨설팅을 통해 한 공동체씩 독립시켜 외부에 공간을 따로 마련하고 담당 사역자를 선교사로 파송해 후원하고 공간 사용료 정도만 교회가 지원하는 방식으로 전환했다. 결과는 성공적이었다. 이주민들은 귀국 후에도 신앙을 지속하는 사례가 늘고 있다고 한다.

　한 이주민 사역자는 인터뷰에서 이렇게 말했다. "한국 교회 내 이주민 부서나 외국인 예배에 참석하는 외국인들은 한국 교회에 가는 것이라는 인식이 강해서 손님 같은 자세를 취하게 됩니다. 그런데 센터로 독립하고 나니 자기 교회라는 인식이 확실해진 것 같습니다. 그래서 거기에 따른 행동의 변화들도 자연스럽게 나타납니다. 저희는 유학생들이니까 헌금을 많이 못 내지만 센터는 언제든지 자유롭게 옵니다. 그리고 친구들을 데려 오기도 합니다. 친구들을 데리고 온다는 것은 이 장소에 대한 인식의 변화를 의미합니다. 우리 교회, 우리 센터, 우리 목사님, 우리 센터 친구들⋯ 공동체성은 확실히 나아진 것 같습니다. 그리고 분립 이후 가장 좋은 점은 사역자가 온전히 그 사역에만 집중할 수 있다는 것입니다. 선택과 집중이 가능해진 것도 긍정적인 부분인 것 같습니다."

규모가 있는 교회 이야기로 생각할 수 있지만 앞선 사례는 대형 교회가 아니다. 작은 교회들도 뜻만 있다면 오히려 교회 외부에 독립된 공동체를 세우고 몇몇 교회가 함께 지원할 수 있다. 과거의 전통적인 관점에 매이지만 않는다면 이처럼 공동으로 선교 현장을 개척하고 사역자를 파송하는 것도 가능하다.

둘째, '이주민 사역'에도 사역적 단계가 있음을 기억해야 한다. 로잔 연구 보고서와 국제WEC선교회 연구 보고서를 종합해보면 이주민 사역은 5단계로 정리해볼 수 있다.

가장 기본적인 단계는 이주민의 정착과 생활을 지원하고 교회 내 공동체 모임을 유지하는 것이다. 대부분 한국 교회가 이와 같은 이주민 사역을 한다. 그런데 이주민 가운데 리더를 양성해 공동체를 직접 이끌게 할 수 있다면 더 완성도 있는 사역으로 발전할 수 있다. 이 단계에서 공동체의 공간과 운영의 독립을 계획할 수 있다. 그리고 그 공동체가 성장해 국내에 체류하는 다른 국가의 이주민을 섬길 수 있고, 더 나아가 이주민이 원주민에게 복음을 전하는 단계에 이를 수 있다. 그리고 마침내 공동체 가운데 선교사로 헌신한 이를 본국 또는 제3국으로 파송할 수 있다. 이 과정이 간단하고 쉽지는 않지만 이주민

유형	의미	사역 방식
1단계	이주민 대상 선교	- 이주민의 정착과 생활 지원 - 교회 내 공동체 모임으로 유지
2단계	이주민 통한 선교	- 이주민 리더 양성 - 이주민 리더가 이주민 공동체 직접 이끔
3단계	타 이주민 대상 선교	- 훈련된 이주민이 타 이주민 선교
4단계	이주민의 한국인 대상 선교	- 이주민이 한국인에게 복음 전함
5단계	이주민의 본국 또는 제3국 선교	- 귀국 후 본국 사역 - 제 3국으로 선교사 파송

사역 과정을 너무 기본적인 단계로만 제한하고 안주하는 것을 경계하면서 다음 단계를 지향해야 한다.

이와 더불어 고민할 부분이 있다. 미 국무부는 TIPR이란 전 세계 인신매매 현황 보고서를 매년 발간한다. 보고서가 발간된 이래 21년 동안 한국은 1등급 국가로 분류되어 왔다. 그런데 2022년과 2023년 연속해서 2등급 국가로 분류돼 충격을 주었다.[5] 보고서가 밝히는 이유는 '외국인 노동자들에 대한 처우 문제'였다. 우리는 이것이 노무 관련 문제라고 생각할 수 있지만 신뢰와 약속을 저버린 우리를 국제 사회는 인신매매 차원으로 이해했다. 교회가 이주민 사역을 시작하기 전 성찰과 점검이 필요한 부분이다. 대상을 사랑해야 진정한 선교가 시작된다.

총체적 선교

최근 세계경제포럼(WEF)은 우리 시대가 마주한 위기를 진단하면서

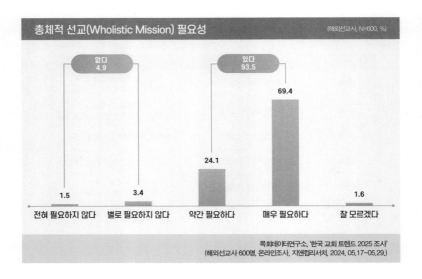

총체적 선교(Wholistic Mission) 필요성　(해외선교사, N=600, %)

없다 4.9　　있다 93.5

전혀 필요하지 않다	별로 필요하지 않다	약간 필요하다	매우 필요하다	잘 모르겠다
1.5	3.4	24.1	69.4	1.6

목회데이터연구소, '한국 교회 트렌드 2025 조사'
(해외선교사 600명, 온라인조사, 지앤컴리서치, 2024. 05.17~05.29.)

이것이 특정 지역과 특정 영역에 국한되지 않는다는 의미로 '폴리크라이시스'(Polycrisis)라 표현했다. 국제통화기금(IMF)은 위기에 또 다른 위기가 더해진다는 의미로 'Crisis Upon Crisis'를 사용했다. 그리고 유엔개발계획(UNDP)은 여러 위기가 겹겹이 쌓여 공존한다는 의미로 'Multi-crises'라는 표현을 사용했다. 표현은 달라도 그야말로 총체적 난국이라는 현실을 보여준다. 이들 단어들이 한 목소리로 던지는 메시지는 포괄적 접근, 총체적 대응이 필요하다는 것이다.

총체적 선교는 개인의 영적, 내면적, 육체적 모든 영역의 회복과 구속을 지향하는 전인적 선교이자 사회의 모든 영역에서 예수의 복음으로 회복과 구속을 목표로 하는 통전적 선교다. 오늘날 총체적 선교가 특히 부상하는 이유는 특정 선교 진영의 약진이 아니라 교회 개척과 성장에만 몰두한 과거에 대한 성찰과 함께 하나님의 통치를 떠나

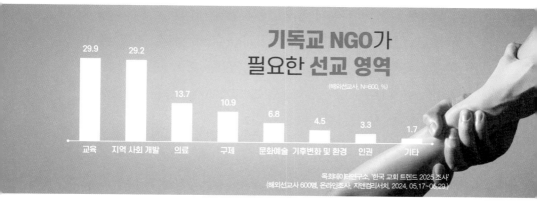

기독교 NGO가
필요한 선교 영역

(해외선교사, N=600, %)

29.9 교육
29.2 지역 사회 개발
13.7 의료
10.9 구제
6.8 문화예술
4.5 기후변화 및 환경
3.3 인권
1.7 기타

목회데이터연구소, '한국 교회 트렌드 2025 조사'
(해외선교사 600명, 온라인조사, 지앤컴리서치, 2024. 05.17~05.29.)

추구해온 인간의 자치가 초래한 총체적 난국 때문이다. 인간의 최소
한적 삶과 가치가 무너진 현장 곳곳이 시급한 선교의 현장이다.

이번 '한국 교회 트렌드 2025 조사'에서 현장 선교사들은 '총체적
선교'의 필요성에 대해 93.5%가 필요하다(매우＋약간)고 응답했는데,
그중 '매우 필요하다'는 응답도 69.4%에 이르고 있다.

독자적인 사역으로 총체적 선교뿐만 아니라 이 분야에 전문성과 경
험을 갖춘 기독교 NGO와의 협력도 중요하다. 선교사들에게 '향후
선교에서 기독교 NGO의 역할이 필요한가'라는 질문에 무려 92.6%
의 선교사가 필요하다고 응답했다. 이어 선교사들이 느끼는 기독
교 NGO가 필요한 선교 영역으로는 '교육'(29.9%), '지역 사회 개
발'(29.2%)을 비슷하게 꼽았고 다음으로 '의료'(13.7%), '구제'(10.9%),
'문화예술'(6.8%) 등의 순으로 꼽았다. 하지만 실제 NGO와 협력하고
있는 사역자는 34%로 상대적으로 낮았지만 향후 협력 의향을 가진
비율은 83%로 높았다.

다양한 NGO들 가운데 선교 중심의 단체와의 협력은 선교지의 총체적 선교를 극대화할 수 있는 선택이다. 총체적 선교에 전문성과 경험을 쌓아온 기독교 NGO들의 의견을 경청할 필요가 있다. NGO도 교회가 단지 후원자로 머물지 않도록 교회와 성도들을 위한 교육과 훈련에 보다 적극적으로 나서야 할 것이다.

미디어 선교(문화예술)

"인도 외곽 지역에 수십 개의 한국 식당이 있어요. 한국에는 가본 적도 없다는 사장이 유튜브로 한식 요리를 배워 식당을 열었답니다."

미얀마와 국경이 닿는 인도 외곽에 임팔(Imphal)이란 도시를 방문한 적이 있다. 한국인 관광객이라고는 전혀 없는 이곳에 10여 개의 한국 식당들이 있다. 가장 인기 있는 식당을 방문해보니 음식의 모양도 맛도 충분히 훌륭했다. 한국인이 방문하자 일부러 테이블을 찾아온 인도인 여사장에게 언제 한국에 다녀갔는지 물었다. 그녀는 한국에 간 적이 없다고 말했다. 한국 사람에게 요리를 배웠는지도 물었다. 그녀는 자신은 유튜브로 배웠다며 유명 유튜버들의 이름을 줄줄이 읊었다. 다시 생각해봐도 놀라운 경험이었다.

IT 기술과 미디어의 성장은 세계를 더욱 하나로 만들고 있다. 전통적인 선교 영역에서 코로나19는 큰 도전이자 위기였지만 미디어 영역에서 만큼은 엄청난 동력이었다. 모든 선교가 멈췄다고 생각한 그 기간에 젊은 무슬림들을 대상으로 SNS의 유료 광고를 활용해 복음을 전한 단체는 그 어느 때보다 많은 무슬림 청년들이 예수에 대한 믿음을 고백했다고 전한다.

1979년 처음 시작된 '예수 영화' 프로젝트는 어느덧 1,800개 언어로 번역돼 지구상 95% 이상이 자신의 모국어로 영화를 볼 수 있게 되었다. 영사기를 차에 싣고 다니던 예수 영화 사역은 어느덧 작은 스마트 기기만으로 어디서나 가능하게 되었다. 그리고 이 같은 복음의 내용을 전하는 콘텐츠는 이제 전부 파악할 수 없을 만큼 온 세상을 흘러 다니고 있다.

미디어 선교의 핵심은 IT 기술과 콘텐츠다. BACH(Bible in All Children's Hands)라는 단체는 소수 부족 어린이를 위한 성경을 출간했는데 문화 예술 사역자의 도움으로 캠프로 발전해 아시아의 한 국가에서 큰 성공을 거두었다. 이후 불과 10년 만에 76개 언어로 번역돼 어린 아이들에게 하나님의 말씀을 전했다. 키즈워십도 유튜브 플랫폼과 홈페이지를 통해 20여 개 언어로 제작된 주일학교 52주 전체 영상과 말씀 관련 자료들을 현지 언어로 제공하고 있다.

몇 명의 사역자가 20여 개 나라의 어린이들에게 하나님 말씀을 전하고 있다. IT와 콘텐츠의 힘이다. 한국에서 개발돼 20여 개국에 보급된 WAINBox는 전기와 인터넷이 없는 지역에서도 교육 콘텐츠를 제공해 스마트 교실을 구축할 수 있게 한다. IT 전문가가 예산을 모금해 3년간 구축한 플랫폼 'Godsends'는 선교 현장의 필요와 후원자들을 직접 연결하고 있다.

이와 관련해서 '한국 교회 트렌드 2025 선교사 조사'에서는 향후 10년간 세계 선교에 영향을 끼칠 요인에 대해 질문했다. 선교사들은

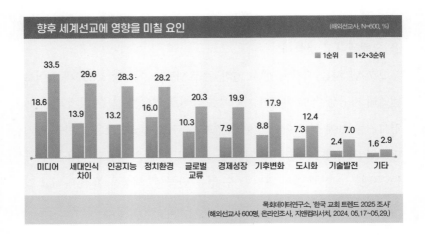

향후 세계선교에 영향을 미칠 요인   (해외선교사, N=600, %)

■ 1순위 ■ 1+2+3순위

	1순위	1+2+3순위
미디어	18.6	33.5
세대인식 차이	13.9	29.6
인공지능	13.2	28.3
정치환경	16.0	28.2
글로벌 교류	10.3	20.3
경제성장	7.9	19.9
기후변화	8.8	17.9
도시화	7.3	12.4
기술발전	2.4	7.0
기타	1.6	2.9

목회데이터연구소, '한국 교회 트렌드 2025 조사'
(해외선교사 600명, 온라인조사, 지앤컴리서치, 2024. 05.17~05.29.)

첫 번째로 '미디어'(33.5%)를 가장 많이 꼽았다. 뒤를 이어 '세대 인식 차이'(29.6%), '인공지능'(28.3%) 등으로 나타났다. 미디어 선교의 시대가 열린 것이다.

선교사들은 또 AI의 등장이 선교에 '부정적 영향을 줄 것'이라는 의견(37.7%)보다 '긍정적 영향을 줄 것'이라는 의견(42.1%)이 더 많았다. 연령별로 보면 60세 전후에서 우려가 더 컸고 49세 이하에서는 기대가 더 컸다. 긍정적 반응의 이유로는 '언어지원'이 39.5%로 가장 높은 가운데, '선교지 정보제공'(21.8%), '콘텐츠 작업 효율'(12.7%), '새로운 사역개발'(12.6%) 등의 순으로 나타났다. 부정적 반응의 이유로는 '대인적 영향력 감소'(24%), '지나친 의존'(23.1%), 관계성 약화(17.4%), 부정확한 정보(12%) 등이 있었다.

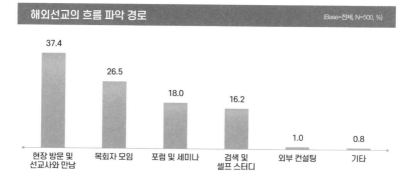

해외선교의 흐름 파악 경로   (Base=전체, N=500, %)

- 현장 방문 및 선교사와 만남: 37.4
- 목회자 모임: 26.5
- 포럼 및 세미나: 18.0
- 검색 및 셀프 스터디: 16.2
- 외부 컨설팅: 1.0
- 기타: 0.8

목회데이터연구소, '한국 교회 트렌드 2025 조사'
(전국의 담임목사 500명, 온라인조사, 지앤컴리서치, 2024. 05.17~05.20)

지역 교회의 역할 찾기와 준비

급변하는 환경과 부상하는 선교들을 마주한 한국 교회는 이제 어떻게 준비하고 반응하고 참여해야 할까? 현대 교회는 보다 적극적인 차원에서 선교 전문가들의 컨설팅을 받고 이를 수용하는 것이 좋다. 빠르게 변화하는 환경 속에서 성도들을 돌보는 리더들이 모든 선교적 상황을 적절하게 이해하고 판단하기는 쉽지 않다. 실제 목회자들이 선교의 흐름을 파악하는 경로를 살펴보면 '현장 방문 및 선교사와 만남'(37.4%)이 가장 높았고 이어 '목회자 모임'(26.5%), '포럼 및 세미나'(18.0%), '검색 및 셀프스터디'(16.2%)였다. 외부 컨설팅은 불과 1%로 나타났다. 전반적인 상황 이해를 돕는 외부 포럼 및 세미나 그리고 컨설팅 비중은 여전히 낮은 것을 알 수 있다.

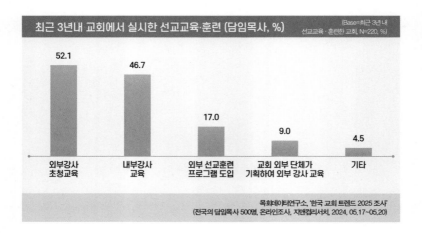

목회데이터연구소, '한국 교회 트렌드 2025 조사'
(전국의 담임목사 500명, 온라인조사, 지앤컴리서치, 2024. 05.17~05.20)

선교교육(훈련)

교회가 시대적 선교에 적절히 반응하고 참여하기 위해 우선 살펴야할 영역은 '선교훈련'이다. 선교훈련 유무와 빈도를 넘어 어떤 내용을 어떤 방식으로 전달하고 있는지 점검해야 한다. 성도들의 인식 변화없이 교회의 선교적 동력을 기대하기는 어렵다. 이번 조사에서 목회자들에게 최근 3년 내 선교교육 또는 선교훈련을 실시했는지 여부를 묻자 44%가 '있었다', 56%는 '없었다'고 답변했다.

최근 3년간 교인들을 대상으로 선교교육을 한 번도 하지 않은 교회는 절반도 채 안 되었다. 교육 훈련을 실시한 경우 방식에 대해서는 '외부강사 초청교육'(52.1%)이 가장 많았고, '내부강사 교육'(46.7%), '외부 선교훈련 프로그램 도입'(17.0%) 순으로 나타났다. 내용에 관해서 추가 보완되기를 바라는 것에는 '이주민 대상 선교'(49.1%), '지역사회개발'(20.2%), '비즈니스 선교'(16.5%) 등의 순으로 나타났다.

여전히 많은 교회가 유명 강사들을 배치하는 형식으로 선교 학교

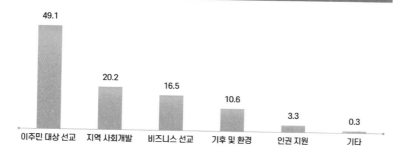

추가·보완해야할 내용(담임목사, %) (Base=최근 3년 내 선교교육·훈련한 교회, N=220, %)

이주민 대상 선교	지역 사회개발	비즈니스 선교	기후 및 환경	인권 지원	기타
49.1	20.2	16.5	10.6	3.3	0.3

목회데이터연구소, '한국 교회 트렌드 2025 조사'
(전국의 담임목사 500명, 온라인조사, 지앤컴리서치, 2024. 05.17~05.20)

를 운영한다. 이제는 한두 명이 전체를 감당하더라도 일관성 있고 충분한 상호작용, 교육시간 외의 안내도 가능한 환경을 만드는 것이 필요하다.

주일학교에서는 선교를 세계관으로 교육해 하나님의 역사 안에 있음을 깊이 알아가도록 교육해야 한다. 특히 청년들에게는 선교를 직업관으로 교육해 선교가 늘 직업을 포기하고 떠나는 비장한 여정이 아닌, 다양한 분야의 전문성을 요하는 시대 상황에서 자신이 가진 전문성을 통해 선교하는 길을 찾도록 도와야 한다.

교회는 이제 몇몇 선교 특수 요원을 선발해 파송하는 기관이 아니라 다양한 선교 자원들이 지속적으로 자라는 터가 되어야 한다. 관심 분야별로 자발적인 모임들이 생겨난다면 교회 선교교육과 훈련은 바람직한 방향으로 흐르게 될 것이다.

단기선교

"단기선교에 다녀와 선교를 새롭게 보게 되었어요. 선교사님을 위해 더 열심히 기도하고 후원해야겠다는 생각이 들었어요. 저 역시 직장에서 선교사의 마음으로 일해야겠다는 결심도 했고요."

코로나19로 전면 중단되었던 한국 교회 단기선교 사역이 다시 활발하게 진행 중이다. 늘 단기선교의 가치와 효율에 대한 논쟁은 존재했지만 가격이 아닌 가치를 생각한다면 단기선교는 여전히 중요한 선교 신앙 훈련이다. '접촉 효과'(Contact Effect)라는 말이 있다. 선교지를 방문하고 선교사와 대면해본 사람들이 기도와 재정 후원에 훨씬 적극적이고 선교 사역에 대한 헌신에도 훨씬 높은 수치를 나타낸다.[6]

이번 '한국 교회 트렌드 2025 개신교인 조사'에서는 성도들 가운데 단기선교 경험이 있는 비율은 24.4%로 나타났다. 주목할 것은 단기선교에 참여한 이들 가운데 선교에 대해 긍정적인 인식이 생겼다고 답변한 비율이 무려 78.1%로 나타났다는 점이다. 부정적 인식이 생겼다는 답변은 불과 2.7%였다.

단기선교와 관련해서는 먼저 사역지 선정에 있어서 도시 환경의 기회를 넓혀가야 한다. 도시가 현대 선교의 주요 현장으로 급부상한 지금, 도시 사역과 연계한 단기선교가 시대적으로 더 필요하다. 한 지역을 꾸준히 섬기는 것도 의미가 있지만 교회 구성원들이 다양한 현장을 보고 폭넓게 생각할 기회를 제공해야 한다. 기간과 규모 면에서도 여름과 겨울에 대규모 팀을 운영하기보다 선교지 필요에 따라 규모

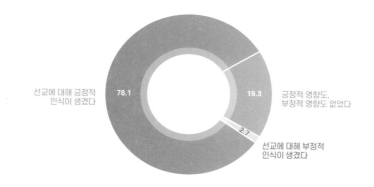

목회데이터연구소, '한국 교회 트렌드 2025 조사'
(전국의 만 19세 이상 개신교인 교회출석자 1000명, 온라인조사, 지앤컴리서치, 2024. 05. 14.~05. 22)

와 시기를 유연성 있게 조정하는 것도 좋다.

마지막으로 준비 과정에서 선교는 하나님의 하나님 되심을 나타내는 것임을 기억하고 경건의 훈련이 소홀해지지 않도록 해야 한다. 단기선교를 두고 선교인가 여행인가 하는 논쟁은 늘 있어 왔다. 한쪽에서는 단기선교라 하고 다른 한쪽에서는 비전트립이라 한다. 하지만 그 여정이 선교인지 트립인지는 사실 선교 학자도 선교 단체장도 정할 수 없다. 그것은 여정에 참여하는 사람들의 중심과 참여 목적에 달려 있다. 중심과 목적이 선교인지 아닌지를 결정한다. 단 하루의 만남으로 선교적 열매를 거두기도 하고, 오랜 세월 사역해도 선교적 열매를 거두지 못하고 끝나기도 한다. 교회는 시의적절한 훈련과 단기선교의 운영으로 선교가 특별 그룹의 특수 용어가 아닌 교회 공동체의 일상 언어가 되고 보편 언어가 되도록 하는 것이 매우 중요하다.

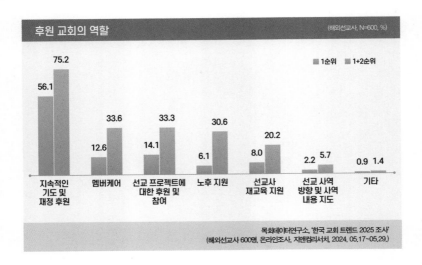

목회데이터연구소, '한국 교회 트렌드 2025 조사'
(해외선교사 600명, 온라인조사, 지앤컴리서치, 2024. 05.17~05.29.)

선교 지원

이번 조사에서 선교사들이 후원 교회에 기대하는 바는 '지속적인 기도 및 재정 후원'이 가장 큰 비중을 차지했다(56.1%). 이어 '선교 프로젝트에 대한 후원 및 참여'(14.1%), '멤버케어'(12.6%), '선교사 재교육 지원'(8.0%) 등으로 나타났다. 여전히 기도와 재정 후원은 파송 교회의 가장 큰 책무이다.

멤버케어의 경우 교회가 전문성을 갖춘 예는 많지 않다. 선교단체 파송인 경우 단체가 이를 제공하지만 지역 교회(교단) 파송의 경우에는 전문적인 멤버케어 지원을 받기 쉽지 않다. 이런 경우 지역 교회는 무작정 모든 필요를 채워가는 식의 멤버케어보다 사역상담, 건강상담, 재정설계, 정신상담, 자녀진로 등 이미 영역별로 활동하고 있는 전문 기관들과 함께 지원하는 방식을 택해야 한다.

또한 빠르게 변하는 선교 환경에 사역자들이 적절히 대응하도록

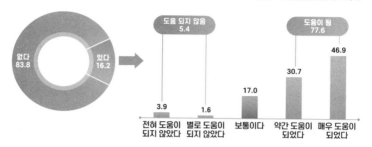

목회데이터연구소·KWMA, '해외선교사의 선교사역 실태 및 인식조사'
(해외선교사 320명, 온라인조사, 지앤컴리서치, 2024. 01.02.~02.05.)

재교육 과정과 사역 컨설팅을 교회의 역량 안에서 지원하는 것도 필요하다. 목회데이터연구소가 2024년 1월 실시한 선교사 조사 결과에 따르면 실제 선교 현장에서 선교 사역 컨설팅을 받은 선교사는 16.2%에 지나지 않았는데, 컨설팅을 받은 선교사 77.6%는 도움이 됐다고 응답하고 있다. 그리고 선교사 절반 가까이(44.8%)가 선교 사역 컨설팅이 필요하다는 의견을 피력했다.

청년 선교 동원

한국 선교의 미래 전망을 부정적으로 보게 한 가장 큰 원인은 선교사들의 고령화다. 이는 결국 젊은 세대가 선교사로 헌신하는 경우가 줄어들고 있다는 것을 의미한다. 한국세계선교협의회(KWMA)에서 매년 발표하고 있는 해외선교사 연령별 분포를 살펴보면 2018년 40대이하 선교사가 49%였는데 2023년에는 32%로 무려 17%p가 줄었고, 60세 이상 선교사는 17%에서 29%로 12%p가 늘었다. 전형적인 선교사 고령화 현상이다.

선교사들에게 젊은 선교사 배출이 안 되는 이유를 질문했다. '한국 교회 전체의 선교인식 약화'가 40.8%로 가장 높았고, 그다음으로 '신학생/목회자의 선교에 대한 관심과 소명 약화'(21.9%), '후원교회 확보의 어려움'(16.1%), '선교사 자원인 신학생 배출 감소'(6.9%), '신학생/목회자의 도전정신 약화'(6.0%) 순으로 나타났다.

이와 관련해 또 다른 이유를 찾아볼 수 있는데 미국 바나(Barna) 연구소 보고서가 보여주는 중요한 단서들이다. 이 조사는 40대 이하 세대 가운데 전통적인 교회 문화는 거부하지만 진지한 신앙을 견지하고 있는 이들을 대상으로 했다. 이들에게 선교에 대해 묻자 먼저 언급할 것은 흔히 MZ세대라 부르는 이들이 선교에 대해 관심이 없지 않다는 것이다. 응답자 70% 이상이 성경이 말하는 선교는 매우 중요한 기독교 핵심 가치라고 답변했다.

보고서에서 주목할 두 가지는 첫째, 기존 선교 방식의 윤리성에 대한 의구심과 둘째, 관심이 있는 선교의 영역이었다. 응답자 60% 이상이 기존의 선교 방식 안에 '비윤리적 요소가 있다'고 생각하고 있었고, 비슷한 비율로 여전히 '제국주의적 세계관'이 담겨 있다고 답변했다. 시대에 맞는 새로운 선교를 실천하기 위해 비윤리적이고 제국주의적 요소들을 점검해야 한다고 답한 것이다. 앞선 세대가 사용한 'Tent Making'이란 용어를 요즘 세대는 'Tent Faking'이라 부른다고 한다. 신분을 위장하는 것이 앞선 세대의 전략이었다면 새로운 세대에게 그것은 속임수로 보여지는 것이다.[7]

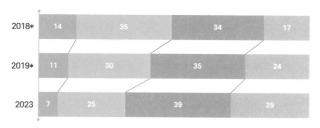

장기 선교사 연령별 분포 추이   (%)

■ 30세 이하 ■ 40대 ■ 50대 ■ 60세 이상

2018*   14   35   34   17
2019*   11   30   35   24
2023   7   25   39   29

한국세계선교협의회(KWMA)·한국선교연구원(KRIM), '2023 한국선교현황', 2024.03.07.
(223개 선교단체와 교단, 온라인 및 전화, 이메일 조사, 2023.11. 17.~12.31)
해당 연도의 선교 통계 보고서 참조

바나 보고서에 따르면 설문에 임한 40대 이하 세대는 잠재적 선교
사(Potential Missionary)라 분류하는 비즈니스, 기업, 예술, 지역 교회
훈련가 등의 분야에 관심을 가지고 있으며 장기보다 중단기 사역을
선호하고 있었다. 앞선 세대가 일군 현장에 젊은이들을 충원하려는
시도를 내려놓고, 이제 다음 세대들이 자신들의 선교 방식을 추구하
도록 도와야 한다.

실제로 이번 조사 결과 개신교인 중 해외선교사 헌신 의향을 묻는
질문에 '매우 있다'고 적극적인 의향을 보인 경우는 6.6%였다. 이를
연령별로 보면 20대(6.7%), 30대(3.9%), 40대(6.8%)로 각각 나타났
다. 많지는 않지만 그래도 소수라도 선교사 자원이 존재한다는 것을
알 수 있다.

트렌드 전망 및 시사점

선교는 시대와 상황에 매우 민감한 활동이다. 한국 교회와 선교단체는 성도들이 시대에 적절한 관점으로 선교를 이해하고 반응할 수 있도록 도와야 한다. 앞에서 언급한 대로 앞으로의 한국 선교는 이주민 선교, 총제적 선교, 미디어 선교가 부상할 것으로 예상된다. 부상하는 선교는 한두 사람의 선교사가 감당할 사역이 아니다. 분명한 선교적 정체성을 가진 다양한 세대와 다양한 직업의 성도들이 참여해야 하기에 교회는 이에 대해 효과적으로 대응할 필요가 있다. 이를 위해 한국 교회에 필요한 몇 가지를 제시해본다.

첫째, 한국 교회는 일상 선교(Life as Mission)에 대한 올바른 이해가 필요하다. 지금이 여전히 지리적 관점의 시대라면 일상 선교는 '가지 않는 선교'를 의미한다. 선교지에 가지 않고 일상을 살며 선교에 참여하고 있다고 생각하는 모습이다. 하지만 이미 우리가 보았듯 지금은 타문화 선교가 곧 해외선교가 아닌, 선교의 출발지와 도착지가 따로 없는 전후방 구분이 사라진 개념이다. '일상 선교'는 선교가 삶의 일부가 아니라 삶 전체가 하나님 선교의 일부가 되는 삶을 의미한다. 부르심을 따라 먼 곳에 가서 선교사로 살아도 결국 거기서도 일상을 살며 선교를 해야 한다. 어디 있든지 선교적 삶을 살아가는 깨어 있는 삶을 의미한다.

둘째, 한국 교회는 선교적 필요를 바로 판단할 시대적 기준이 필요하다. 아직도 전체 인구 중 기독교인 비율인 복음화율로 선교의 필요성을 정하고 있다. 그렇다면 과연 복음화율 몇 퍼센트가 선교의 필요

유무를 정하는 기준이 될까? 미국 남침례 선교부(IMB)는 2018년부터 시대와 선교 현실을 반영한 새로운 선교지수를 개발해 사용하고 있다. [8] 한국 교회도 전 세계에서 활동하는 선교 자원들과 전문인력들의 협업을 통해 선교적 필요와 상황을 판단할 기초 자료로서 선교지수를 개발해야 한다.

What's Next?

한국 교회가 하나님의 선교라는 위대한 흐름 속에 표류하지 않고 순항하기 원한다면 변화해야 한다. 시대와 세대에 부합하는 교육과 훈련 과정을 제공하고 달라진 선교 환경에 맞는 활동을 지속적으로 시도하며 선교와 관련된 새로운 기준을 세워야 한다.

셋째, 한국 교회는 선교 강국 모드에서 선교 선진국 모드로 전환해야 한다. 한국은 이미 '선교 강국'이다. 굳이 순위를 따지지 않아도 전 세계 그 어느 나라보다 열정적으로 선교사를 파송해 왔고 앞으로도 파송할 예정이다. 다만 강국이 단지 힘과 우월성을 가진 나라라면 선진국은 가치와 영향력을 나누는 나라이다. 우리는 미전도 종족 선교에 집중해야 하지만 집착해서는 안 된다. 집중과 집착의 차이는 집중이 목표를 이루기 위해 모든 방법을 동원하고 함께하는 것이라면, 집착은 기존의 방식을 고집하는 모습이다. 파송 선교사의 숫적 증감에 울고 웃을 것이 아니라 어떤 일을 했고 어떤 기여를 했는지에 웃고 울어야 한다. K컬처의 영향력은 세계적이다. 드라마, 영화, 음악 모두 세계적 성과를 거두고 있다. 이제는 넷플릭스 1위보다 넷플릭스를 소유한 나라가 돼야 한다.

끝으로 한국 교회는 성령의 존재감을 회복해야 한다. 성령은 선교의 주연이다. 중요한 순간마다 성령은 주도적인 모습으로 실재했다. 오늘 한국 교회는 성령의 존재감을 가지고 있는가? 성과주의와 외형주의(선교사들은 한국 선교 정책의 문제점으로 '성과주의와 외형주의'를 가장 높게 꼽았다)에 빠져 기능과 결과만 의지하지 않았는가? 사도행전 속에서 사도 바울은 위대한 선교 전략가가 아니었다. 단지 예수를 만나고 끝까지 사랑한 성령의 사람이었고 믿음과 순종의 사람이었다. 끝도 결과도 보이지 않는 길을 걸었지만 오늘을 순종으로 살고 내일을 믿음으로 맞이했을 때 그가 쓴 편지는 성경이 되고 그가 걸어간 길은 사도행전이 되었다. 부상하는 선교 속에 진정 비상하는 한국 교회가 되고자 한다면 '성령의 존재감'을 반드시 회복시켜 나가야 한다.

결론적으로 한국 교회가 하나님의 선교라는 위대한 흐름 속에 표류하지 않고 순항하기 원한다면 변화해야 한다. 시대와 세대에 부합하는 교육과 훈련 과정을 제공하고 달라진 선교 환경에 맞는 활동을 지속적으로 시도하며 선교와 관련된 새로운 기준을 세워야 한다. 선교사들에 대한 지원도 단순히 개인의 필요를 채우는 것을 넘어 선교의 새로운 시즌을 달려갈 수 있도록 도와야 한다. 우리가 살아갈 시대는 소수 영웅들의 시대가 아니다. 부르심에 응답하는 위대한 공동체들의 시대다.

서문

1 한국기독교목회자협의회, '한국기독교분석리포트' 187쪽, 서울 : 대한기독교서회, 2023.06.
2 목회데이터연구소, '한국 교회 트렌드 2025 조사', 전국 만 19세 이상 개신교인 2,000명, 온라인조사, 지앤컴리서치, 2024.05.14~06.03.)
3 목회데이터연구소, 위의 보고서
4 기독교윤리실천운동, '2023 한국 교회의 사회적 신뢰도 조사'(전국 만 19세 이상 성인 남녀 1,000명, 온라인조사, 지앤컴리서치, 2023.01.11.~15)
5 남인순 국회의원실, '우울증 환자 100만 명 시대 20대 여성 가장 많다' 보도자료, 2023.10.03.(국민건강보험공단 자료)
6 목회데이터연구소, '한국 교회 트렌드 2025 조사', 전국 만 19세 이상 개신교인 200명, 온라인조사, 지앤컴리서치, 2024.05.14~06.03.)
7 통계청, 2022년 혼인 이혼 통계, 2023.03.15
8 마우로 기엔, 〈멀티 제너레이션, 대전환의 시작〉(서울 : 리더스북, 2023.12)
9 목회데이터연구소, '한국 교회 트렌드 2025 조사', 전국 교회 담임목사 500명, 모바일조사, 지앤컴리서치, 2024.05.17~06.03.)

유반젤리즘

1 어빈 라슬로 외, 《의식혁명》(서울 : 경희대학교 출판문화원, 2003) 15

멘탈 케어 커뮤니티

1 중앙일보, "우울에 빠진 대한민국(위험수위 다다른 국민 정신건강)" 2024.06.22. https://www.joongang.co.kr/article/25258176
2 중앙일보, 위의 보도.
3 한기수, 김병연, 《경제 하나님의 은혜의 해를 전파하라》(서울 : IVP, 2022)
4 전우택, 《정신의학과 기독교》(서울 : 박영사, 2020) 239-262 한기수 외 《생명》(서울 : IVP, 2021) 97-116.
5 한기수 외, 위의 책.
6 '좋은 의자'는 2015년 기독교적 배경을 가지고 창립된 정신적, 정서적 약자들의 적응과 성장을 위해 활동하는 비영리단체이다. 산하에 '조우네 마음약국'이 있다.

7 유튜브, "사이코 가족이지만 괜찮아" 2024. 07.30 검색
   https://www.youtube.com/watch?v=0PQQAx6u3lA

8 관련 도서로 고직한의 《정품교회》 (서울: 뉴스엔조이, 2021)가 있다. 정신건강적인 어려움을 가진 사람들을 품는 교회를 '정품교회'라 명명하는 이 책은 한국 상황 속에서 정신건강 이슈를 향한 교회의 역할을 체계적으로 정리했다.

9 https://0675.imweb.me/

10 대한기독정신과의사회에서 출간한 책으로 전우택 등이 지은 《정신의학과 기독교》(서울 : 박영사, 2020)가 있다. 정신의학과 종교, 기독교와 정신분석, 영성과 정신건강, 선교사 멤버 케어, 인질 사건 발생 시 정신의학적 지원 방안 등 기독신앙과 정신의학이 만나는 접점에 대한 여러 주제가 다뤄졌다.

11 https://www.nct.go.kr/serviceInfo/mentalEdu.do

12 밀알학교는 1997년 개교한 발달장애아를 위한 특수학교이다. https://miral.sen.sc.kr/

13 서울시 양천구 세신교회는 발달장애인 예배가 있다. 2006년부터 시작해 2024년 현재 약 30명의 발달장애인들이 성인부와 아동청소년부로 나누어 매주일 11시에 예배를 드리고 있다. 자폐성장애인과 지적장애인의 특성상 전통적인 예배 방식에는 참여가 어렵기에 발달장애인의 눈높이에 맞춘 다양한 활동을 통해 복음을 전하고 있다. 최근에는 평일 교회 내에 '겨자씨센터'라는 발달장애인 주간활동서비스 제공기관이 운영돼, 지역에서 거부당하던 중증발달장애인 성인들이 낮시간 동안 의미 있는 프로그램에 참여하고 있다. 발달장애 자녀를 둔 부모들이 세신교회 믿음부에 자녀를 보내기 위해 교회에 등록하는 경우들도 있다. 현재 믿음부 전담 교역자가 있으며 약 20명의 교사가 함께해 발달장애인들이 받아들이기 쉬운 형태로 복음을 전하고 있다.

14 통계청, 사망원인 통계.
   https://kosis.kr/search/search.do?query=%EC%9E%90%EC%82%B4

15 http://suicideprevention.or.kr/02_sub/01_sub.html

16 https://www.kfsp.or.kr

17 자살예방에 대한 다양한 정보를 위해 한국자살예방협회에서 출간한 《자살예방의 모든 것》 (서울 : 학지사, 2023)을 추천한다.

포텐셜 레이어티

1 송인규, 《평신도 신학 1》 (서울: 홍성사, 2001) 6~7

2 국민일보, "신학 전공 안 했어도 환영…평신도에 교회 맡길 준비됐나" 2024.1.9.
   https://www.kmib.co.kr/article/view.asp?arcid=0019047953

3 위의 보도.

4 목회데이터연구소, 《한국 교회 트렌드 2024》(서울: 규장. 2003) 8장:어시스턴트 포비아 볼 것

5 데일리 굿뉴스, "교회학교 살리려면 평신도 '교육사' 세워야" 2024.7.9
   https://www.goodnews1.com/news/articleView.html?idxno=436393

6 짐 데이비스, 마이클 그레이엄, 라이언 버지 《탈기독교시대 교회》 (서울: 두란노, 2023) 232~268

7 정우겸, 《교회가 모여 교회가 되는 교회》 (서울 : 홍성사, 2024) 80

8 폴 스티븐스, 《평신도가 사라진 교회》 (서울: IVP, 2001) 5

9 위의 책, 12~13

10 후스토 곤잘레스 《현대교회사》 (서울: 은성, 2004) 146~147

11 지식백과, "권서인" 2024.7.20. 검색
https://terms.naver.com/entry.naver?docId=2378126&cid=50762&categoryId=51367

12 지식백과, "전도부인" 2024.7.30 검색
https://terms.naver.com/entry.naver?docId=2379988&cid=50762&categoryId=51369

13 헨드릭 크래머, 《평신도 신학》 (서울: 아바서원, 2024) 209

오소프락시

1 국민일보, "한국 교회, 과거의 성공에 안주 말고 새로운 도전, 모험적 사역 시도해야", 2024.07.03 https://www.kmib.co.kr/article/view.asp?arcid=1719887746

2 Rick Richardson, 'You Found Me: New Research on How Unchurched Nones, Millennials, and Irreligious Are Surprisingly Open to Christian Faith', (Downers Grove: IVP, 2019), 40-41.

3 American Bible Society, "New studey shows hope for GEN Z: more young adults say they've been transformed by the Bible", 2024.04.11. https://news.americanbible.org/blog/entry/corporate-blog/new-study-shows-hope-for-gen-z-more-young-adults-say-theyve-been-transforme

4 국민일보, "다음세대 부흥, 이것이 답이다", 2023.04.29.
https://www.kmib.co.kr/article/view.asp?arcid=0924299066

5 목회데이터연구소 주간 리포트, 〈넘버스 91호〉

6 한국기독교목회자협의회, 《한국 기독교 분석 리포트》 (서울: 대한기독교서회, 2023), 184.

7 지용근 외, 《한국 교회 트렌드 2024》 (서울: 규장, 2023), 151

8 톰 레이너, 《코로나 이후 목회》 (서울: 두란노, 2020), 26, 54

9 로버트 뱅크스, 《바울의 공동체 사상》 (서울: IVP, 2007), 110

패밀리 크리스천

1 한국기독교목회자협의회, 《한국기독교분석리포트》(서울: 대한기독교서회, 2023), 51-53.

2 실천신학대학원대학교·21세기교회연구소·한국 교회탐구센터·목회데이터연구소, 〈코로나

시대, 기독 청년들의 신앙생활 탐구 자료집〉2021.01.27. 22.

3 안산제일교회, 〈크리스천 중고생 조사 결과 보고서〉2021.05.20. 5.

4 박종천, "가족종교의 관점에서 보는 한국종교문화", 〈민족문화연구 제85호〉(2019), 225.

5 이원규, 《종교사회학의 이해》(서울: 나남, 2015), 609.

6 한국 교회탐구센터, 〈개신교인의 가족 신앙에 대한 조사 결과 보고서〉2023. 8.

7 노치준, 《한국 개신교사회학》(서울: 한울, 1998), 12.

8 R. Stark and R. Finke, Acts of faith,(Berkeley, CA: University of California Press, 2000), 117.

9 D. E. Sherkat and J. Wilson, "Preferences, constraints, and choices in religious markets: An examination of religious switching and apostasy", Social Forces 73(1995) 993-1026.

10 한국 교회탐구센터, 위의 글. 159.

11 한국 교회탐구센터, 위의 글, 161.

12 한국기독교목회자협의회, 위의 책, 114.

13 실천신학대학원대학교21세기교회연구소·한국 교회탐구센터·목회데이터연구소, 위의 글, 22.

14 실천신학대학원대학교21세기교회연구소·한국 교회탐구센터·목회데이터연구소, 위의 글, 5

15 한국 교회탐구센터, 위의 글, 66-69. 신앙 단계는 4단계로 구분했는데 숫자가 위로 올라 갈수록 신앙이 깊은 것을 의미한다. 각 단계별 신앙 내용을 응답자에게 제시하고 스스로 자기 신앙 단계를 표시하도록 했다.

16 한국 교회탐구센터, 위의 글, 146.

17 한국 교회탐구센터, 위의 글, 149.

18 한국 교회탐구센터, 위의 글, 102.

19 한국 교회탐구센터, 위의 글, 104-107.

20 한국 교회탐구센터, 위의 글, 70-71.

21 한국 교회탐구센터, 위의 글, 108-109.

22 한국 교회탐구센터, 위의 글, 110-111.

23 한국 교회탐구센터, 위의 글, 76-79.

24 한국 교회탐구센터, 위의 글, 87-88.

25 한국 교회탐구센터, 위의 글, 88쪽의 신앙단계별 가정예배 여부를 가정예배별 신앙단계로 재구성함

26 한국 교회탐구센터, 위의 글, 133.

27 한국 교회탐구센터, 위의 글, 123.

28 한국 교회탐구센터, 위의 글, 114.

29 안산제일교회, 위의 글, 57.

30 안산제일교회, 위의 글, 59

31 안산제일교회, 위의 글, 58. 60.

32 정재영, "3040세대의 신앙생활과 의식조사 발표," 〈교회의 약한 고리, 3040세대의 신앙

생활 탐구 세미나 자료집〉(2022.12.09.)

스피리추얼 Z세대

1 행정안전부, 주민등록 인구통계. https://jumin.mois.go.kr/
2 이경혁, "독보적 디지털 네이티브 환경서 성장한 Z세대 현실-가상을 분리하는 것도 구시대적", 〈동아비즈니스리뷰〉 2019. 3.
3 정연승 외, 〈Z세대 공익 플랫폼 연구 조사 보고서〉 2020. 7.
4 대한상공회의소, 'ESG경영과 기업의 역할에 대한 국민 인식조사, 2021.5.
5 지용근 외, 《한국 교회 트렌드 2024》 (서울 : 규장, 2023) 106-133
6 Deloitte Review, 'The diversity and inclusion revolution,' 2018.
7 정연승 외, 《Z세대 우리에게 도착하다》 (서울 : 샘앤북스, 2024)
8 위의 책.
9 한국기독교목회자협의회, 《한국 기독교 분석 리포트》 (서울 : 대한기독교서회, 2023) 396.
10 한국리서치, '여론속의 여론 : 2024 결혼인식조사', 2024. 05. 28
11 한국기독교사회문제연구원, '기독청년 인식조사 자료집' 403.

싱글 프렌들리 처치

1 통계청, '2023 수도권 미혼 인구 분석' 2023.10.26
2 통계개발원, 'KOSTAT 통계플러스' 2024.6.27
3 경향신문, "인간이 걱정하는 '출산율 감소'…동물의 세계에선 '개체군 조절'" 2019.01.02
  https://www.khan.co.kr/national/national-general/article/201901020600025

시니어 미니스트리

1 한국리서치 주간 리포트, 〈2023년 종교인식조사: 종교 인구 현황과 종교 활동〉, 2023. 12. 13.
2 통계청 경제활동인구조사(고령층 부가조사 결과), 2023. 05.
3 유로모니터 라이프스타일 보고서(2017).
  https://go.euromonitor.com/white-paper-survey-2017-lifestyles.html
4 팜웨스트커뮤니티교회 https://www.palmwestchurch.org
5 World Health Organization(2015), 〈World Report on Aging and Health〉
6 The Washington Post, "At Japan's dematia cafes, forgotten orders are all part of the service, 2023.9.19. https://www.washingtonpost.com/world/2023/09/19/japan-

aging-elderly-dementia-care/

솔트리스 처치

1 목회데이터연구소, 《한국 교회 트렌드 2023》(서울 : 규장, 2023) 52-75
2 기독교윤리실천운동, 〈2023 한국 교회 사회적 신뢰도 여론조사 결과 자료집〉, 2023.2.20. 14.
3 박진규, 《미디어, 종교로 상상하다》(서울: 컬처룩, 2023) 233-244
4 찰스 테일러, 《자아의 원천들》(서울: 새물결, 2015) 583-600.
5 사회이론, "영성사회학, 테제의 가능성" 2013. 12. 257-291.

미션 비욘드 트래디션

1 목회데이터연구소·KWMA, 〈해외선교사의 선교활동 실태 및 인식조사 보고서〉 2024. 07.25. 114
2 United Nations Human Settlements Programme, 〈World Cities Report 2022〉
3 Lausanne Movement, "The Technology Gap", 2022.12.22
4 펄 벅(Pearl S. Buck)은 중국에서 생활하면서 선교사들에 대한 비판적 기록을 남겼다. 그녀는 선교사들이 중국 문화를 무시하고 자신들의 방식을 강요하는 태도에 대해 비판했다. 이러한 비판은 특히 그녀의 저서 《Fighting Angel》과 《The Exile》에서 두드러진다. 두 책은 그녀의 부모인 애브살롬과 캐리 사이덴스트리커의 삶을 다루고 있으며, 특히 그녀의 아버지의 선교 활동에 대한 비판이 포함돼 있다.
5 경향신문, "미, 한국 2년 연속 인신 매매 2등급 국가 분류", 2023.06.16. https://www.khan.co.kr/world/america/article/202306161134001
6 Barna Report 〈The future of mission〉 2021. 60
7 위의 보고서.
8 IMB, 〈Global Status of Evangelical Christianity〉 2023

큐알 코드를 찍으시면 10명의 저자 인터뷰 영상을 보실 수 있습니다.

지용근 | 대표저자

목회데이터연구소 대표. ㈜지앤컴리서치 대표이사이다. 연세대학교 사회학과를 졸업했고 한국 갤럽 연구본부장과 ㈜글로벌리서치 대표이사를 역임했으며 〈한국 교회 코로나19 추적조사〉, 〈한국 교회의 사회적 신뢰도 추적조사〉, 〈한국인의 종교의식 및 신앙실태 추적조사〉 등 주요 교단 및 기독교 단체와 다양한 기독교 관련 조사연구를 수행했다. 매주 한국 사회 주요 통계 자료를 전국 20,000여 명의 목회자와 한국 교회 리더십들에게 무료로 제공하는 주간리포트 〈넘버즈〉를 발행하고 있으며, 저서로 《한국 교회 트렌드 2023》(대표저자), 《한국 교회 트렌드 2024》(대표저자), 《통계로 보는 한국 사회 그리고 한국 교회》, 《격차의 시대, 격이 있는 교회와 목회》(공제)가 있다.

김영수 | 유반젤리즘

아주대학교 의과대학 인문사회의학교실 연구강사, 동수원장로교회 부목사. 한신대학교 신학 대학원에서 석사, 영국 에섹스대학교에서 정신분석학 석사, 영국 랑카스터대학교에서 종교사 회학으로 박사학위를 받았다. 서강대학교 종교연구소 연구원이었고, 한신대학교와 영남신학 대학교에서 실천신학을 강의했다. 한국 교회의 현상에 대한 관심이 많고, 종교사회학, 현대 기독교 영성, 정신분석학 등을 연구했다. 현재는 의대에서 인문학과 사회문화적 관점으로 사람들의 질병 경험에 대한 연구를 하고 있다. 저서로 《한국 교회 트렌드 2023》(공저/편저), 《세 교회의 교회학교 부흥이야기》, 《하나님을 향한 영혼의 여정》(공저) 등이 있다.

전우택 | 멘탈 케어 커뮤니티

연세의대 의학교육학교실 교수, 정신건강의학교실 및 인문사회의학교실 겸무교수. 정신과 전문의로서 사회정신의학 영역에서 탈북자, 난민, 북한, 통일, 자살예방 등을 연구해왔다. 한국 자살예방협회 이사장, 한국누가회 이사장, 한반도평화연구원 원장, 한국의학교육학회 회장 등을 역임하였다. 저서로 대표 편저자로 발간한 《정신의학과 기독교》, 《통일에 대한 기독교적 성찰》, 《평화와 반평화》, 《트라우마와 사회치유》, 《한반도건강공동체 준비》 등이 있고 공저로 《자살 예방의 모든 것》, 단독저서로 《의학교육의 미래》 등이 있다.

신상목 | 포텐셜 레이어티

국민일보 종교국 미션탐사부장. 숭실대학교(국어국문학)를 졸업하고 미국 커버넌트신학교에서 일반신학 석사 학위(M.A.)를 받았다. 월간 〈빛과 소금〉 기자를 거쳐 2007년부터 국민일보 기자로 일하고 있다. 종교부에서는 선교와 목회 영역을 주로 담당했다. 복음에 입각해 사는 것과 예수 믿기, 교회의 역할 등에 관심이 많다. R. T. 켄달 목사의 《수치의 복음, 영광의 복음》(토기장이)을 번역했다.

김선일 | 오소프락시

웨스트민스터신학대학원대학교 실천신학교수. 아신대학교 신학과를 졸업하고 미국 풀러신학대학원에서 석사(M.Div.)를 마치고 동대학원에서 회심과 전도를 연구하여 박사학위(Ph.D.)를 취득했다. 귀국 후 학원복음화협의회 캠퍼스사역연구소장과 예수소망교회 공동체 및 교육목사로 사역한 바 있다. 문화와 전도, 선교적 교회, 회심과 신앙 정체성에 관한 강의 및 연구를 하고 있다. 20권 이상의 역서와 더불어 저서로 《전도의 유산》(SFC), 《한국 기독교 성장의 내러티브》(CLC), 《기독교적 회심의 해석과 실천》(새세대) 등이 있다. 'The Global Dictionary of Theology'(IVP)에 공저자로 참여했으며("Conversion in the Korean Context"), 박사학위 논문은 'The Ecology of Evangelism'(Emeth 2016)으로 미국에서 출간되었다.

정재영 | 패밀리 크리스천

실천신학대학원대학교 교수, 21세기교회연구소 소장. 연세대학교에서 사회학을 공부하고 대학원에서 종교사회학을 전공하였다. 한국 교회 소그룹과 마을공동체 운동에 관심을 갖고 연구하고 있다. 《기독교와 시민사회》를 공동 번역하였고, 《계속되는 도전 : 늘어나는 비제도권 교회》, 《강요된 청빈: 목회자의 경제현실과 공동체적 극복방안》, 《교회 안 나가는 그리스도인: 가나안 성도를 어떻게 이해할 것인가?》, 《함께 살아나는 마을과 교회》, 《한국 교회의 미래 10년》, 《소그룹의 사회학》 등을 저술했다.

정연승 | 스피리추얼 Z세대

단국대학교 경영학부 교수. 서울대학교에서 경영학 학사와 석사를 졸업하고 연세대학교에서 마케팅(유통) 전공으로 경영학 박사학위를 받았다. 한국유통학회장, 한국마케팅관리학회장, 서비스마케팅학회장을 역임하였으며, 현재는 한국경영학회 수석부회장, 기독경영연구원 원장을 맡고 있다. 그동안 기독경영 분야의 연구와 자문에 참여해 왔으며 서울영동교회 시무장로로 섬기고 있다. 저서로 《굿 비즈니스 플러스》, 《49가지 마케팅의 법칙》, 《49가지 커뮤니케이션의 법칙》 등이 있으며 역서로 《Kotler의 마케팅 입문》이 있다.

심경미 | 싱글 프렌들리 처치

우리고백교회교육목사. '싱글라이프', '성서 여성 세미나' 강사. 한국외국어대학교 불어과(B.A), 영국 Trinity College in Bristol(신학 Diploma), 이화여자대학원 여성학과(M.A), 장로회신학대학원(M. Div)에서 공부했다. 관심 분야는 여성, 싱글이며, 이화여대 대학원 석사 논문으로 "비혼 여성에 관한 연구"를 썼다. 이후 바른교회아카데미에서 간사로 일하며, '성서 속의 여성들', '스스로 꽃 피우는 삶'(싱글 여성 세미나) 등을 기획 진행하였고, 미국 시카고 코스타에서 '성서 속의 여성', '싱글 세미나'를 했으며, 서울장신대학교, 장로회신학대학교에서 여성학 강사로 일했다. 2010년부터 신당중앙교회에서 9년간 부목사로 일했고, 저서로는 2019년 《싱글라이프》를 출간하였다.

손의성 | 시니어 미니스트리

배재대학교 기독교사회복지학과 교수. 연세대 사회복지대학원 사회복지학 박사, 노인복지를
세부 전공으로 고령친화대학융합연구소 초대 소장을 역임하였고, 현재 한국기독교 사회복지
실천학회장을 맡고 있으며, 한국 교회 노인 사역 관련 단체들을 자문하고 있다. 성공적 노화와
기독교 사회복지 분야를 주로 연구하며, 주요 저서로는 《사회복지개론》, 《빈곤복지선교론》,
《기독교 다시보기》 등이 있으며, 역량기반 노인교육과정 개발 및 성공적노화전략, 문화적응스
트레스, 치매노인가족 관련 척도 개발 등의 연구를 진행하였다.

백광훈 | 솔트리스 처치

을지대학교 교목. 문화선교연구원장. 전북대학교에서 철학을 공부하고, 장로회신학대학교 신
학대학원을 졸업한 후 동대학원에서 기독교와 문화 분야를 전공하여 신학 박사학위를 받았
다. 학원복음화에 힘쓰고 있으며 문화선교연구원에서 원장으로, 다음 세대 선교를 위한 과제
및 한국 교회가 지향하고 실천해야 할 문화 선교의 방향성에 대해 연구하며 대안을 제시하고
있다. 저서로 《한국 교회 트렌드 2023》(공저), 《한국 교회 트렌드 2024》(공저), 《코로나19와
한국 교회에 대한 연구》(공저), 《하나님나라 교회 공동선》(공저) 등이 있다.

장창수 | 미션 비욘드 트래디션

WEC 국제선교동원(IMM) 부대표. 성균관대학에서 반도체 재료를 공부하고, 총신 신대원을 졸
업 후 미국 Biblical Theological Seminary에서 Missional Church를 전공했다. 분당우리교
회 해외선교부와 미셔널처치를 담당하며 청강문화산업대학 겸임교수로 재직했다. 비서구 선교
동원을 위해 시작된 IMM에서 R&D 책임을 거쳐 현재 부대표로 9개 나라 14개 도시 사역의 기
획 및 조정을 담당하고 있다. 국내 PSP 전략적 관점 주 강사로, LAMS KOREA와 자신학화
포럼 위원으로, 선교적 교회와 시대적 선교에 관한 다양한 강의와 연구 및 저술에 참여하고 있
고 국내외 지역 교회들의 선교적 회심을 핵심가치로 사역하고 있다.

출처

이 책의 제작을 위한 〈한국 교회 트렌드 2025〉 조사보고서 리스트입니다.
아래 조사의 총 표본수는 총 6,700명입니다.
QR코드를 찍고 이메일을 입력하시면 6개의 조사보고서(raw data) 파일을 보내드립니다.

1. 개신교인 조사 1,2차 보고서
   (전국 19세 이상 개신교인 남녀 각 1,000명, 온라인조사, 2024. 05. 14. ~ 06. 03.)

2. 목회자 조사 1,2차 보고서
   (전국 교회 담임목사 각 500명, 모바일조사, 2024. 05. 17. ~ 06. 03.)

3. 일반국민 조사보고서
   (전국 19세 이상 성인 남녀 1,000명, 온라인조사, 2024. 05. 20. ~ 27.)

4. 해외선교사 조사보고서
   (한국 교회가 파송한 해외선교사 600명, 모바일/온라인조사, 2024. 05. 17. ~ 29.)

5. 고령(시니어) 교인 조사보고서
   (전국 65세 이상 교회출석 개신교인 1,500명, 모바일/자기기입식조사, 2024. 05. 01. ~ 06. 12.)

6. 싱글 크리스천 조사보고서
   (전국 30~59세 교회출석 개신교인 미혼 남녀 600명, 온라인조사, 2024. 05. 17. ~ 19.)

한국 교회 트렌드 2025

초판 1쇄 발행	2024년 9월 25일
초판 5쇄 발행	2024년 10월 8일
지은이	지용근 김영수 전우택 신상목 김선일 정재영 정연승 심경미 손의성 백광훈 장창수
목회데이터연구소	대표 지용근(기획행정 김기혁 민선영 유영민)
자료수집/조사/통계분석	지앤컴리서치(김진양 김찬솔 한미경)
기획	박재범 구창회 박찬주 김래형
편저	신상목
펴낸이	여진구
책임편집	안수경 김도연
편집	이영주 박소영 최현수 김아진 정아혜
책임디자인	노지현 이하은 ∣ 마영애 조은혜
홍보 · 외서	진효지
마케팅	김상순 강성민 ㅤㅤ 마케팅지원 최영배 정나영
제작	조영석 허병용 ㅤㅤ 경영지원 김혜경 김경희

303비전성경암송학교 유니게 과정
이슬비전도학교 / 303비전성경암송학교 / 303비전꿈나무장학회

펴낸곳	규장

주소 06770 서울시 서초구 매헌로 16길 20(양재2동) 규장선교센터
전화 02)578-0003　ㅤ팩스 02)578-7332
이메일 kyujang0691@gmail.com　ㅤ홈페이지 www.kyujang.com
페이스북 facebook.com/kyujangbook　ㅤ인스타그램 instagram.com/kyujang_com
카카오스토리 story.kakao.com/kyujangbook
등록일 1978.8.14. 제1-22

ⓒ 저자와의 협약 아래 인지는 생략되었습니다.
이 출판물은 저작권법에 의해 보호를 받는 저작물이므로 무단 전재와 무단 복제를 할 수 없습니다.

책값 뒤표지에 있습니다.
ISBN 979-11-6504-560-9 03230

규 ∣ 장 ∣ 수 ∣ 칙

1. 기도로 기획하고 기도로 제작한다.
2. 오직 그리스도의 성품을 사모하는 독자가 원하고 필요로 하는 책만을 출판한다.
3. 한 활자 한 문장에 온 정성을 쏟는다.
4. 성실과 정확을 생명으로 삼고 일한다.
5. 긍정적이며 적극적인 신앙과 신행일치에의 안내자의 사명을 다한다.
6. 충고와 조언을 항상 감사로 경청한다.
7. 지상목표는 문서선교에 있다.